A VITÓRIA PESSOAL EM 50 MARATONAS EM UM ANO

Editora Appris Ltda.
1.ª Edição - Copyright© 2020 dos autores
Direitos de Edição Reservados à Editora Appris Ltda.

Nenhuma parte desta obra poderá ser utilizada indevidamente, sem estar de acordo com a Lei nº 9.610/98. Se incorreções forem encontradas, serão de exclusiva responsabilidade de seus organizadores. Foi realizado o Depósito Legal na Fundação Biblioteca Nacional, de acordo com as Leis nos 10.994, de 14/12/2004, e 12.192, de 14/01/2010.

Catalogação na Fonte
Elaborado por: Josefina A. S. Guedes
Bibliotecária CRB 9/870

```
M931v      Mourão, Marcos Santos
2020         A vitória pessoal em 50 maratonas em um ano / Marcos Santos
           Mourão. - 1. ed. - Curitiba : Appris, 2020.
              297 p. ; 23 cm. – (Artera)

              Inclui bibliografia
              ISBN 978-65-5820-253-0

              1. Corridas (Atletismo). 2. Memória autobiográfica. I. Título.
           II. Série.

                                                          CDD – 796.4
```

Livro de acordo com a normalização técnica da ABNT

Appris
editora

Editora e Livraria Appris Ltda.
Av. Manoel Ribas, 2265 – Mercês
Curitiba/PR – CEP: 80810-002
Tel. (41) 3156 - 4731
www.editoraappris.com.br

Printed in Brazil
Impresso no Brasil

Marcos Santos Mourão

A VITÓRIA PESSOAL EM 50 MARATONAS EM UM ANO

FICHA TÉCNICA

EDITORIAL	Augusto V. de A. Coelho
	Marli Caetano
	Sara C. de Andrade Coelho
COMITÊ EDITORIAL	Andréa Barbosa Gouveia (UFPR)
	Jacques de Lima Ferreira (UP)
	Marilda Aparecida Behrens (PUCPR)
	Ana El Achkar (UNIVERSO/RJ)
	Conrado Moreira Mendes (PUC-MG)
	Eliete Correia dos Santos (UEPB)
	Fabiano Santos (UERJ/IESP)
	Francinete Fernandes de Sousa (UEPB)
	Francisco Carlos Duarte (PUCPR)
	Francisco de Assis (Fiam-Faam, SP, Brasil)
	Juliana Reichert Assunção Tonelli (UEL)
	Maria Aparecida Barbosa (USP)
	Maria Helena Zamora (PUC-Rio)
	Maria Margarida de Andrade (Umack)
	Roque Ismael da Costa Güllich (UFFS)
	Toni Reis (UFPR)
	Valdomiro de Oliveira (UFPR)
	Valério Brusamolin (IFPR)
ASSESSORIA EDITORIAL	Evelin Louise Kolb
REVISÃO	Andrea Bassoto Gatto.
PRODUÇÃO EDITORIAL	Carlos J. Souza
DIAGRAMAÇÃO	Luciano Popadiuk
CAPA	Sheila Alves
COMUNICAÇÃO	Carlos Eduardo Pereira
	Débora Nazário
	Kananda Ferreira
	Karla Pipolo Olegário
LIVRARIAS E EVENTOS	Estevão Misael
GERÊNCIA DE FINANÇAS	Selma Maria Fernandes do Valle
COORDENADORA COMERCIAL	Silvana Vicente

À memória de meu pai, Rogério Fernando Mourão, e a todos profissionais envolvidos com a cura do câncer.

AGRADECIMENTOS

Agradeço a Deus, cuidando da minha saúde e me permitindo realizar as 50 maratonas em um ano.

À minha esposa, Ana, pelo apoio e incentivo ao desafio, desde a concepção das camisetas até os momentos mais críticos dessa jornada. Aos meus filhos, Pedro e Marina, pela presença e participação nas etapas.

À Regina, minha mãe, pelo incentivo e apoio, sobretudo, na última etapa. Ao meu pai, Rogério, que me acompanhou em vida terrena até a décima nona maratona com a paz e o amor em Cristo. Ao meu irmão, Marcelo, sua esposa, Clarissa, e meus sobrinhos, Daniel, Salomão, Bruna e Edgar.

À Cecília, minha tia amada. À Lucinha minha prima. À Monik, Delmar e aos filhos Ruth Helena e João.

À minha avó Ruth e meu avô Edgard, vencedores do desafio do amor.

Ao meu sogro, Yazbek, pelas importantes contribuições no processo de escrita.

À minha sogra, Lena, pelo carinho e preocupação constantes.

Ao Tércio, pela confiança de que tudo iria dar certo.

À Quila, minha cunhada querida, que chegou aos 50 anos no dia da última maratona do desafio.

À Dena, por sempre acompanhar e comentar minhas postagens no Blog, estreitando nosso vínculo.

À Julia, minha sobrinha, pelo incrível design das camisetas do desafio.

Ao Leonardo Tapie, o Léo, pela presença em diversas etapas, pelas conversas, pela amizade e por completar duas maratonas inteiras!

Ao Nato, literalmente, grande ultramaratonista, embaixador brasileiro da Comrades, pela participação integral na 41ª maratona.

Ao Caio, meu grande amigo, responsável por me iniciar nas corridas de longa distância. À Sônia, por me emprestar o Caio tantas vezes.

Ao amigo Elizeo, por todas as sessões de osteopatia, massagem, conversas e corridas.

Ao amigo Diego Leite de Barros, Diretor da DLB Assessoria Esportiva , por me apresentar sua família e seus alunos incríveis.

Ao Mestre Branca, da Branca Esportes, por me iniciar nos treinamentos de maratona.

Ao treinador Paulinho, da Trilopez Assessoria Esportiva, pelos incentivos nas madrugadas da USP.

Ao Kim Cordeiro, da BK Sports, pela contribuição na minha curta trajetória de triátlon e no incentivo aos desafios de corridas.

Ao amigo Beto, pela companhia dos últimos metros e por vestir a camiseta do desafio na Califórnia.

À professora Janaína, da DLB Assessoria Esportiva, pela atenção e pelas aulas de funcional.

Aos corredores e amigos da DLB, Jamil, Jean, Andrea, Luciana, Rai, Fernando, Fabinho, Daniel, Marinho e Vander.

Ao Fábio, amigo e colega de escola, pelo apoio de bicicleta e pelo eterno mantra "Na brutalidade e sem fingimento".

Ao casal de amigos Dárcio e Patrícia, participantes e apoiadores de bicicleta, da primeira e da última maratona.

À amiga Milou, pelo jantar de massas artesanais na semana mais crítica.

À amiga Lili, ao Pedro Zolli e ao Renato Pradillas, pela presença em alguns quilômetros.

Ao amigo Luiz Fernando, pelas fotos na etapa da turma da USP.

Ao Caco, pela presença na corrida de São Benedito.

À Maitê e Valéria e seus lindos filhos, Rodrigo e Helena, pelos dias maravilhosos na etapa do Rio de Janeiro.

Aos colegas Reginaldo, Dimitri, Maurício (Urco), Miguel, Liliane e Patrícia, da Escola de Esportes e Educação Física da USP, pela presença na trigésima sexta etapa.

À Tina, amiga querida e minha coordenadora, pelo incentivo e carinho de oferecer um café da manhã em sua casa no encontro dos colegas da escola de Educação Física.

À Monica, Adriana e Priscila, professoras da Beacon School, pelo incentivo e companhia na quadragésima quarta maratona.

Ao Paulo Accacio, pela companhia na maratona de Porto Alegre.

Ao meu cardiologista, Dr. Rodrigo Bazzo, pela avaliação cardiológica criteriosa e fundamental para minha tranquilidade no desafio.

Ao médico e amigo Dr. José Armando, pela consulta e atendimento humano de sempre.

A todos aqueles que encontrei, por muito ou pouco tempo, de maneira profunda ou superficial, bem próximos ou nem tanto, nesse caminho longo e intenso das 50 maratonas. Muito obrigado. Vocês enriqueceram esse meu percurso.

PREFÁCIO

Eu conheci o Marcola antes mesmo de entrar para a faculdade, no curso pré-vestibular, em que estávamos nos preparando para fazer para o mesmo curso, que era o de Educação Física. Fiquei muito feliz quando conseguimos, os dois, ingressar na faculdade que queríamos e, assim, iniciarmos nossas carreiras.

O Marcola sempre foi um cara bastante sério, focado, excelente aluno; e eu ficava bastante impressionado com a capacidade que ele tinha em realizar seus projetos com tanto afinco. Ao longo do curso tivemos uma amizade bacana, participávamos dos times da faculdade, e ele sempre com bastante vigor físico, nunca se machucava; era muito forte, praticava capoeira.

Era amigo de todos, sempre solícito. Depois de formados, apesar de um pouco distantes, sempre tive ótimas notícias dele; sempre chegavam a mim comentários elogiosos; o que é bastante impressionante em 25 anos de carreira, ser uma unanimidade como profissional e como pessoa.

Recentemente nos reencontramos em eventos de faculdade e ele me fez esse convite tão especial de escrever seu prefácio. Apenas um cara tão focado e estudioso conseguiria realizar este projeto, de correr 50 maratonas em 12 meses, de forma segura, eficiente, sem colocar sua saúde em risco, e, mais do que isso, mostrando ser, como sempre foi, obstinado, determinado e fiel aos seus objetivos. Nas próximas páginas vocês vão conhecer melhor essa aventura. Desejo a todos uma excelente leitura!

Marcio Atalla
Especialista em treinamento esportivo, autor dos livros Sua vida em movimento *(2012) e* Segredos do GNT para o seu Bem-Star *(2007),*
coautor de Medida certa: como chegamos lá! *(2011)*

SUMÁRIO

PARTE 1: AQUECIMENTO 19
APRESENTAÇÃO: POR QUE 50 MARATONAS EM UM ANO? 21
AUTOBIOGRAFIA E CORRIDA.. 23
PLANEJAMENTO DO DESAFIO DAS 50 MARATONAS EM UM ANO .. 29
PARTE 2: A FASE PRETA 35

1ª MARATONA
O DESAFIO COMEÇA AQUI 37

2ª MARATONA
UMA FISGADA E UMA DOR CHATA 41
   Quem corre é mais feliz 44

3ª MARATONA
DIA DOS PAIS 47
   Vestindo a camiseta: Surpresa, Alegria e Compromisso 49

4ª MARATONA
A EMOÇÃO DE UM ENCONTRO COM O PASSADO 51

5ª MARATONA
PARQUES E PARCEIROS – FRIO E CHUVA................................ 55
   O basquete 60

6ª MARATONA
UM APOIO AMIGO 63
   Patagônia Run 100k: muito frio e algumas alucinações........................... 67

7ª MARATONA
PENSEI MUITO. CORRI SOZINHO. FALEI COMIGO MESMO. 73

8ª MARATONA
UMA VOLTA ATRÁS DA OUTRA 77

9ª MARATONA
A PARCERIA E APOIO DA DLB 81

10ª MARATONA
A ÚLTIMA CAMISETA PRETA 85

PARTE 3: A FASE ROXA 89

11ª MARATONA
A PSICODÉLICA MARATONA 91
   Tempo, Tempo, Tempo, Tempo... 92

12ª MARATONA
AR PURO, PAZ E NINGUÉM NAS RUAS 97

13ª MARATONA
AS MULHERES COMANDAM A MARATONA 101

14ª MARATONA
A VOLTA DA USP 105

15ª MARATONA
GUARUJÁ E O CALOR NÃO ESTAVAM NO PLANO 109

16ª MARATONA
UMA MARATONA COMPLETA COM O LÉO 113

17ª MARATONA
O CORAÇÃO AMEAÇA O DESAFIO? 119

18ª MARATONA
UBATUBA: UMA MARATONA NO PARAÍSO 123

19ª MARATONA
A CONFRATERNIZAÇÃO DLB 127

20ª MARATONA
HOMENAGEM AO MEU PAI 129

PARTE 4: A FASE AZUL 133

21ª MARATONA
CORRER NA AV. PAULISTA NÃO É PROGRAMA TURÍSTICO 135

22ª MARATONA
AS LEMBRANÇAS DE UBATUBA 139

23ª MARATONA
A ÚLTIMA DE 2018, COM A PROTEÇÃO DE SÃO BENEDITO 145

24ª MARATONA
O CAIO ME FALOU SOBRE CASTAÑEDA, TONAL E NAGUAL 149
   O Ídolo de todo dia 152

25ª MARATONA
DIA DO PEDRO – 18 ANOS 155

26ª MARATONA
EXPECTATIVA ENFADONHA, VIROU DESLUMBRANTE 159

27ª MARATONA
CALOR E SUOR, RUMO À PRAIA BRAVA 161

28ª MARATONA
FIM DE FÉRIAS, MAS AINDA TEM MUITA MARATONA 165

29ª MARATONA
MAIS UMA VEZ, A USP 167

30ª MARATONA
CORRE MARCOLA! CORRE DA POLÍCIA! 169

PARTE 5: A FASE VERMELHA 175

A Capoeira me mandou dizer que chegou para ficar 177

31ª MARATONA
INVENTÁRIO SEM DISPUTA, MUITO TRANQUILO 181

32ª MARATONA
BICICLETA, CAPOEIRA, CHUVA, RESFRIADO E
CLINT EASTWOOD 187

33ª MARATONA
A ANA ME SEGUIU DE BICICLETA – ISSO QUE É AMOR 191

34ª MARATONA
O BARULHO ME TIROU O SONO. O SONHO CONTINUA 199

35ª MARATONA
PÉ COM MEIA FURADA, MAS SEM BOLHA 203

36ª MARATONA
ENCONTRO, RECORDAÇÕES E CAFÉ DA MANHÃ
COM OS AMIGOS DA FACULDADE 207

37ª MARATONA
O RELÓGIO E A MARATONA INTERNACIONAL DE SÃO PAULO 211

38ª MARATONA
BICICLETADA, COISA BOA, ENCONTREI MUITOS AMIGOS 217

39ª MARATONA
OS 94 ANOS DA VÓ RUTH, VOU CHEGAR LÁ CORRENDO! 223

40ª MARATONA
É A ÚLTIMA VERMELHA, AGORA SÓ MAIS DEZ AMARELAS! 229

PARTE 6: A FASE AMARELA 233

Vivendo a vida sobre as ondas.. 235

41ª MARATONA
HONRA – CORREU COMIGO O ULTRAMARATONISTA NATO....... 237

42ª MARATONA
DOR NAS COSTAS – SEMPRE CULPA DO DESAFIO..................... 241

43ª MARATONA
CHUVA – LOUCOS, MOLHADOS E FELIZES............................. 247

44ª MARATONA
BEACON – UM FAROL PARA ILUMINAR METAS....................... 251

45ª MARATONA
PORTO ALEGRE - ALTO ASTRAL... 255
    Eu também sonhei em ser um jogador de futebol 259

46ª MARATONA
JAMIL GANHOU A CAMISETA 46, NA ÚLTIMA ETAPA DA USP 265

47ª MARATONA
ABRI OS BRAÇOS AO REDENTOR COM O MELHOR TEMPO DO DESAFIO!... 269

48ª MARATONA
MINHA MÃE, AS CASAS, O ESCRITÓRIO, O CAMPING E O FÓRUM. 275

49ª MARATONA
MARINA ME ACOMPANHOU DE BICICLETA NA ALEGRIA DE INVADIR PARATY.. 281

50ª MARATONA
ERA UM SONHO! AGORA, É UMA VITÓRIA PESSOAL! 285

PARTE 1

AQUECIMENTO

APRESENTAÇÃO: POR QUE 50 MARATONAS EM UM ANO?

Fiz 50 maratonas em um ano para comemorar minha chegada aos 50 anos. Fiz para realizar um sonho, um projeto muito pessoal e importante para mim. Fiz para ficar mais fortalecido. Fiz para a Ana, minha esposa, para receber ainda mais a sua admiração. Fiz para que meus filhos, Pedro e Marina, lembrem-se de um pai atleta, com uma disposição incomum entre as pessoas dessa idade.

Fiz 50 maratonas em um ano para que essa experiência possa, de alguma forma, contribuir para que as pessoas aprendam coisas interessantes, tomem escolhas mais assertivas para a vida e a saúde, estabeleçam metas, criem os seus próprios desafios, conheçam, respeitem e ampliem os seus limites.

Mas 50 maratonas em um ano não é demais? Não foi para mim. Fiz as 50 maratonas com muito prazer. Uma para cada ano de minha vida. O que está por detrás de tanto prazer? Minha vida é correr. Nasci correndo, cresci correndo e pretendo envelhecer e partir deste mundo correndo.

Correr me faz ter a sensação de estar plenamente vivo, em contato com o meu ser mais essencial. Correr é uma revitalização para meu corpo e a minha alma. Correr é a minha energia vital. Correr é uma viagem ao meu interior, ao meu autoconhecimento.

Correr me traz a sensação de liberdade que tinha quando era criança. Uma boa corrida me oferece a liberdade e a paixão da infância, pelo menos durante alguns instantes. Correr para mim é tão essencial como respirar. Para as pessoas que me perguntam quando comecei a correr, digo que foi no meu parto. Por uma queda de energia, tiveram que descer minha mãe às pressas, numa maca, pela escada de emergência do hospital e quase que eu nasci ali mesmo. Depois, com um pouco mais de um ano de idade, rapidamente corria em todas as direções, preferencialmente para bem longe dos adultos. A corrida me ajudou e continua me ajudando a canalizar uma energia, que se mantivesse guardada comigo, talvez enlouquecesse.

Curiosamente, o desafio contribuiu para que melhorasse a minha escrita. Assim como a corrida, a escrita requer muito treino e dedicação.

Há momentos muito fáceis, nos quais as ideias maravilhosamente fluem para o texto, e outros difíceis, quando nada parece dar resultado.

Sobre os momentos difíceis do desafio, certamente, eles existiram. Existia um botão de delete, que ficou ao meu lado durante todo o desafio, esperando ser acionado. Poderia tê-lo acionado antes de começar a primeira etapa, assim não correria o risco de tentar e não conseguir. Poderia tê-lo acionado ao encontrar as primeiras dificuldades que surgiram na segunda maratona. Mas escolhi encarar as dificuldades das 52 semanas como uma forma de potencializar e dar respostas aos desafios.

No esporte existe uma frase bastante divulgada quando se trata de encarar desafios, que diz: "A dor é passageira e a glória é eterna". Não sigo esse caminho. Quem faz corridas de longa duração inevitavelmente aprende a suportar desconfortos. Mas acredito que temos que conhecer e respeitar o nosso limite, principalmente como atletas amadores. Se aprendemos a conhecê-lo e respeitá-lo, naturalmente o ampliamos. Se o desrespeitarmos, se o quebrarmos, a glória é passageira e a dor eterna.

Sim, a glória é passageira. Lembro-me da sensação de correr os primeiros 25 quilômetros na estrada de Ubatuba. Lembro-me da realização de correr a primeira maratona da minha vida. Lembro-me da sensação de correr 50 quilômetros, de sair a pé de Ubatuba e chegar a Paraty, após 70 quilômetros. De participar do primeiro revezamento SP-RIO 600K e chegar próximo ao local que corria quando era criança, no Rio de Janeiro. Lembro-me da sensação de completar um Iron Man. Lembro-me da minha maior distância, cento e quarenta e dois quilômetros, ida e volta de Ubatuba a Paraty. Lembro-me das inúmeras ultramaratonas de montanha, trilhas e praias. Isso tudo passou. A glória, a sensação de euforia e de autorrealização termina após um tempo.

Agora, quase dois anos após completar o maior desafio pessoal da minha vida, este livro contradiz esse meu argumento, pois registra, e de certa forma eterniza, a glória dessa conquista.

Venha percorrer essas 50 maratonas e conhecer o universo infinito e particular de um cinquentão apaixonado pelo corpo e pelo movimento. Momentos de alegria, tristeza, vitórias, confiança, derrotas, orgulho, medo e fraternidade são entrelaçados às lembranças vividas e a tantas corridas realizadas para chegar a essa marca.

AUTOBIOGRAFIA E CORRIDA

Nasci no dia 15 de agosto de 1969, na cidade de São Paulo, numa corrida contra o relógio. Minha mãe precisava mudar de andar para ir à sala de parto. Não tinha luz no hospital, os elevadores estavam parados. O jeito foi descer a maca, com minha mãe, pela escada de emergência. A bolsa já havia rompido, a minha cabeça ameaçava sair. Desesperada, minha mãe temia que eu caísse no chão. Essa foi a minha primeira tentativa, frustrada, de corrida.

Menos de um ano depois dessa correria, saímos de São Paulo e fomos morar na cidade do Rio de Janeiro. Lá, ao primeiro vacilo da minha mãe, corria na pracinha e me atirava em direção a uma fonte de água. Essa incontrolável agitação se manteve nos anos seguintes e tornava os dias, e principalmente as noites, bem difíceis para os meus pais. Havia em mim um comportamento divergente dos padrões familiares e sociais esperados. E meu pai precisava dormir bem, para acordar no dia seguinte e ir trabalhar nas suas obras, como engenheiro.

Essa fonte de energia parecia inesgotável. Então, certo dia, quando brincava e corria livremente pelo Clube de Regatas do Flamengo, resolvi parar e deitar. E ali permaneci durante algum tempo, até que me achassem. Gostei da ideia de deixar as pessoas preocupadas, principalmente quando me viram deitado no chão sem responder. Mas esse jogo não durou muito. Em poucos dias, me vi numa sala escura, conectado a uma enormidade de fios presos a minha cabeça. Pediam para eu dormir e relaxar. Minha mãe conversava com o médico, que exibia um papel branco enorme, cheio de linhas tortas. Ela estava muito atenta e com olhar preocupado. Eu não entendia nada do que estava acontecendo.

Como consequência dessa consulta insólita, o médico receitou Gardenal – medicamento utilizado para o tratamento de crises convulsivas ou para doenças epiléticas, conhecido pelo seu princípio ativo, fenobarbital. Assim, o médico cumpria sua função: usava a química para acalmar o menino. Para os meus pais, as noites, e uma boa parte do dia – acordava por volta do meio-dia –, tornaram-se mais calmas...

Em 1978, houve uma reviravolta na nossa família. Deixamos o Rio de Janeiro e nos mudamos para Ubatuba, uma cidade pequena do Litoral

Norte de São Paulo, que surgiu como um porto seguro para todos nós. Meus avós moravam lá, desde a década de setenta.

Para minha alegria, em Ubatuba, as casas não tinham grades, alarmes, cadeados. As ruas eram desertas, as pessoas andavam à noite, apenas com medo de assombração. Havia espaço, muito espaço para ser explorado. E foi justamente com esse espaço e esse tempo que me reencontrei através do corpo e do movimento, dando vazão a toda aquela energia contida pelo medicamento. A natureza fez o seu papel, já não precisava ser dopado com remédio. Coitado do médico, perdeu um paciente assíduo. Coitado do laboratório, perdeu um freguês dependente químico. Sorte minha, trocava remédio por espaço e liberdade.

Em 1985, nova reviravolta. A família voltou para São Paulo, para que Marcelo, meu irmão e eu fôssemos cursar o ensino médio no Colégio Galileu Galilei, uma escola particular de referência na época.

Em São Paulo, um apartamento de 60 m² substituiu a imensidão de liberdade de Ubatuba. Porém o apartamento ficava no bairro de Moema, próximo ao Parque Ibirapuera, um mundo a ser explorado, com pistas de corrida, parques infantis, museus, quadras esportivas e diversas alamedas para caminhadas.

Para minha sorte, o colégio Galileu, apesar de não ter quadra e espaço suficiente para as aulas de Educação Física, também ficava perto do Parque do Ibirapuera, onde nos levavam para a prática de esportes. Era um dos poucos que me divertia nas corridas de 100 m, 200 m, 400 m e 1.500 m.

Nunca fui um esportista de grande destaque. Fiz natação, basquete, surf, futebol e capoeira. Na natação, treinei já bem pequeno, na piscina do Clube de Regatas do Flamengo, até o dia em que fui expulso da água porque, enquanto nadava o estilo costas, que sempre era um suplício para mim, estava cantando a música do Patolino, um personagem da turma do Pernalonga, um desenho animado da época, que cantarolava a canção "La cucaracha", uma música folclórica mexicana. Depois, em Ubatuba, nadei na piscina municipal durante dois anos, mas tive que interromper os treinamentos por repetidas dores de ouvido, que se transformaram em otites agudas. No basquete, tinha a consciência de que não era habilidoso, principalmente nos arremessos à cesta. Morria de inveja dos meus amigos, que conseguiam acertar diversas vezes, de diferentes distâncias. Era muito baixinho e distraído. Dois fatores desfavoráveis para esse esporte. Mas gostava, pelo menos estava perto dos meus amigos durante os jogos, os campeonatos, as viagens. Só não me dava bem com os treinadores e com aqueles cones, quando tínhamos que ir, voltar, trocar de lado, girar. Era informação demais para processar. Porém, devo agradecer ao basquete por um episódio decisivo na minha vida. Tive um treinador que pegava muito no meu pé. Certa vez, precisei faltar a alguns treinos para realizar um tratamento de crescimento em São Paulo. Criei duas expectativas: a de que deixaria de ser o menor da turma e a de que seria convocado para o campeonato. Quando chegou a hora da divulgação dos nomes dos escolhidos, não fui chamado. Tomando muita coragem, aproximei-me do treinador para perguntar por que motivo não tinha sido convocado. Ele riu. Ele poderia ter tido qualquer atitude. Poderia explicar, poderia até brigar. Mas não poderia rir. Voltei para casa chorando. Chorando muito, com muita raiva. Decidi, naquele dia, que, se um dia fosse um professor, teria o máximo de respeito pelo aluno. Jamais iria debochar de uma criança. Mas sempre estive na média dos colegas do grupo, talvez um pouco acima ou abaixo, a depender da modalidade. Acho que, de certa forma, isso contribuiu para a minha longevidade esportiva, pois não submeti o meu corpo a extremos da competição e do alto rendimento.

Ao terminar o ensino médio, resolvi cursar Educação Física. Havia um teste prático no vestibular e, uma das etapas, era correr o famoso teste de Cooper (12 minutos seguidos) para atingir a maior distância possível. Treinei para essa prova e me lembro de ter me saído muito bem.

Em 1990, na Escola de Educação Física da USP, comecei a correr pelo campus da universidade e gostei. As distâncias, aos poucos, foram se dilatando: cinco, oito, dez quilômetros...

Um passo significativo aconteceu quando conheci Caio Martins Costa, na época mais apaixonado pela corrida do que eu. Caio era o pai da Marianna e da Andrea, alunas da Ana, com quem sou casado. A amizade e as intermináveis conversas durante as corridas me levaram a distâncias ainda maiores. Até que, certo dia, em 1996, passei na frente de um parque e vi uma faixa alusiva à Maratona Internacional de São Paulo, uma corrida de quarenta e dois quilômetros, passando por diversos pontos da cidade. Inscrevi-me para a Maratona, sem ter a menor ideia do que seria correr aquela distância. E lá fui, para a largada, ao lado do meu amigo Caio.

Apesar do cansaço e de algumas câimbras após o quilômetro trinta, segui sem maiores problemas até completar a prova, em três horas e quarenta e dois minutos, um excelente resultado, considerando o contexto. Difícil mesmo foi lidar com as dores nos dias seguintes. Elas me convenceram de que deveria buscar um treinador com experiência para as próximas provas. Edinalva, uma amiga corredora, indicou-me o Vanderlei Costa Severiano, o Branca. E, em 1998, comecei a me preparar para a minha primeira maratona internacional: Nova York.

Correr a maratona de Nova York foi encontrar um mundo novo, repleto de corredores, admiradores, incentivadores e organizadores dessa magnífica distância. A sensação de estar na prova é comparável a uma grande celebração esportiva mundial. Nas ruas, as pessoas param, aplaudem, tocam, cantam, conversam e gritam para todos os participantes, do começo ao final da prova, independente de quem está correndo. É, certamente, um dos mais envolventes eventos esportivos da Terra. Fiz um excelente tempo, fechando a prova em três horas e oito minutos.

A partir de então, continuei participando de outras maratonas, sempre com tempos próximos a três horas e alguns minutos. O que mais me surpreendia era a minha melhor recuperação após as corridas. Se, nas primeiras maratonas, meu corpo precisava de até sete dias para se recuperar, aos poucos esse período passou a diminuir, de forma que às vezes tinha a impressão de que no dia seguinte eu já poderia correr outra maratona. Não sentia absolutamente nenhuma dor.

Em 2007, doze anos após minha estreia, consegui romper a barreira das três horas, na maratona de Florianópolis. Nessa ocasião, percebi que tinha atingido o meu limite em termos de performance. Qualquer esforço para superar esse limite seria muito sofrido, então, resolvi iniciar outra experiência esportiva: o triátlon, um esporte que combina natação, ciclismo e corrida. Lógico que pensava em longas distâncias, como sempre. Em um ano e meio de treino, em 2010, para comemorar meus quarenta anos, participei do Iron Man de Florianópolis, uma prova de 3.800 m de natação, 180 km de bicicleta e 42 km de corrida. Fiquei feliz, era um estreante e tinha feito um tempo excelente para minha faixa etária.

Na minha trajetória de esportista, o triátlon serviu, principalmente, para me tornar mais atento e organizado, pois é impossível treinar e participar de provas, se não estivermos muito bem organizados e atentos a todos os acessórios necessários ao ciclismo, à natação e à corrida. Também foi a partir do Iron Man que tive a consciência de que realmente tinha aptidão para esportes de longa duração. E o que me levou a essa consciência, foi perceber que o verdadeiro desafio para o atleta concluir uma prova de longa duração, não está entre ele e o tempo, mas, sim, entre ele e a sua mente, seu cérebro. E parece que aquele cérebro, que na infância era "desritmado", ajustava-se bem para lidar com a dor e a fadiga, sabendo dominar os limites, ampliando e não quebrando-os.

Outra experiência marcante na minha trajetória, foi o revezamento São Paulo-Rio, em 2009. Participei de uma seletiva para a prova, cujo desafio era percorrer a maior distância possível em cinco dias seguidos. Fiz duzentos e quarenta e oito quilômetros! Corria em dois ou três períodos diários, em dias úteis, durante a semana. Entrei num clima de quase euforia, mas o corpo se adaptava muito bem ao esforço. Queria mais!

Chegou, então, o desafio 600k São Paulo-Rio: quatro dias correndo em dois ou três períodos diários, distâncias curtas, mas com altíssima intensidade. Mais uma experiência para o meu corpo e para a minha capacidade de rápida recuperação e absorção do esforço. Gostei tanto que participei novamente da edição de 2011, a última realizada.

Inevitavelmente, cheguei às ultramaratonas. Chamamos de ultramaratonas as provas acima de 42 km. A minha primeira participação foi nos 75 km de Bertioga a Maresias. E não é que deu certo? Sem nenhuma pretensão de resultado, em 2013, fiquei em 5º lugar no solo.

As ultramaratonas me ensinaram muita coisa. Talvez, a mais importante delas foi a oscilação durante uma prova. Há momentos em que estamos por cima, com uma sensação de bem-estar profundo e pleno. Há momentos em que estamos por baixo, com muitas dores, mal-estar, enjoo... É o que alguns corredores chamam de "montanha-russa". Essa aprendizagem das ultras é uma fonte de reconhecimento e fortalecimento pessoal, que procuro utilizar na minha vida.

Em 2012, também me iniciei nas corridas de montanha e de trilhas. Além dos lugares fantásticos e da sensação de conexão com a natureza, os obstáculos e desafios motores proporcionados nos percursos me mantêm constantemente atento e forte, sem temer, durante a prova, uma série de perigos inerentes ao contato com a natureza.

Tornei-me mais experiente enfrentando provas como a Patagônia 100k, Ultra Distance 50 Milhas, X Terra 80k Ilhabela, Desafio das Serras 42k, North Face 80k Endurance Agulhas Negras, Desafio 28 Praias e KTR 42k Campos do Jordão.

A minha maior corrida foi um desafio pessoal, percorrendo, ida e volta, de Ubatuba a Paraty, pela Rodovia Rio-Santos, cento e quarenta e dois quilômetros em dezoito horas e dez minutos. Não senti absolutamente nenhuma dor ou desconforto, durante ou após a corrida.

Curiosamente, assim como a minha maior distância, decidi alcançar o meu maior número de maratonas anuais num desafio pessoal. Acho que, diferentemente das provas oficiais, os desafios pessoais têm um sentimento único e especial. Corremos por uma causa que representa algo, que tenha um significado íntimo. São homenagens à mãe, ao pai, ao irmão, ao filho, ao amigo, às memórias afetivas de algum roteiro, ou seja, aquelas pessoas e lugares que realmente nos emocionam.

No meu caso, os 50 anos. Para mim, 50 anos não é uma idade para "puxar o freio de mão", como disse meu pai. Não que eu ache que agora tenho mais vigor físico do que aos vinte anos de idade. Mas, entre diversas coisas, gostaria de demonstrar, com esse desafio, que a corrida pode ser um caminho potencial para o crescimento pessoal e a autorrealização. Acredito que consiga incentivar crianças, jovens, adultos e "cinquentões" a se tornarem mais ativos fisicamente.

O desafio está lançado. Vamos correr?

PLANEJAMENTO DO DESAFIO DAS 50 MARATONAS EM UM ANO

A primeira coisa que me veio à cabeça quando pensei no desafio foi constatar que os 50 anos não seriam um problema. Ao contrário, no meu caso era o resultado de vinte e quatro anos de maratonas. Passei por uma longa estrada. De início, era a euforia de ter completado os quarenta e dois quilômetros, seguidos de fortes dores, unhas quebradas, bolhas e câimbras nos dias seguintes. Depois, era a vontade de melhorar o desempenho, contando os minutos a menos conquistados, até romper a barreira das três horas. Mais adiante, as distâncias maiores do que a maratona, entre 50 e 140 quilômetros, fizeram-me achar que, em alguns momentos, "só faltava uma maratona" para finalizar a corrida. Durante esse caminho sentia cada vez mais a minha rápida recuperação, chegando ao ponto de estar plenamente recuperado no dia seguinte, após cada prova.

Acredito que três fatores contribuíram para essa realização. Primeiro, nunca fui um atleta profissional. Nunca submeti meu corpo ao alto rendimento. É muito comum encontrar atletas com sequelas graves, devido às duras exigências, que provocam desgastes. Em segundo lugar, sempre gostei mais do dia do que da noite, das baladas. Não usei drogas e só comecei a tomar cerveja e vinho, de forma bem moderada, a partir dos trinta anos. Por último, não tive, ao longo das corridas, histórico de lesões crônicas, que impossibilitaram a prática esportiva.

A corrida é uma atividade surpreendente. Pessoas das mais diferentes idades e características físicas podem praticar essa modalidade esportiva. Definitivamente, aprendi que não existe limite para correr. Há quem comece aos oitenta anos, quem corre em temperaturas extremas, por dias seguidos, com próteses...

No meu caso, teria que me organizar para correr 50 maratonas em 52 semanas, o equivalente a um ano. Isso daria apenas dois finais de semana sem maratonas. Aprendi, nas provas de corrida, a estabelecer o plano A, o plano B e o plano C, sendo o primeiro o mais otimista dos três. Se fosse correr uma maratona, a melhor das expectativas seria melhorar o meu recorde pessoal. A segunda era terminar dentro de uma margem satisfatória e a terceira era apenas concluir a distância. Levando essa lógica para o desafio, o plano A era terminar em 52 semanas, o plano B até a data do meu aniversário, em 55 semanas, e o plano C apenas terminar o maior número possível de maratonas.

Acontece que, se por um lado tenho um bom desempenho no esporte, por outro sou péssimo em marketing pessoal e autopromoção. Conheço pessoas, atletas amadores, que se firmaram no âmbito da corrida, com todo o mérito, por saberem promover suas conquistas e desafios. No meu caso, gostaria de participar de diversas maratonas oficiais, quem sabe até viajar para o exterior, dar palestras. Mas sem o patrocínio necessário para tanto, tive que planejar apenas cinco maratonas oficiais: SP City Marathon, Maratona Internacional de São Paulo, Maratona do Rio de Janeiro e a Maratona de Porto Alegre, sendo a SP City Marathon a primeira e a última do desafio.

As demais quarenta e cinco maratonas foram em percursos com medição por GPS do meu relógio Garmin, na cidade de São Paulo (ruas, parques, ciclovias, USP), em Ubatuba (Rodovia Rio-Santos, condomínio Itamambuca, cidade) e Campos do Jordão (Clínica DLB Assessoria Esportiva).

Para definir alguns trajetos escolhi temas para determinadas maratonas. Assim surgiram "A maratona das minhas moradas", na qual corri até os endereços residenciais onde vivi por algum tempo em São Paulo. "A maratona de meu pai", em que passei pelos lugares marcantes da vida dele, e assim por diante. Fiz também trajetos "só de ida", como na Rodovia Rio-Santos, resgatado pela Ana após os quarenta e dois quilômetros. Fiz voltas e mais voltas dentro do Parque do Ibirapuera, Villa Lobos e do Povo, na cidade de São Paulo.

Os dias de maratona variaram entre sábado e domingo. Em poucas ocasiões, como feriados e férias, corri maratonas em dias da semana. Aos domingos, dei preferência às corridas na rua, muitas vezes aproveitando a realização de uma prova oficial para usar o isolamento dos carros. Aos sábados, fiz diversas vezes na USP, por conta do apoio da assessoria, do clima de treino e dos amigos que encontro.

Para suportar tanta maratona seguida tive que encontrar um ritmo mais moderado, embora, em algumas ocasiões, não o tenha seguido. Estabeleci uma velocidade média de seis minutos e quinze segundos por quilômetro, ou, como se diz na corrida 6'15". Encontrei esse ritmo fazendo algumas maratonas seguidas antes do início do desafio e verificando a minha recuperação. Esse pace, como se diz na corrida, dava aproximadamente quatro horas e meia de maratona.

Não sou rigoroso e perfeccionista. Corria até o relógio apontar quarenta e dois quilômetros e duzentos metros. A marca oficial de uma maratona é de quarenta e dois quilômetros e cento e noventa e cinco metros. Os aparelhos de medição nunca são exatos, pois nunca corremos na linha demarcatória. Abrimos um pouco ao fazer uma curva, tangenciamos uma esquina etc.

Para efeito de homologação, todas as minhas maratonas teriam que ser certificadas por uma associação de maratonistas. Não tinha essa pretensão, disposição e dinheiro. Estava bom dessa forma. Era um desafio pessoal, não precisava colecionar provas.

Os horários para a corrida variaram de acordo com a estação do ano e o clima. Se estava quente, começava mais cedo, antes do nascer do sol. Se estivesse frio, saía um pouco mais tarde. Apenas uma vez corri no período da tarde. Para correr quatro horas e meia seguidas e aproveitar o resto do dia, é melhor sair cedo.

E os tênis? Quanto rodar com cada um deles? Usá-los quantas vezes? Qual a marca e modelo? Adapto-me melhor aos tênis mais largos, mas cada pessoa tem o seu próprio perfil. Minha pisada é neutra, caracterizada pelo apoio uniforme do pé no solo, sem desvios rotacionais nem para dentro e nem para fora. Tenho uma condição em que os joelhos se mantêm afastados mesmo quando consigo encostar um tornozelo no outro, conhecido por geno varo, ou perna de cowboy, E isso sem apresentar um bom arco plantar, o que chamam de pé chato e largo.

Para o desafio, coloquei em sistema de rodízio seis tênis. Se a vida útil de cada um fosse quinhentos quilômetros, teria três mil quilômetros garantidos, mais do que suficientes para os dois mil cento e dez quilômetros das 50 maratonas. Ocorre que nem sempre usei exatamente dessa forma...

E a alimentação? O que fiz para me preparar para tanto gasto calórico? Suplementos? Vitaminas? Aminoácidos? Sempre gostei de me alimentar com variedades de verduras, legumes, leite desnatado, carnes, peixes. Mas também gosto de bolo, sorvete, pizza, waffles... Nos últimos anos tenho diminuído a ingestão de carne vermelha e de sal. Cerveja e vinho bebo com moderação. Adoro uma cerveja bem gelada após a maratona!

No meio da corrida, a nutrição esportiva tem contribuído para a performance de muitos atletas. Conheço corredores que seguem rigorosamente a indicação de seus nutricionistas, tomam diversas cápsulas para complementar a dieta e auxiliar na performance. No meu caso – e fiz os exames de sangue para comprovar –, a minha demanda energética e metabólica foram supridas apenas com a alimentação tradicional. Para a véspera da maratona seguia a recomendação básica de ingerir carboidratos, comendo massas e pães. Também me hidratava bastante e não tomava bebidas alcóolicas nos dois dias que antecediam os quarenta e dois quilômetros. No dia da maratona tomava um leite com achocolatado maltado, uma fruta (banana normalmente) e um pão com margarina. Durante a corrida ingeria, a cada 7 km, um sachê de gel com 35 g de carboidrato. Na hidratação levava duas garrafinhas de 500 ml cada, com água, e repunha conforme a temperatura. Em dias mais quentes bebia até quatro litros! Em média, dois litros e meio. Às vezes misturava um isotônico à água ou tomava água de coco.

E sobre a parte física, para dar suporte ao desafio? O que fazer durante a semana que antecede as etapas? Quantos treinos? Que distância? Musculação? Ginástica Funcional?

Antes de dar início às 50 maratonas, fiz um levantamento do meu volume anual, ou seja, quanto tinha corrido durante um ano, pelo menos nos últimos cinco anos. Em média, eram três mil e trezentos quilômetros anuais, ou duzentos e setenta mensais, ou setenta semanais. Para que meu corpo se adaptasse melhor a essas distâncias, programei percursos menores durante a semana, de duas a três vezes, somando de dezoito a vinte e oito quilômetros, que, somados aos quarenta e dois da maratona, totalizariam entre sessenta a setenta quilômetros semanais. Um dado importante: boa parte das corridas semanais não eram treinos. Eram deslocamentos que fazia entre minha casa e o trabalho. Cabe aqui um detalhe importante. Tenho uma rotina de trabalho muito ativa. Dou aula para crianças de um a três anos de idade, aulas de capoeira, aulas de educação física. Às vezes, troco o carro pela bicicleta e nado um pouco na piscina do meu prédio onde moro. Só fiz musculação em 2010, durante a minha preparação para o triátlon. A capoeira, que pratico há muitos anos, preparou minha musculatura de tal forma que nunca precisei de fortalecimento e alongamento. Mais recentemente, realizei algumas aulas de ginástica funcional na assessoria esportiva DLB, com a qual fiz uma parceria.

Por último, e não menos importante, o que posso dizer sobre a minha recuperação a cada maratona? A recuperação é uma parte importante da atividade física. Na primeira maratona da minha vida senti tantas dores e câimbras nos dias seguintes que jurei que nunca mais faria algo parecido. Passadas algumas semanas, lá estava eu, treinando para a segunda. Treinando efetivamente, a segunda maratona me presenteou com menos dores. A terceira, a quarta, a quinta, a sexta, e assim por dezenas de provas, foram moldando meu corpo a se recuperar cada vez melhor, até chegar ao ponto de não sentir dores. Mais ainda, tenho até disposição para um trote na manhã seguinte!

Nessas situações, terminava a maratona, mas não tinha que, na semana seguinte, correr outra, depois outra, depois outra, por 52 semanas. No desafio seria assim. Tratei, então, das seguintes providências. Sempre que possível fazia, após a maratona, uma imersão em banheira de gelo durante seis minutos. Como sempre corria muito cedo, após chegar em casa descansava ou até mesmo dormia por umas duas horas. No dia seguinte, uma caminhada, pedalada leve, banho de piscina. Dois dias após a maratona voltava a correr uns 50 minutos.

Acontece que, no meio dessa recuperação, tinha o meu trabalho como professor de educação física e capoeira. Assim, já estava em atividade constante com deslocamentos, alongamentos, giros, saltos, agachamentos, elevação de pernas, inclinação e rotação de tronco...

Algumas pessoas chegavam a perguntar para a Ana se eu não ficava cansado. Para ela, que sempre me acompanhou, desde a época do teste de doze minutos do vestibular, era algo natural. Quantas vezes, após terminar uma maratona, saímos para um passeio, supermercado ou compras? Inúmeras!

Mas será que não tive nenhuma limitação, nenhuma condição que inspirasse cuidados? Sim, tive uma condição que me abalou bastante e que fez com que chegasse a pensar que estava tudo perdido. Após realizar um checkup completo, fui diagnosticado pelo cardiologista que me acompanha com a síndrome do jaleco branco, ou seja, um quadro de pressão arterial alta relacionado à ansiedade, principalmente em situações de aferição. De acordo com meu médico, não é necessário que eu tome remédio, pois ainda que os resultados da aferição da pressão arterial não estejam nos níveis ideais, eles não dialogam com meus exames clínicos, que não especificam nenhuma alteração cardíaca. Além disso, a corrida funciona como um nivelador de pressão, ou seja, após o exercício, a minha pressão fica em níveis ideais. Mais uma prova de que o movimento, principalmente ao longo de anos, tem um efeito benéfico ao corpo.

Para ajudar nesse quadro da pressão, tratei da ansiedade com homeopatia, meditação, diminui bastante o consumo de sal e aumentei a ingestão diária de água.

Outra ocorrência decorrente da minha genética foi o colesterol alto. Iniciei o tratamento com remédio e em um ano baixei o colesterol a níveis normais, suspendendo a medicação. Não senti efeito colateral. Ainda bem, pois dizem que o medicamento pode ocasionar fadiga muscular.

Algo importante sobre minha frequência cardíaca durante as maratonas foi mantê-la em níveis moderados, evitando faixas de batimentos cardíacos elevados.

Como viram, tenho as minhas fraquezas. Aprendi a conhecer bem as minhas limitações e o quanto precisei dedicar décadas de corridas para chegar até esse desafio. Descrevi algumas condições que viabilizaram e possibilitaram o cumprimento dessa jornada.

A ideia das 50 maratonas em um ano jamais foi incentivar ninguém a fazer o que fiz, mas a entender o porquê e o como fiz.

Para realizar esse grande desafio foi necessário ter muita disposição e clareza da minha escolha. Tive que abrir mão de alguns prazeres, mas tive, em troca, outros incomensuráveis. De resto é agradecer a Deus cuidando da minha saúde.

Vemo-nos por aí. Venha correr comigo...

PARTE 2

A FASE PRETA

1ª Maratona

O DESAFIO COMEÇA AQUI

São Paulo – SP
29/07/18 - domingo
Horário: 6h05
Duração: 4h06
Tempo em movimento: 4h02
Ritmo: 5'42"/km

Para começar o desafio das 50 maratonas em um ano, nada melhor do que uma prova oficial. Assim, dei a largada às 6h, na SP City Marathon.

A SP City Marathon tem se firmado no cenário das grandes provas de corrida no Brasil pela excelente estrutura oferecida aos corredores. Pode-se dizer que é a melhor maratona que temos em São Paulo. Os postos de hidratação são muito bem abastecidos e distribuídos, banheiros químicos em vários pontos, gel, esponjas, alimentos variados, e até umidificadores de ar na passagem de um túnel.

SP City Marathon - A primeira das cinquentas.

O ponto negativo fica por conta do centro da cidade. É triste ver a sujeira e o abandono no centro de São Paulo. São lugares históricos e pontos de atração, que mereciam mais atenção e limpeza.

Vestia uma camiseta com o número 50 maratonas, o que a chamou a atenção de alguns corredores. Um deles, curioso, perguntou em que número eu estava. Expliquei que era a inaugural e ele fez um gesto positivo. Outro, mais exibido, disse em alto tom: "Já fiz setenta e cinco, contando os treinos!". "Que bom!", eu disse.

O fato é que, mesmo querendo manter a velocidade contida que tinha programado, a atmosfera da maratona fez com que fosse um pouco mais rápido do que deveria. Mas isso faz parte de qualquer prova, o entusiasmo e a companhia de centenas de corredores estimulam as passadas. Pensei: nas próximas serei mais conservador.

A maratona começou a ficar mais legal a partir da Avenida 23 de maio. Encontrei um grande amigo, o Léo, ou melhor, ele me encontrou, pois vinha num ritmo mais forte atrás de mim. E daquele jeito pilhado dele, começou a berrar. Cumprimentamo-nos e, depois de uma foto, ele seguiu mais à frente.

Continuei com meus passos ritmados até atingir o túnel da Avenida Juscelino Kubistchek, onde a organização colocou várias máquinas umidificadoras, coisa que não tinha visto em nenhuma outra corrida até então. Um cuidado que faz toda a diferença para quem corre em um ambiente fechado.

Saí do túnel e segui o trajeto, pela Avenida Lineu de Paula Machado – onde fica o Jóquei Clube da cidade –, e um pouco antes de virar para a ponte da universidade de São Paulo, cruzei com o primeiro colocado. Ele, no quilômetro trinta e nove, e eu ainda no quilômetro vinte e cinco. Impressionante.

Chegando à USP encontrei o Dárcio, outro grande amigo – um irmão, desses que temos a oportunidade e a felicidade de encontrar na vida. Ele foi até aquele ponto com a intenção de me acompanhar de bicicleta. Foi uma alegria ver sua imagem, é algo que não se consegue exprimir. Sua atitude fala por si.

Os últimos doze quilômetros foram tranquilos. Enquanto alguns corredores sentiam o peso da distância percorrida, seguia leve e bem disposto, tendo o Dárcio como um "batedor" muito especial!

Encontrei, na Avenida Politécnica, a Mariana, esposa do Léo, e seus filhos, Caike e Pietra. Uma família muito querida, que me incentivou muito!

Chegando aos últimos trezentos metros, despedi-me do Dárcio e tiramos uma foto dessa dupla especial!

Dei meu boné a ele e finalizei a primeira das 50 maratonas, com a expectativa de que ainda teria outras quarenta e nove para vencer!

2ª Maratona

UMA FISGADA E UMA DOR CHATA

São Paulo
04/08/18 – sábado
Horário: 6h52
Duração: 5h28
Tempo em movimento: 4h52
Ritmo: 6'53"/km

Depois de seis dias da estreia do desafio, resolvi sair para a segunda etapa dos quarenta e dois quilômetros. Correr sábado pelas ruas de São Paulo é diferente, não é tão tranquilo como no domingo. Mas optei por ter um dia a mais de descanso. Não imaginava que a dor seria minha companheira nesta maratona e poderia comprometer meu desempenho e até interromper a prova.

Acordei às 6h e preparei um café da manhã bem modesto, com pão, café, leite e uma laranja.

Nesses dias de inverno o dia amanhece às 6h30. Aguardei até ter claridade e saí para correr às 6h50. A temperatura (14º) estava perfeita para uma corrida longa. A umidade bem alta (70%), talvez pudesse estar melhor. Comecei o trajeto pela minha rua e logo nos primeiros quilômetros alcancei o Parque Burle Marx – um pedaço ainda preservado de Mata Atlântica na cidade de São Paulo.

Segui pela ponte Laguna, uma ponte construída em 2016, sobre o Rio Pinheiros, para interligar os lados de suas marginais. De lá, tive acesso à Av. Chucri Zaidan, onde se concentram shoppings e empreendimentos empresariais. Continuei pela calçada dessa larga avenida, atravessando a ponte do Morumbi, ponte Estaiada, Bandeirantes, até chegar ao Parque do Povo. O dia, antes nublado e chuvoso de sexta-feira, resolveu me brindar com os primeiros raios de sol. Do parque atravessei a cidade jardim e fui em direção à Av. Faria Lima.

Um pouco antes de alcançar o largo da batata, senti uma leve "fisgada" na parte posterior da coxa esquerda. Uma dorzinha chata, que me fez reduzir o ritmo e buscar forças para não interromper as passadas. Não poderia desistir ali. Era apenas a segunda etapa e teria que vencê-la, e outras quarenta e oito, para cumprir o desafio a que me propus.

Estava só no quilômetro quinze e a maratona poderia ser ameaçada pela dor. Socorri-me em uma farmácia, onde comprei um relaxante muscular. A linha de chegada estava longe e continuar com aquela dor seria um sacrifício desnecessário, que colocaria tudo a perder.

Pensei: tenho que adotar uma atitude positiva, acreditar que tudo vai dar certo nesta e nas próximas maratonas. E esse pensamento foi essencial para o término da maratona

É essa fé que levamos da corrida para a vida. É a arte de acreditar que somos muito maiores do que às vezes pensamos ser. Se a coxa dói, diminui o ritmo, recupere-se, converse com ela, use o que tiver ao seu alcance. Não desista facilmente...

Ao alcançar o quilômetro vinte, fiz uma pausa rápida no Parque Villa Lobos para tomar uma água de coco. Reabasteci a garrafinha e segui em direção ao campus da Universidade de São Paulo (USP), a cidade universitária, local de treino de muitos atletas aos sábados. Foi ótimo, pois a presença de outros corredores me contagiou, trouxe um ânimo para melhorar meu ritmo de corrida. Há uma atmosfera de saúde e camaradagem, muito gostoso de ver e saudável para se viver.

Falando em camaradagem, não poderia deixar de dar uma parada na BK Sports, assessoria esportiva que fez parte importante do meu desafio dos quarenta anos, o Iron Man de Florianópolis. Fui recebido carinhosamente pelos atletas e pela amiga Eloisa.

Saí depois de alguns minutos e, inadvertidamente, esqueci-me de reiniciar o relógio por uns dois quilômetros! Uma corrida que já estava difícil, teria que ser esticada. Tinha que me conformar e, ao invés de quarenta e dois, teria que correr quarenta e quatro quilômetros...

Havia ligado para a Fúvia ao chegar à USP. Fúvia é uma amiga recente de corrida, uma verdadeira guerreira. Ela eliminou mais de vinte quilos através da caminhada e da corrida. Fúvia se prepara para uma corrida de revezamento de doze horas! Ela estava terminando seu treino e nos encontramos para uma foto.

A essa altura, mesmo com o meu erro do relógio, estava no quilômetro vinte e cinco. Bem lento, em relação ao ritmo que planejava, mas renovado pelos encontros! A vida é um pouco dessa forma. Amigos, com objetivos comuns, dão-nos ânimo e fortalecem nosso espírito, não é mesmo? Alguns encontros trazem uma energia especial, uma força impulsionadora inexplicável. Após esses dois breves encontros com os amigos, não tinha a menor dúvida de que iria até o fim da maratona.

Rodei mais alguns poucos quilômetros e saí da USP, em direção ao Jóquei. Ao planejar essa maratona, minha intenção era sair da USP e seguir pela ciclovia da Av. Eliseu de Almeida, mas percebi que a distância não seria suficiente para alcançar os quarenta e dois quilômetros e resolvi trilhar um percurso que daria certo. Não sem antes parar em frente à Faculdade de Educação Física. Essa parada me encheu de emoção. Ali estava a minha faculdade, um prédio pouco imponente, quieto, silencioso, enquanto minhas lembranças fervilhavam. Busquei na memória e não me lembrei, de que em nenhum momento de minha vida de estudante sonhei que um dia iria parar diante dessa faculdade para contemplá-la durante uma corrida tão significativa. Nem sonhei que um dia faria um desafio desses.

Correr uma grande distância pela cidade oferece a oportunidade de cruzar os mais diversos lugares, imprevisíveis, curiosos e inquietadores. A cruzar o Jóquei, uma música bem agradável, de um show que acontecia ao vivo, envolveu todos meus sentidos com alegria. Muito bom apreciar aquele som e me animar para seguir adiante.

A partir desse ponto, o trajeto de volta seria o mesmo da ida. Mas quando estamos a pé, tudo é diferente. A luz, as pessoas e os lugares, nada se repete da mesma forma.

Faltavam agora dez quilômetros para finalizar e tentei curtir ao máximo esse trecho, um percurso velho conhecido; passei diante do prédio da Rede Globo, na região repleta de prédios que abriga grandes empresas e refleti: será que o sucesso só se alcança ocupando grandes cargos, dentro dessas megacorporações? O desafio de vencer na vida é incessante, porém, existem prazeres indescritíveis fora das metas empresariais também. Não existe um lugar definitivo para se atingir e depois dizer "cheguei à felicidade plena". O encontro com a felicidade é muito mais interior do que o sucesso que se exibe socialmente. Apesar de estar no começo, esse desafio está me trazendo uma sensação de felicidade que até então desconhecia.

Existem alguns marcadores mentais que cada corredor utiliza para suas provas. Gosto muito do número sete. Divido a maratona em seis partes de sete quilômetros. Nesse ponto da corrida, faltava apenas o último trecho do percurso, os últimos sete quilômetros. Hora de sentar um pouco, respirar e seguir para a chegada. Cansado, mas feliz!

A parte final é, certamente, a mais difícil para qualquer maratonista. Principalmente, como acontece nesse percurso que escolhi, em que longas e íngremes subidas me aguardam! A endorfina é um santo hormônio nessas ocasiões...

De passo a passo, os quilômetros iam ficando para trás. Mas, desta vez, diferentemente da maratona anterior, não havia incentivadores, ninguém sabia que eu estava no último quilômetro. De onde tiramos a energia final? De um lugar muito interno, que acha até graça disso tudo, mesmo com algumas dores e desconforto.

Mais alguns passos e cheguei ao fim desta segunda etapa! Ufa, essa foi difícil: dor, cansaço e longos trechos sem companhia. Agora, faltam só quarenta e oito! Porém é melhor pensar que venci a segunda. Hora de descansar e me recuperar com um banho de banheira com gelo.

Quem corre é mais feliz

Todo corredor já teve a oportunidade de se sentir feliz. É indescritível a felicidade de um corredor. Enquanto corre, um laboratório interno trabalha incessantemente no corpo do corredor para processar a endorfina e liberá-la na corrente sanguínea.

A endorfina é um hormônio que transmite o prazer e a sensação de bem-estar durante e após o esforço físico.

Se, por um lado, somos capazes de medir os batimentos cardíacos, a velocidade, a altimetria, a temperatura, a distância e o tempo de uma corrida, por outro não há instrumentos capazes de mensurar a felicidade. Uma coisa é saber que um hormônio como a endorfina provoca uma sensação de prazer, outra é medir a felicidade de cada pessoa após a corrida.

Feliz após correr 28 Praias Costa Norte - Ubatuba-SP.

A ciência e os avanços tecnológicos nos deram poderes e energia incríveis. Mas será que somos mais felizes atualmente? O que é preciso ser ou ter nos dias atuais para ser mais feliz? Muita gente acredita que a riqueza, o luxo e o consumo são equivalentes ao sucesso e felicidade. Será isso mesmo? Poderíamos, então, afirmar que ser feliz é privilégio de poucos, uma vez que a acumulação de riqueza está destinada a uma ínfima parcela da população?

Então o que fazem as pessoas frente a essa ideia frágil sobre a fonte real da felicidade humana? Uma grande parte concorda e espera o dia que nunca chega, outra, não se convence e busca a felicidade em coisas mais simples, que não tenham relação direta com o "ter", mas com o "ser".

Ser mais humano, ser mais verdadeiro, ser mais natural, ser mais tolerante, ser mais solidário, ser mais humilde, ser mais fraterno, ser mais afetuoso, ser mais próximo de nossos amigos e de nossos corpos são atitudes possíveis, que parecem muito distante atualmente. Muitos intelectuais refletiram sobre a causa da felicidade e concluíram que fatores éticos, espirituais e sociais possuem tanta influência sobre a felicidade quanto às condições materiais. Seria ingenuidade afirmar que a corrida por si só é capaz de trazer felicidade, transformar a forma de ser, proporcionar satisfação com a vida, otimismo em relação ao futuro. No entanto ela pode ser um importante fator subjetivo para a felicidade. Correr nos aproxima, inconscientemente, de nosso antigo estado natural e ancestral, tornando vivo e de forma intensa o momento presente. Quando estamos correndo por vários minutos ou horas em ambientes externos, principalmente os mais naturais, passamos por vários lugares, vislumbramos paisagens de um jeito inacessível de dentro dos carros, ônibus, trens e aviões. Sentimos o vento, o sol, a chuva, os odores, aguçando a capacidade de estar presente e prestar atenção no mundo.

Poucas coisas na vida sedentária e moderna podem se aproximar do entusiasmo de um grupo de corredores antes, durante e após uma boa corrida. Fazer parte de uma turma de corrida e participar de eventos esportivos ajuda a estreitar os laços de amizade. Superar desafios, passar dificuldades em grupo, potencializam a qualidade e a profundidade das relações.

Todas essas coisas são gratificantes, mas a essência da relação entre a corrida e a felicidade está na capacidade que o movimento humano tem em produzir várias substâncias bioquímicas, como endorfina, serotonina, dopamina e oxitocina, que inundam a corrente sanguínea e alteram o nosso humor. Isso mesmo. Somos capazes de produzir, com algum esforço, doses de prazer e bem-estar através do exercício. A corrida pode ser um início para a diminuição e a cura de vícios, da ansiedade, da depressão. A cada maratona sempre existirá alguma pessoa com uma história incrível sobre como a corrida impactou a sua vida. A felicidade sempre foi e continuará sendo algo muito complexo, relativo e multifatorial. Se a corrida será apenas algo que sirva para aparar as arestas das nossas angústias, algo que traga momentos mais intensos e duradouros de paz e alegria, ou algo que complete o nosso ser, dependerá da complexa combinação dela em cada pessoa.

Boas corridas... Vemo-nos no caminho...

3ª Maratona

DIA DOS PAIS

São Paulo
12/08/18 - domingo
Horário: 6h27
Duração: 4h41
Tempo em movimento: 4h26
Ritmo: 6'21"/km

Era Dia dos Pais. Essa corrida dedico ao meu pai, Rogério, um incansável lutador. Há 15 anos resiste ao câncer, com uma fé inabalável. Ele mora em Ubatuba – litoral de São Paulo – e não virá para o almoço em família. Porém vou me reunir com Marina e Pedro, meus filhos, e a mãezona, Ana Paula. Para não atrasar a comemoração, saí de casa assim que o dia amanheceu. Marquei de encontrar dois amigos, Paulo e Caio, no Parque do Ibirapuera.

O Paulo conheci recentemente e o Caio é o amigo de sempre, o responsável por eu ser um corredor de longas distâncias. Chegando ao Ibirapuera, vi que a Av. República do Líbano estava interditada para os carros, o que indicava que deveria estar acontecendo alguma corrida. Aproximei-me mais um pouco e vi uma faixa que confirmou minha suspeita.

Logo encontrei o Paulo. Até há pouco tempo não nos conhecíamos. Ele ouviu falar das minhas corridas, comunicamo-nos e nos tornamos amigos. Coisa do esporte, proporcionando novas amizades, aproximando gente com os mesmos objetivos.

O dia estava frio, dez graus quando comecei. Um dia sensacional para uma maratona. E já nos primeiros quilômetros tirei a blusa que estava usando e a escondi no mato, para depois pegá-la na volta. Lembrei-me das dificuldades da maratona anterior e, assim como a blusa, escondi as dores num canto escuro do cérebro, para não me assombrarem.

Fizemos juntos o percurso da corrida, passando pelas avenidas Ruben Berta e 23 de maio, próximas ao Aeroporto de Congonhas. Paramos para registrar algumas fotos. No retorno ao Parque Ibirapuera, encontramos o Caio e a Sonia. Eles são assíduos frequentadores do parque. A Sonia de bicicleta e o Caio correndo, acompanharam-nos durante seis quilômetros ao redor da volta ao lago.

A companhia dos amigos fez a corrida ficar muito mais prazerosa. Sem perceber, já estava no quilômetro vinte e nove e precisava retornar para cumprir os próximos treze, que distanciam o parque do meu apartamento. Posamos para uma foto e segui.

Agora, tinha a certeza de que terminaria bem essa maratona. Muito melhor do que a segunda, quando as dores me atormentaram. Ao sair do parque, recebi uma mensagem da Teca, uma querida colega, que trabalhou comigo há anos na Escola da Vila. Combinamos de nos encontrarmos na ponte Laguna. Quando já estava na metade da ponte, recebi uma mensagem de que ela estava lá e tinha me visto passar. Imediatamente, retornei para dar um abraço nela e nos filhos, Isabela e Mateus.

Estava a dois quilômetros de terminar a terceira maratona em três semanas. E essa teve um sentido especial: abria meu apetite para o almoço do Dia dos Pais.

Chegando em casa, um banho de gelo e um delicioso almoço, presente da Marina e da Ana. A festa foi em casa, mas a maratona foi dedicada ao meu pai, Rogério. Feliz Dia dos Pais, amado pai.

Meu pai em seu último aniversário - Casa da praia do Félix - Ubatuba-SP.

Vestindo a camiseta: Surpresa, Alegria e Compromisso

Era quinta-feira, 9 de agosto, fiquei surpreso, meu apartamento estava lotado quando cheguei. "Vai ter festa gente?", perguntei. "Não, viemos assistir ao debate dos candidatos a presidente", da TV Bandeirantes.

Não desconfiei de nada. A Ana, minha esposa, teve a ideia de me presentear com 50 camisetas numeradas, em cinco cores diferentes, uma cor para marcar cada fase de dez maratonas: de 1 a 10, pretas; de 11 a 20, roxas; de 21 a 30, azul; de 31 a 40, vermelhas; e de 41 a 50, amarelas.

As cinquentas "armaduras" do desafio.

E se elas tivessem o apoio das escolas nas quais o Marcola trabalha?, pensou Ana. Ela conseguiu que quatro apoiadores contribuíssem para cobrir os custos do material: Marfim, Beacon School, Espaço Ekoa e a clínica Infinity Corpus.

Para a arte, a Ana pediu a criação da designer Júlia Yazbek, nossa sobrinha. Julia caprichou, criou logotipo e numeração. O design ficou impactante, sensacional!

Só que a Ana não imaginava na época que eu anteciparia o desafio para 29 de julho! Assim, apenas no dia 9 de agosto recebi o presente. Foi emocionante, esse belo material mexeu com meus sentimentos.

Mas até receber o presente, enganaram-me com a conversa de que todos se juntaram para assistir ao primeiro debate político presidencial. Achei meio estranho, a Ana me dizer para tomar banho. Nunca ela diz isso. Como sou muito desligado, não desconfiei de nada. Na realidade, estavam esperando apenas a Marina, nossa filha, chegar do trabalho, para fazer a grande surpresa.

No momento fiquei paralisado, sem saber direito o que estava acontecendo. Como assim? Cinquenta camisetas? Nunca tive 50 camisetas! E com apoiadores? Quis saber tudo sobre a preparação da surpresa. Fiquei tão agitado que só consegui dormir era quase 1h da madrugada! Ter a família ao meu lado, incentivando-me e se mobilizando para a realização desse projeto, é a realização de um sonho, algo único!

Essa foi uma semana que me marcou definitivamente e que, coincidentemente, outros projetos envolvendo o desafio começaram a ser deliberados! Agora, tenho cinco cores e 50 camisetas, não tenho como contar errado cada maratona. Que venham todas as cores e os números desse desafio!

4ª Maratona

A EMOÇÃO DE UM ENCONTRO COM O PASSADO

São Paulo
18/8/2018 – sábado
Horário:6h19
Duração: 4h05
Tempo em movimento: 4h41
Ritmo: 6'42"/km

Comecei a quarta maratona em um sábado, dia 18 de agosto. Comemorei quarenta e nove anos de vida no dia 15 e se não tivesse antecipado o desafio, essa seria a primeira. Porém tinha o gosto de ser a primeira com quarenta e nove anos. E tinha que ser muito especial...

Tive a ideia de rever cada um dos lugares – casas, apartamentos – onde vivi em São Paulo e reviver as emoções de cada fase de minha vida nessa cidade. Meu arquivo da memória me transportou para os seis lugares onde morei, desde que aqui cheguei, em 1985: Alameda Nhambiquaras; Alameda Arapanés (ambas no bairro de Moema); Rua João Della Manna (no bairro Rolinópolis); na Rodovia Raposo Tavares, km 13 – Condominio La Habitare; na Rua Trajano Reis, no bairro Jardim das Vertentes; e, atualmente, na Avenida Dr. Guilherme Dumont Villares, bairro Jardim Londrina – Morumbi.

Como era um percurso inédito nas minhas corridas, planejei todos os detalhes do itinerário para que a distância percorrida chegasse aos quarenta e dois quilômetros e cento e noventa e cinco metros. Para visitar todos os endereços, o roteiro não respeitou a cronologia, ou seja, a primeira visita foi minha quinta residência e não a primeira, de quando cheguei a São Paulo, porém, passei por todas minhas antigas residências religiosamente. E cada uma inundou minha alma de recordações.

Saí às 6h20 de casa em direção ao primeiro endereço: o Residencial El Greco, na Rua Trajano Reis. O caminho até lá é parte do mesmo que faço diariamente até a escola em que trabalho. Ao chegar à altura do atacadista

Makro, que fica na Av. Pirajussara, desvio pelas ruas do bairro e, aos cinco quilômetros de corrida, após uma íngreme e curta subida, paro no portão de entrada.

Durante dez anos, de 1999 a 2009, entrei por esse portão. Aqui, nossa filha Marina recebeu o irmão, Pedro. Fizemos muitas festinhas de aniversário, almoços, encontros de amigos. É estranho chegar a um lugar, antes reverenciado, e saber que agora sou um ilustre desconhecido. O El Greco marcou um período importante da minha vida, dos trinta aos quarenta anos.

O destino seguinte foi o Condomínio Labitare, na Rodovia Raposo Tavares. Se o El Greco marcou uma fase de crescimento familiar, o Labitare foi o início da minha vida de casal. Lembro-me bem da sensação de dormir pelas primeiras noites e pensar que, a partir de então, não teria mais a presença dos pais, não seria mais o filho caçula.

A distância entre o El Greco e o Labitare é pequena, mas com uma subida longa e moderada na Raposo Tavares. Quando morei lá, para percorrer tinha que passar por um acostamento bem ruim. Agora está pavimentado, tornando o acesso bem mais fácil e seguro.

O próximo endereço me levaria ao bairro de Moema. Aproximadamente uns 10 km. Antes, porém, uma pausa num endereço importante: Rua João Della Manna, a casa da Lena, minha sogra, onde moramos por pouco mais de um ano, numa experiência incrível de convivência familiar. Enquanto aguardávamos a reforma no apartamento novo, levamos todas as nossas coisas em caixotes, além dos móveis e eletrodomésticos, e deixamos na sala da casa da Lena. O pouco que tínhamos para vestir e usar, deixamos em algumas "araras". De repente, duas famílias – Lena e Tercio, Ana, Marina, Pedro e Eu – dividindo o mesmo teto. Algo que em muitas situações poderia ter dado muito errado, mostrou-se formidável. E não foram poucas as situações. Teve rato no meio dos caixotes, infiltração no teto e inundação no piso inferior e na sala, reforma da cozinha, reforma do espaço externo, enfim, um caos que poderia tornar nossa convivência insustentável. Hoje, lembramos com carinho desse período.

Da casa da Lena segui pelas ruas já conhecidas e, em torno de uma hora, já estava me aproximando da Alameda Arapanés. É curioso que esse mesmo trajeto pode levar um tempo bem maior se percorrido de carro durante a semana, dependendo do trânsito.

Quando cheguei à Moema, precisei me esforçar para recordar dos lugares. Muita coisa mudou desde que saí de lá. O bairro, antes tranquilo, "gourmetizou-se". São bares, restaurantes, lanchonetes, lojas, serviços. Atualmente, um dos metros quadrados mais caros de SP.

Aos poucos fui me localizando e fiz a próxima parada em frente ao prédio da Alameda Arapanés. Olhei para a varanda do oitavo andar e as lembranças dos cinco anos lá vividos, de 1988 até 1993, invadiram-me subitamente, trazendo a época de namoro com a Ana, o ano de cursinho, a faculdade...

Poucos instantes depois, segui para o último endereço da corrida, Alameda Nhambiquaras. No curto trajeto até lá, passei pela Av. Ibirapuera e atravessei o largo de Moema, uma grande praça com igreja, artesanatos, bijuterias e comidas típicas aos finais de semana. Imediatamente, veio-me à lembrança um almoço com meus pais e meu irmão num restaurante dessa praça, assim que chegamos a São Paulo. A praça e a igreja ainda estão lá, mas o restaurante não existe mais.

Cheguei à Alameda Nhambiquaras sabendo que ainda não estava na altura do Prédio onde morei. Com tantas mudanças no bairro, cheguei a temer se aquele prédio pequeno, com apartamentos acanhados, teria sobrevivido à expansão imobiliária das últimas décadas. Ao encontrá-lo fui invadido por uma forte emoção. Ali tinha sido o começo da minha vida em São Paulo. Apesar de ter nascido na cidade, 15 anos antes de morar nesse prédio, era ainda um bebê de poucos meses, quando minha família se mudou para o Rio de Janeiro.

Na Alameda Nhambiquaras, número 1.289, era diferente. Tínhamos deixado uma vida confortável e com muito espaço em Ubatuba para morar naquele apartamento minúsculo. Eu não conhecia absolutamente nada de São Paulo, a não ser o caminho a pé entre o prédio e o Colégio Galileu. Lembro-me da sensação de dormir num beliche com o Marcelo, meu irmão mais velho, e pensar: "E agora? Amanhã vai ser como?".

Nessa hora, percebi que precisava correr esse caminho e passar na frente do Colégio, afinal, lá conheci a Ana, foi o começo do nosso namoro. Se o prédio era pequeno e acanhado, o Galileu era menor ainda. A escola de ensino médio não passava de um predinho de um andar, com poucas salas de aula e um pátio. E o aspecto, surpreendentemente, é o mesmo. Resistiu o prédio, o Colégio não.

A essa altura, já estava no quilômetro vinte e um, meia maratona realizada. Para completar a segunda metade, resolvi seguir ao Parque Ibirapuera, a poucos quilômetros do Colégio Galileu.

O Parque Ibirapuera é um ícone dos corredores na cidade de São Paulo. As opções para caminhadas e corridas são diversas. Optei por dar a "volta do lago", um percurso de três quilômetros. Fui brindado por um visual lindo, com as folhas caídas de uma árvore, formando um tapete rosa no chão.

Após rodar oito quilômetros dentro do Parque, sai em direção ao ponto de partida, minha casa – prédio atual. Calculei que completaria a quarta maratona com a distância que iria percorrer até em casa. Só não contava com a impressionante precisão: os 42 km e 195 metros me levaram exatamente à frente da portaria. Coincidência? Destino? Cálculo? Não sei. O que sei é que essa corrida teve um significado muito especial no meu desafio e na minha trajetória até aqui...

5ª Maratona

PARQUES E PARCEIROS – FRIO E CHUVA

São Paulo
26/08/18 - domingo
Horário: 6h23
Duração: 4h44
Tempo em movimento: 4h28
Ritmo: 6'24"/km

Domingo, abro a janela e vejo o tempo fechado, uma chuva persistente e a temperatura entre onze e quinze graus. Que dia bom para ficar na cama... Mas tinha um compromisso, a quinta maratona me chamava para deixar a preguiça de lado, sair debaixo das cobertas e me lançar ao ofício – correr. É bem verdade que esse tempo horrível para a maioria dos mortais é ideal para nós, corredores de rua de longo percurso.

Convidei para essa quinta etapa dois amigos que conheci recentemente nas corridas – Léo e Elizeo. O Léo conheci nas redes sociais, quando dei umas dicas sobre corridas longas. Marcamos de nos encontrar para um treino no Parque Burle Marx e daí em diante nossa amizade só cresceu. Léo esteve comigo no apoio da ultramaratona de Bertioga Maresias, em maio de 2018. O Elizeo conheci na fisioterapia, quando tratei de um desconforto no quadril. Elizeo é osteopata, fisioterapeuta, com especialidade em Pilates e reeducação postural global (RPG). Foi atleta de judô e, atualmente, é um entusiasta da corrida e de outras atividades físicas. O cara é fera, curou-me em apenas cinco sessões.

Nós três combinamos de nos encontrar durante o percurso, próximo à Escola da Vila da Unidade Butantã.

Porém, antes de encontrá-los, saí bem cedo, às 6h20, e percorri o caminho que faço diariamente entre minha casa e a escola. Nesse trajeto, fiz um breve desvio para passar pelo Parque da Previdência, à margem do km 12 da Rodovia Raposo Tavares, uma rodovia do estado de São Paulo, que começa no distrito do Butantã, zona oeste da cidade de São Paulo e termina na divisa com o estado de Mato Grosso do Sul, no município de Presidente Epitácio.

Apesar do Parque da Previdência ter uma grande área, a maioria dela está fechada ao acesso do público. O parque está localizado em uma encosta íngreme. Atravessei o parque do piso superior ao inferior através de uma escadaria. Nele existe um pequeno playground, acesso à trilha do Jequitibá e uma antiga entrada do parque, atualmente desativada.

O Parque da Previdência ativa minha memória emocional, traz recordações dos meus filhos, ainda bem pequenos. Íamos dar comida aos patos, passear nas trilhas, brincar no parquinho. Certa vez, fizemos uma festa e levamos as crianças e os seus colegas para uma caminhada de aventura. Quando entrei no parque, lembrei-me de um dia em que levamos pão para dar aos bichos. A Marina, minha filha mais velha, quando viu que joguei o pão para os patos e galinhas, começou a chorar, pois queria ela mesma comer o pão, sozinha. Era uma gulosa.

Mais alguns poucos quilômetros adiante, às 7h, encontro primeiro o Léo. Uma saudação e uma breve parada no posto de gasolina para deixar meu agasalho. Um quilômetro adiante, lá estava o Elizeo, em frente a uma escola pública.

A próxima parada seria no Instituto Butantã. A sede do Instituto é em meio a um parque com uma extensa área verde e atrai mais de cento e 50 mil visitantes anualmente, sendo um dos principais pontos turísticos da cidade de São Paulo. Nesse parque, edifícios históricos e contemporâneos abrigam laboratórios de pesquisa, fábricas de produção de soros e vacinas, hospital, museus e biblioteca. O Butantã tem uma forte ligação com as minhas corridas. Inúmeras vezes passei por suas ruas arborizadas, seja para acessar a Cidade Universitária (USP) ou para levar as crianças para passear, visitar o museu, ver os macacos – cobaias dos pesquisadores.

Infelizmente, ainda não haviam aberto os portões para visitação. Seguimos rumo ao Parque Villa Lobos. Como o dia estava frio e garoando, as ruas estavam bem tranquilas.

O Villa Lobos é um parque estadual e está localizado no bairro de Alto dos Pinheiros, na região oeste da capital, sendo uma das melhores opções de lazer ao ar livre da cidade. O parque possui uma área de setecentos e trinta e dois mil metros quadrados. Nele existem ciclovias, quadras esportivas, campos de futebol, "playground", bosque com espécies preservadas da Mata

Atlântica e até uma biblioteca. A área de lazer inclui ainda aparelhos para ginástica, pista de corrida, de skate, tabelas de basquete e um anfiteatro aberto com 750 lugares, sanitários adaptados para deficientes físicos e lanchonete. O parque respira esporte. A entrada principal é num portão enorme, tradicional local de aluguel de bicicletas e vendedores de água de coco.

    O Villa Lobos é o único parque que vi nascer em 1994. O terreno, onde foi instalado, serviu, durante anos, para o depósito de material dragado do Rio Pinheiros e depósito de entulho. Acompanhei a plantação das mudas, as primeiras instalações, campos, quadras. Hoje, quando entro e passo pelas árvores enormes, tenho a dimensão dos anos de vida desse local. É inevitável também a lembrança dos passeios de bicicleta em família.

    Nós três demos uma volta pela ciclovia e seguimos em direção ao Parque do Ibirapuera, distante uns oito quilômetros aproximadamente. O percurso é plano e com uma longa ciclovia interligando o trajeto.

    O Ibirapuera é um parque metropolitano e ícone na cidade de São Paulo. O nome Ibirapuera significa "árvore apodrecida" em tupi-guarani e vem de uma aldeia indígena que ocupava a região quando a área era alagadiça com solo de várzea. Aos finais de semana, milhares de pessoas visitam o local. Nos dias de chuva e frio, só os "brutos".

    O Ibirapuera traz um sentimento de nostalgia, da minha época de ensino médio, das aulas de Educação Física na pista de corrida, nas alamedas. Também me recordo dos treinos à noite, nas assessorias do Branca Esportes e da Six, do Nato Amaral. É no Parque Ibirapuera que temos contato com a enorme diversidade cultural e corporal do paulistano. É a nossa praia de fim de semana.

    A essa altura da corrida, estávamos alcançando os vinte e um quilômetros. Marca inédita para o Elizeo. Esse momento merecia um registro. Despedimo-nos e parabenizamos nosso colega pelo feito.

O trio do desafio: Eu, Elizeo e Léo.

O próximo parque no percurso foi o Parque do Povo. Esse parque foi inaugurado em 2008, no distrito do Itaim Bibi, no bairro de Chácara Itaim, em São Paulo. É uma área de cento e trinta e três mil, quinhentos e quarenta e sete metros quadrados, que conta com um complexo esportivo de três quadras poliesportivas com marcação especial para esportes paraolímpicos, campo de futebol grama verde, pista de ciclismo própria, pista de skate, local para caminhada, pista de corrida, trilha e aparelhos de ginástica para o público usufruir. A grande área aberta do gramado central é utilizada por quem gosta de tomar sol ou fazer piquenique em meio às árvores. Aos finais de semana, várias pessoas se encontram para aulas de ioga e alongamentos. Antes de ser transformado em parque, esse grande espaço era um campo de futebol. Passei muitas vezes por lá enquanto corria e assistia aos jogos de várzea. Curiosamente, o parque transformou os campos de futebol de várzea em grandes aéreas verdes e passou a se chamar "parque do povo", com uma frequência atual de pessoas com alto poder aquisitivo.

Saindo do parque do povo, atravessamos a ponte da Cidade Jardim, uma ponte sobre Rio Pinheiros, que faz a conexão do bairro do Itaim, com o Morumbi. No ano passado a ponte completou 50 anos e recebeu como presente de aniversário doze bandeiras do Brasil

Próximo à ponte fica o Parque Alfredo Volpi, popularmente conhecido como Bosque do Morumbi. Um pouco antes de chegar lá me despedi do Léo e agradeci a companhia durante uma grande parte do desafio.

O Parque Alfredo Volpi foi fundado na década de 1970 e fica numa área de cento e quarenta e dois mil metros quadrados, no bairro do Morumbi. É um reduto de Mata Atlântica na cidade. Trilhas para caminhadas e corridas são muito utilizadas pelos frequentadores. Nelas, observam-se algumas espécies de animais e muitas plantas. O parque possui três lagos, que ficam em diferentes níveis e são alimentados por uma nascente natural. O parque tem muitas subidas e descidas, tornando um treino desafiador para os corredores.

As lembranças do Bosque do Morumbi me remetem às crianças, aos passeios, aos piqueniques, aos patos e cisnes. Mas a mais forte de todas foi quando estava começando a namorar a Ana, minha esposa. Fizemos um piquenique para comemorar um ano de namoro. Não conhecíamos o parque, não sabíamos que existiam diversas mesas espalhadas por ali, estendemos uma toalha no chão. De repente, um corredor desvia do nosso lanche, depois outro desvia também. Aí caiu a ficha, percebemos que estávamos errados. Mudamos o piquenique para uma mesa. Nem imaginava que trinta e dois anos depois o corredor seria eu. Mas, não havia nenhuma toalha no meu caminho.

A partir do Parque Alfredo Volpi começaria o trecho mais complicado. A Avenida Morumbi. Uma forte subida, longa e contínua, aguardava-me... E, agora, sozinho...

A Av. Morumbi, entre a Zona Oeste e Sul de São Paulo, no bairro Morumbi, passa pelo Palácio do Governo e termina na Av. Sto. Amaro. Ela preserva a memória original da Fazenda Morumbi, que deu nome ao bairro e à avenida. A Casa da Fazenda, sua antiga sede, é patrimônio histórico – hoje é um restaurante. A Capela do Morumbi, também fez parte da fazenda, ainda preservada.

Mais alguns quilômetros e o último dos parques dessa longa jornada. O Burle Marx. Inaugurado em 1995, por um convênio entre a Prefeitura Municipal de São Paulo e a Fundação Aron Birmann, o parque é administrado por uma organização da sociedade civil de interesse público. É um oásis da Mata Atlântica em estado de conservação, que sofre com as constantes investidas da especulação imobiliária. Por enquanto, tem resistido bravamente.

Estar no Burle Marx é respirar um ar mais limpo, úmido, com temperaturas mais amenas. E também lembrar de muitas vezes nas trilhas, dos passeios com as crianças, dos treinos para as provas de montanha e mata.

Os últimos quilômetros até em casa foram bem tranquilos, e apesar de um trecho final de subida, já estava plenamente bombardeado de endorfina. Foi minha quinta vitória. Essa, dedicada aos parques e aos parceiros de corridas... Venci!

O basquete

Em 1979, Ubatuba era uma pequena cidade do litoral paulista, um paraíso para um garoto de 9 anos. Muito espaço para brincar, campo, praia, mar e muitos garotos da mesma idade soltos pelas ruas. E, principalmente, muito tempo livre pela manhã, escola só à tarde.

A primeira grande descoberta foi a pesca. Os peixes enxiam um balde. Era pampo, perna de moça, chicharro... Devidamente limpos, compunham o almoço do dia.

Muito tempo livre para jogar bola nos campinhos e na praia. Correr, nem pensar, só para fugir de cachorro bravo, jogar futebol ou de algum moleque maior que queria briga. A bicicleta ajudava a vencer as maiores distâncias.

Com meu irmão mais velho e alguns amigos, aos dez anos descobri o surf. Mas não tinha prancha de resina, só isopor encapado com tecido, para não escorregar, nem ralar a pele. Uma prancha de resina apareceu por acaso. Foi esquecida por um parente. Era uma prancha enorme, pesada, dependia de mais alguém para carregá-la até o mar. Aos poucos ganhei o domínio sobre ela, nas ondas lentas, mais fáceis para quem está aprendendo.

À tarde escola, até às 17h, depois, novas brincadeiras e uma vida intensa de atividades até às 20h. Em 1981, a família montou um camping em Ubatuba. E, aos 11 anos, minha vida começou a mudar: ajudava os campistas a montar barraca, ganhava uns trocados. Vendia sorvete no quiosque do camping e ganhava mais um pouco. Comecei a juntar dinheiro. Tinha um projeto: ser músico, sonhava com uma bateria. Em um ano meu sonho se materializou. Comprei uma bateria. Nunca cheguei a ser músico. A bateria era muito ruim, tinha o som de panela velha. Abandonei a bateria na casa de um amigo (nunca mais foi buscar) e, com ela, a promissora carreira musical.

Descobri o basquete aos 12 anos. Meus amigos gostavam da minha companhia, jogavam bem e me incluíram no time, apesar de dois problemas: eu era mirradinho e não tinha pontaria. Mesmo assim, colocavam-me para jogar alguns poucos minutos.

O time de basquete era bom. Ganhou o torneio em Ubatuba, ganhou do campeão da cidade vizinha, Caraguatatuba. E, assim, classificou-se para jogar com os campeões do Vale do Paraíba – cidades do interior de São Paulo – e foi vitorioso em Taubaté e Pindamonhangaba. O passo seguinte foi a cidade de São Paulo, onde o time venceu e se habilitou ao torneio estadual. Mas, em São José do Rio Preto, só tomou pedrada, perdeu todas as partidas.

Conclui que o basquete não era minha praia, até porque só estava no time porque meus amigos me toleravam.

6ª Maratona

UM APOIO AMIGO

São Paulo
2/09/2018 - domingo
Horário: 6h
Duração: 4h48
Tempo em movimento: 4h39
Ritmo: 6'39"/km

Comecei a 6ª Maratona sem ter um percurso definido. Então escolhi percorrer o caminho que usei durante a preparação para o desafio. Montei mentalmente o roteiro. Sairia de casa em direção ao Parque Burle Marx, atravessando a ponte Laguna para chegar a uma nova avenida, Cecília Rottemberg, que mais adiante se transforma na Av. Dr. Chucri Zaindan. Essa avenida se estende por vários quarteirões, passando pelos Shopping Market Place e Morumbi. A mesma avenida muda seu nome após o cruzamento com a Av. Dr. Roberto Marinho, passando a se chamar Av. Engenheiro Dr. Luís Carlos Berrini, e segue até o cruzamento com a Av. Bandeirantes, para depois se transformar em Rua Funchal, um lugar badalado, com casas noturnas, bares, hotéis e o imponente e caríssimo Shopping JK, reduto do luxo e da ostentação paulistana.

Desse ponto, a corrida seguiria até o Parque do Povo pela Rua Henrique Chamma e dali para a Rua Horácio Lafer até a Av. Nova Brigadeiro Faria Lima. Previa passar diante do Clube Pinheiros, Shopping Iguatemi e Largo da Batata, chegando à Av. Pedroso de Moraes. Na Pedroso, após alcançar a Praça Pan Americana, no Alto dos Pinheiros, a avenida passa a se chamar Professor Fonseca Rodrigues. Essa avenida, por sua vez, leva-nos ao Parque Villa Lobos (sempre o Villa Lobos – gosto mesmo desse parque); nele, daria duas voltas por dentro da ciclovia, para, então, retornar, seguindo na volta o mesmo caminho da ida.

Se descrever esse percurso leva um bom tempo e um longo parágrafo, imagine fazer todo o roteiro pedalando ao lado de um corredor, seguindo o ritmo de quem está a pé e não o da bicicleta – "Tem que ser bruto, sem fingimento"– diz Fábio Menezes, o amigo que me acompanhou de bicicleta nessa aventura.

O percurso idealizado, se era pauleira, pior era previsão do tempo: era de um dia quente, com temperatura na casa dos vinte e nove graus, a partir das 11h. Assim, preparei-me para sair mais cedo, logo ao raiar do dia, às 6h.

Fábio Menezes, meu colega de trabalho há vinte e dois anos, propôs--se a acordar num domingo cedo para participar dessa sexta maratona. No início, quando ele comentou que queria fazer uma das maratonas, não botei muita fé. No sábado, véspera da corrida, quando ele mandou uma mensagem confirmando, passei a acreditar. O Fábio é um cara muito bacana. Trabalha muito, dando aulas de educação física e condicionamento físico. Em compensação, aproveita a vida, curte, viaja muito, veste-se bem e é um pai presente. Nesse período em que trabalhamos juntos, apenas convivemos na escola, mas temos uma forte e recíproca admiração.

Na ciclovia do Parque Villa Lobos, na brutalidade e sem fingimento!

Encontramo-nos logo no início. A ideia original era que ele deixasse o carro no meu prédio, mas um atraso inesperado fez com que ele estacionasse o carro no prédio da namorada, a uns dois quilômetros de casa.

Estava um pouco apreensivo, pois na véspera estava sentindo um incômodo no tornozelo esquerdo. A presença e o apoio do Fábio seriam essenciais para lidar com uma possível dor. Começamos primeiro a conversar sobre as questões mais imediatas do trabalho, nossas impressões sobre as circunstâncias atuais, as eternas queixas. É curioso como nunca estamos satisfeitos.

Podemos até sentir muito prazer no que fazemos, pelo reconhecimento das pessoas, no nosso caso dos alunos e dos pais, mas sempre falta alguma coisa. No caso do professor de Educação Física, lidamos com a expectativa do baixo status pedagógico do nosso trabalho. A representação social é de que o professor de Educação Física não se envolve com o projeto político pedagógico da escola, não participa das reuniões de equipe, não frequenta a sala dos professores, não produz texto e não faz nenhum esforço intelectual. Ainda que no nosso caso tenhamos conseguido reverter essa impressão, falta ainda muita coisa para alcançar. Em 2019, completo vinte e cinco anos em uma das escolas que trabalho, metade da minha vida dedicada a essa instituição.

Essa conversa nos levou durante uns treze quilômetros, da Ponte Laguna até a Praça Pan Americana. A Praça Pan Americana é uma praça que mais parece uma grande rotatória, localizada no distrito do Alto de Pinheiros, próximo à Marginal Pinheiros. A praça é uma zona de trânsito intenso entre quem vem do Butantã, do Ceagesp, da Vila Madalena e de Pinheiros. É rodeada de agências bancárias, supermercados, farmácias, postos de gasolina e restaurantes e tem algumas opções de lazer. A ciclovia que corta a praça, leva ao Parque Villa Lobos. É rota de passeios ciclísticos aos finais de semana, bem como abriga um bairro forrado de grandes árvores, gramados e flores nos jardins das casas.

Um pouco antes de chegar à praça, o Fábio resolveu registrar o desafio, fazendo um vídeo, aos moldes de suas filmagens, nas quais as palavras "brutalidade", "sem fingimento", "abraço" e "vem junto" se tornaram conhecidas por seus seguidores. Confesso que esperava ansiosamente por esse momento! Fazer parte dos vídeos do Fábio é uma honra e ajuda a propagar o desafio.

Mais alguns passos e encontramos uma corrida de rua. Curiosamente, das seis etapas que tinha feito até então, em quatro delas encontrei provas de rua. São Paulo é assim, sempre tem alguma prova acontecendo aos finais de semana. Essa que encontramos era uma corrida somente para mulheres.

Em poucos quilômetros entramos no Parque Villa Lobos, para dar uma volta completa de ida e volta pela ciclovia. Não sei o que aconteceu, mas quando demos a primeira volta, esqueci de retornar e saímos do Parque. Na volta, cruzamos novamente com a corrida das mulheres, mas o trajeto estava liberado. Sobraram alguns copos de isotônico e aproveitamos para reabastecer as garrafas.

Aquele papo de professor foi cedendo lugar a novos assuntos, que nos envolveram por boa parte do caminho da volta. Falamos de casamento, da família e, principalmente, do motivo de se fazer na vida um desafio, incluindo as 50 maratonas. Em relação ao casamento, compartilhei com o Fábio o quanto a Ana, minha esposa, incentiva-me e me apoia, tanto nas minhas corridas quanto nos meus projetos. Isso, obviamente, não é a receita para um bom relacionamento, mas ajuda bastante. Depois, conversamos sobre ser pai, a relação com os filhos, os momentos prazerosos, os momentos complicados, a questão da sexualidade, das bebidas alcoólicas. Fábio tem um filho de oito anos e, eu, um de dezessete anos e uma de vinte anos. Idades distantes, mas com demandas parecidas entre pais e filhos, como a cumplicidade, a confiança, o diálogo. Inevitavelmente, a conversa tomou a direção do desafio. O que move a relação com o trabalho, o casamento, a família é a motivação, o sonho de alcançar um objetivo, de compartilhar com mais pessoas, mostrando a importância de estabelecer metas, projetos. Acredito que ainda terei que explicar para muitas pessoas por que eu fiz esse desafio.

Toda essa conversa nos levou, literalmente, longe. Quando dei por mim, estava na casa dos trinta quilômetros e, daí em diante, sentia-me cansado, mas certo de que terminaria a sexta maratona. O ritmo da corrida diminuiu, mas o apoio do Fábio não. Pacientemente, ao meu lado, ficava me incentivando. Como não tínhamos dado duas voltas no Villa Lobos, precisamos dar uma volta grande, após passar a Ponte Laguna. Ao final dessa volta, Fábio tomaria o caminho para o prédio da namorada e eu seguiria os últimos dois quilômetros restantes, sozinho. Demos um forte abraço e tirei minha camiseta número 6 do Desafio e entreguei para ele. Despedimo-nos ali, sabendo que nosso laço de amizade se fortaleceu de forma marcante e agora faz parte da nossa trajetória.

Os últimos dois quilômetros foram bem lentos e difíceis. Ainda tive que rodar algumas centenas de metros para completar a distância. A Ana foi me encontrar na banca de jornal, próxima de casa, com uma camiseta limpa. Cheguei e encontrei uma tigela de açaí e a banheira cheia de gelo. Refleti: essa maratona não acabou aqui, ao contrário, deu início ao fortalecimento de uma grande amizade com o Fábio.

Patagônia Run 100k: muito frio e algumas alucinações

Essa foi a corrida mais desafiadora da qual já participei. Fiquei sabendo da Patagônia Run pela internet. Certa noite, navegando na rede, deparei-me com as alucinantes imagens da prova. Uma mistura de euforia e receio me invadiu e fui dormir pensando se faria a inscrição para a corrida. Euforia, porque nunca havia realizado um percurso de 100 km, ainda mais em montanha. A corrida passa por duas grandes montanhas, com altitudes entre 641 metros e 1.785 metros, sendo acumulada uma ascensão total de 4.443 metros. Dos cem quilômetros, aproximadamente, quarenta e dois são de subida; receio, porque o frio é intenso – congelante – e, também, porque o terreno da prova tem muitas trilhas técnicas de pedras e neve, com temperaturas de até dez graus negativos, para se enfrentar nas partes altas da prova.

Em estado de Nirvana, após 60 km de corrida.

A prova acontece no mês de abril, numa pequena cidade argentina, distante 1.300 km a sudoeste de Buenos Aires, chamada San Martin de

Los Andes. O belíssimo Lago Lácar margeia a cidade. San Martin é a localidade turística mais importante da sua província, atraindo muitos praticantes de esqui, corredores de aventura, trilheiros e uma infinita legião de outros malucos.

No Carnaval de 2012, tinha ido com a família e amigos a Buenos Aires, na Argentina. Quase quarenta dias depois, na Semana Santa, saía de madrugada, em São Paulo, para o Aeroporto Internacional de Cumbica, rumo à Patagônia, com escala em Buenos Aires.

Na hora do embarque, uma pequena confusão de portão quase me fez perder o voo. Em solo argentino, a conexão prevista para San Martin de Los Andes sairia apenas no dia seguinte, o que me possibilitou um dia livre para passear pela cidade, retornar à loja em que a Ana tinha comprado um casaco de couro que, anos mais tarde, revelar-se-ia falso, ao se desfiar inteiro.

No dia seguinte, acordei cedo e peguei o voo para San Martim. Não sabia da enorme distância até lá (1.300 km) e nem que o meu voo seria um dos primeiros após o fechamento da rota, devido à fumaça de erupção vulcânica ocorrida na região, em junho de 2011.

O encantamento, antes do pouso, era de tirar o fôlego, pela deslumbrante visão das montanhas de neve, vistas do alto, contrastando com o verde da vegetação de outono que despontava. O aeroporto era bem modesto, mas muito bem decorado.

Do translado do aeroporto aos hotéis fomos acompanhados por uma pessoa da organização da prova. O hotel ficava ao lado da sede do evento e do transporte para a largada. Uma sorte incrível, não tinha planejado isso.

Peguei o kit da corrida e fui passear pelo local. A cidade é bem pequena, tem uma arquitetura única, preservada por várias leis municipais que regulam a altura dos edifícios e fachadas. Tem crescido muito o turismo e atraído moradores, provenientes de Buenos Aires e Córdoba, que se mudam para lá. É um lugar que, inevitavelmente, ficamos com vontade de voltar.

Após o almoço, um breve descanso e fui para o congresso técnico conhecer mais os detalhes sobre o que viria pela frente.

Na prova de 100 km, a largada é feita às 2h. Como o congresso acabou às 19h, até jantar e voltar ao hotel já passava das 21h.

Como o transporte para a largada sairia às 24h, era muito difícil conseguir dormir. Tentei relaxar, mas nada de pregar os olhos. Às 23h, já estava na maior adrenalina, arrumando minhas coisas e ouvindo, pela janela do quarto, a movimentação de pessoas em direção ao transporte. Entrei no ônibus e tentei relaxar o máximo possível até a concentração da largada. Estava frio, muito frio. Para os chilenos e argentinos, climatizados desde sempre, nada que incomodasse. Para os brasileiros, não habituados, era preciso mais proteção. Para mim, o frio era uma grande preocupação. Tanto que levei uma mochila com roupas reservas nas costas, além das que já estavam nos postos de controle.

Dada a largada, seguimos pelos primeiros quilômetros em fila, pois o percurso não permitia ultrapassar. Tudo bem, são cem quilômetros e não será no começo que precisamos correr mais rápido, certo? Errado, pois quem não se adianta fica num ritmo muito lento, às vezes, parando. Isso irrita e faz a corrida ficar travada. Mas já que era inevitável, deixei a irritação de lado e me conformei com o trânsito.

Após uma hora, os espaços de trilha aumentaram. Já era possível correr. De repente, distrai-me um pouco e não avistei nenhuma marcação na trilha. Nessas horas, a organização da prova recomenda que se mantenha a calma e se retorne ao último ponto em que se avistou a fita que sinaliza a trilha. Mas a realidade é diferente, principalmente, quando está escuro e frio. Quando olhei para trás estava sozinho e os poucos metros que havia percorrido pareciam centenas, de tanta tensão e ansiedade. Não deixei que o pânico tomasse conta dos meus atos. Retomei a calma e consegui ter o domínio da situação. Voltei à prova, fiz uma parada no primeiro PAS (Ponto de Assistência e Socorro), *Rosales,* no km 6. Não estava com fome, nem sede, apenas belisquei uns pães e tomei um isotônico. Segui mais uns vinte quilômetros, passando sem dificuldades pelos PAS *Pizales e Corfone*. Daí para frente, a coisa mudou de figura. Se até aquele momento, com vinte e seis quilômetros de prova, havia subido 600 m, agora, uma longa e forte subida de 800 m, nos próximos sete quilômetros, levar-me-ia até o topo da primeira grande montanha, no PC Colorado, no quilômetro trinta e quatro. O vento potencializava o frio e devo ter caminhado, até o cume, aproximadamente, umas duas horas. O dia começava a amanhecer e a visão lá de cima era arrebatadora.

Fiz uma parada para trocar a roupa que estava usando. Ao tirar o casaco, como estava muito frio e meu corpo estava muito quente, transpirando, o contraste de temperatura fez parecer que meu corpo era uma panela de pressão. Deixei a roupa molhada de suor no posto, o que aliviou boa parte do peso que transportava na mochila. Tinha vencido o frio mais intenso.

Comecei a descer no sentido contrário do que havia subido, em direção ao próximo PAS, *Quilanlahue*, no quilômetro quarenta e cinco. Uma parte da descida tem uma forte inclinação, o que exige muito da perna. Chegando lá, constatei que haviam passado oito horas de prova, ou seja, movia-me a uma velocidade abaixo dos seis quilômetros por hora, ou, se preferir, um quilômetro a cada dez minutos. A boa notícia é que a segunda metade da prova não seria tão difícil quanto a primeira.

Reabasteci com o que precisava, alimentei-me e segui para o trecho de quatorze quilômetros até o próximo PAS, *Quechuquina*. No trajeto, agora mais plano, passei por uns cavalos e me lembrei de quando levei meu filho, Pedro, ao cinema, para assistir ao filme *Spirit, o corcel indomável*. Nessa época, estava um pouco afastado das corridas. A primeira cena do filme, quando os cavalos apareceram livres e correndo pela natureza selvagem, fez-me querer imediatamente voltar a correr, a sentir a sensação que uma boa corrida, principalmente na natureza, pode proporcionar.

Alcancei sem maiores dificuldades *Quechuquina* e o próximo ponto de hidratação. Antes, a corrida passa à beira do Lago Lacar – um mar de água doce.

Nesse ponto já estava com sessenta e seis quilômetros de corrida, aproximadamente umas onze horas de prova. Sentia-me bem, mas o fato de não ter dormido bem na véspera da prova fez com que minha mente começasse a exigir que o meu corpo parasse. E a forma que ela encontrou para isso foi muito estranha. Comecei a ter miragens. Via alguns cachorros, mas eram troncos. Via algumas vacas, mas eram arbustos. Via algumas casas, mas eram grandes pedras. Os animais não me afetavam, mas as casas me confundiam, pois achava que eram os Pontos de Atendimento e Socorro.

O que eu fiz para lidar com as alucinações também foi curioso. Eu comecei a me divertir e não me irritar se aquilo que eu via era real ou não. E acabou funcionando. Após um tempo voltei ao normal. Cheguei ao PAS *Quilanlahue 2*, no quilômetro setenta e seis, com treze horas de corrida. Troquei o tênis e percebi que estava com sinal de celular. Liguei imediatamente para Ana, para dizer que estava tudo bem e dar notícias sobre a corrida. Ela estava dando um curso e procurou disfarçar a preocupação. É uma sensação muito ruim, pois quem fica distante tende a criar fantasias, diferente de quem está na situação. Não que eu não estivesse, também, literalmente, fantasiando, mas sabia que estava inteiro, plenamente.

O próximo trecho era de oito quilômetros e meio até o PAS *Colorado 2*. As subidas já não eram tão difíceis, mas o cansaço potencializava qualquer ladeira. Comecei a andar a qualquer indício delas. Chegando ao quilômetro oitenta e quatro, com quatorze horas na bagagem, estava dentro do tempo limite de quinze horas para atingir esse ponto. Já sabia que conseguiria terminar a corrida. Faltavam dezesseis quilômetros apenas. Quase chegando à cidade de San Martin, um último imprevisto. Cometi um erro básico de iniciante de prova: seguir o corredor à minha frente, sem olhar as demarcações. Seguimos uns quinhentos metros até percebermos que estávamos no caminho errado. Voltamos, não sem antes sermos perseguidos por cachorros. A essa altura, nem de cachorro bravo tinha medo. Sempre me empolgo nos quilômetros finais de uma corrida longa. Não seria dessa vez que deixaria de acelerar e isso me distanciou do corredor que me acompanhava. Cheguei eufórico ao marco de final da prova, com uma vontade louca de gritar, de chorar, de rir e de comemorar. Esse sentimento invadiu todo o meu corpo. Sabia que não teria ninguém ali para me abraçar – viajei sozinho. Mas uma voz interna me dava toda a energia e o reconhecimento que precisava pela conquista. Acreditem, aquela miragem agora era uma voz que me dizia: "Esse caminho te fortaleceu, esse caminho te fortaleceu".

7ª Maratona

PENSEI MUITO. CORRI SOZINHO. FALEI COMIGO MESMO.

São Paulo
9/09/2018 - domingo
Horário: 6h19
Duração: 4h33
Tempo em movimento: 4h30
Ritmo: 6'25"/km

Pretendia fazer a sétima maratona no dia 7 de setembro, uma sexta feira. Mas uma tosse e um pequeno resfriado durante a semana, somados ao fato de ter trabalhado até às 22h, na quinta-feira, véspera do feriado, fizeram com que adiasse de sexta-feira para o domingo. E foi bom, assim me recuperei e descansei mais. Pensei também em correr no sábado, no Riacho Grande, um lindo local próximo a São Bernardo do Campo e da antiga estrada de Santos. O pessoal da DLB, Assessoria Esportiva da qual me tornei parceiro nesse desafio, estaria lá. Mas sexta-feira à noite recebemos uns amigos para comer fondue e tomar vinho – coisa chata, né? Mas ninguém é de ferro. Não se vive só de maratonas. Assim, o sábado saiu do calendário.

Dessa forma, domingo, bem cedo, como sempre, saí de casa, dessa vez sem um percurso especial e sem companhia. Escolhi o mesmo roteiro anterior, que havia feito com Fábio, mas tive uma ideia inusitada. Usaria o gravador do celular para registrar os pensamentos e as passagens que me chamassem atenção. Nunca tinha usado esse recurso. Achei muito interessante, pois fica fácil para recuperar o que sentimos após a corrida. Vamos lá:

Km 1,5 – Comecei a corrida sentindo a tosse que me atacou desde terça-feira.

Km 3 – Pensei no trabalho e no texto que estou escrevendo para um simpósio interno da escola. Nesse instante, vejo uma mensagem do meu pai na rede social. Respondi e disse para que ele acompanhasse a minha corrida pelo aplicativo que havia compartilhado.

Km 6 – Lembrei-me de uma música da cantora Ana Carolina, "Pra Rua Me Levar". Essa música marcou um período importante da minha vida e das longas corridas nas ruas de São Paulo.

Km 9 – Passou um carro, com som alto, tocando Rap, voltando da balada. Fez-me lembrar do Pedro, meu filho, que gosta desse tipo de música.

Km 11 – Na Av. Brigadeiro Faria Lima, passo na frente da sede do Google. Com 1h10 de corrida, penso que, durante a semana, é bem provável que de carro se gaste mais tempo para se chegar nesse local, do que a pé, correndo.

Km 13 – Na frente do Shopping Iguatemi me invade um pensamento de dar meia-volta e desistir da maratona. É curioso como somos atacados por pensamentos que não queremos ter. Faz parte do diálogo travado entre corpo e mente. Nessa batalha interna, o corpo é vitorioso quando a mente o comanda.

Km 15 – Passando na ciclovia, vejo a marca de quase um milhão de ciclistas, no ano de 2018, que já passaram por ali. Incrível.

Km 16 – Vejo um morador de rua e penso nessas pessoas e no preconceito que temos, com medo que elas nos abordem.

Km 17 – Cruzei os primeiros corredores até agora. Cada um tem o seu propósito de estar na rua, correndo.

Km 20 – Na ciclovia do Parque Villa Lobos, vejo um rapaz bem gordo, caminhando. Penso no esforço e na determinação de estar ali, ao invés de deitado na cama de sua casa. Vejo, também, uma família pedalando e fico feliz por eles.

Km 21,10 – Meia maratona. Hora de dar meia-volta e me preparar mentalmente para a segunda parte

Km 23 – Aparecem as primeiras dorzinhas. Passo a mudar o apoio dos pés para diminuí-las.

Km 26 – Sinto um vento contrário, gostoso, tocar meu corpo. Acontece uma diminuição do ritmo. Meus passos ficam mais lentos nesse momento.

Km 27 – Começo a pensar no quanto ainda falta para terminar. Esse não é o tipo de pensamento que ajuda o corredor. Tento ressignificar a corrida.

Km 30 – Durante três quilômetros fiquei próximo a dois corredores que vinham numa velocidade maior do que a minha. Segui os dois, até virar à direita, na Av. Juscelino Kubitscheck.

Km 33 – As dores voltaram a incomodar. Tento tomar um relaxante muscular, mas o comprimido se desfez e caiu no chão.

Km 35 – Pensei: só me faltam os sete quilômetros finais.

Km 36 – O sol aparece forte na reta da Av. Chucri Zaidan. Sinto uma sensação de plenitude, típico de quem está há mais de três horas e meia correndo.

Km 37 – A minha voz interna fala: "Bora, bora, vamos, vamos". É um recurso de quem corre sozinho, falar consigo mesmo. Coisa de louco.

Km 38 – Não penso em nada. Só na dor que sinto no joelho esquerdo e em chegar. De repente, vejo uma mãe brigando com seu filho pequeno, que não consegue andar de patinete. A mãe está apressada. A irmã do menino faz um olhar solidário ao irmão, que leva outro esporro da mãe. E ela fala em alemão, que dá mais medo ainda. Uma pena. Penso em mais tolerância. Cenas assim podem ser esquecidas pelo adulto. As crianças vão se lembrar para sempre.

Km 39 – Pego a blusa que havia deixado escondida na Ponte Laguna e novamente sinto a energia do sol no rosto. Corro bem devagar, mas feliz. Pena a imundice do Rio Pinheiros. É uma tristeza ver tanta sujeira. É muito fedido, ninguém aguenta esse cheiro, desperta ânsia.

Km 40 – A Ana me liga. Ela vai me encontrar no caminho. Amo essa mulher, penso.

Km 41 – Sinto a alegria de quem está terminando mais uma maratona. Não penso em nada. Últimos passos. Amo a vida e quero dizer às pessoas que amem a vida.

Km 42 – Fim desse desafio. A Ana me resgata de carro. Um pouco de loucura vale a pena. Pensar, também!

8ª Maratona

UMA VOLTA ATRÁS DA OUTRA

São Paulo
16/09/2018 - domingo
Horário: 5h54
Duração: 4h22
Tempo em movimento: 4h17
Ritmo: 6'06"/km

Nos últimos dias sofri com resfriado e um pouco de tosse. Havia divulgado a oitava maratona com antecedência de uma semana nas redes sociais e o seu percurso seria realizado inteiramente dentro do Parque Ibirapuera, em torno do lago, com quatorze voltas de três quilômetros. A ideia era convidar todos os corredores interessados e os frequentadores do parque para participarem de uma parte do desafio, dando quantas voltas conseguissem.

Para mim, as quatorze voltas seriam uma novidade. É bem melhor correr na rua, em trajetos variados. Outra coisa, bastante incomum para o desafio, era o fato de ir de carro até a largada. Das sete edições do desafio, apenas na primeira usei o carro para chegar ao ponto de largada.

Cheguei ao parque às 5h40. Parei o carro tranquilamente numa vaga bem próxima ao portão 5, na Av. Quarto Centenário. Foi uma sensação estranha entrar no parque completamente vazio. Senti-me um pouco inseguro e, ao mesmo tempo, feliz. É desolador não encontrar ninguém, naquele espaço imenso, sempre muito agitado. Fui em direção à Praça do Porquinho. Tinha que me preparar mentalmente para as voltas que viriam, principalmente para as primeiras, nas quais, certamente, estaria sozinho, uma vez que comecei bem cedo.

Estava descansado, mas a tosse continuava minha companheira. Comecei bem devagar, como faço sempre, para sentir as reações do meu corpo.

Na primeira volta encontrei poucas pessoas. As que vi estavam andando. Um senhor oriental, com passos curtos, fazia um trote bem leve, com aquela disciplina gestual típica dos japoneses.

Na terceira volta, quando achei que nada seria novidade, tive uma sensação estranha. Coisa que volta e meia acontece. A mente diz para o corpo: "Não vai parar?". Busco forças no meu objetivo – manter o foco e lembrar que estou me propondo a cumprir o desafio.

Na quarta volta recupero o ânimo, entro no estado de equilíbrio conhecido pelos corredores, responsável pelo conforto orgânico. Na quinta volta, nenhuma mudança significativa.

Volta seis, encontrei a Jacqueline, uma professora de Educação Física que selecionei, como jurado, para a Edição do ano de 2013 do Prêmio Educador Nota Dez, um Prêmio da Fundação Victor Civita, voltado aos professores de escolas públicas e particulares de todo o Brasil. Já na minha primeira participação como selecionador, conheci a qualidade do trabalho desenvolvido por essa excelente professora. Nossa relação sempre foi profissional. Quando ela disse que iria me encontrar no parque, fiquei surpreso e feliz. E quando vi que havia sido a primeira a chegar, fiquei mais surpreso ainda. Mais alguns passos e encontramos o Elizeo, o amigo e fisioterapeuta que tem me apoiado e me incentivado nesse desafio maluco. Decididamente, começava a parte mais prazerosa dessa etapa.

Sétima volta, faço a primeira parada para reabastecer a garrafinha que carrego na cintura. Chegam o Léo, pela terceira vez participante das etapas do desafio, com Guilherme, seu cunhado.

Oitava volta, chega ao grupo a minha amiga Liliane. Sinto-me como no filme "Forrest Gump", com os seus seguidores!

Nona volta, a Jacqueline completa os doze quilômetros que havia se disposto a realizar e paramos ao final da volta para um abraço. Encontramos com o Zeca, professor de capoeira, que rapidamente dá um salve pra galera e segue seu rumo de bicicleta. De certa forma foi bom, pois no horário em que estávamos seria arriscado ter alguém junto de bicicleta, devido à grande circulação de pedestres.

Décima volta, a Lili se despede. Dou um forte abraço nela e agradeço por ter participado com a gente. O efeito da endorfina me fez errar as contas e pensei que faltavam cinco voltas. Normal. O meu relógio ficou configurado para medir o tempo de cada quilômetro e o tempo total, impossibilitando-

-me de ver a distância acumulada. Só quando completava um quilômetro aparecia rapidamente no visor a distância total.

Décima primeira volta, encontrei a Ana. Ela estava usando uma das camisetas amarelas de número 49, escolhida por mim. Surpreendente, assim que a Ana chegou o sol apareceu. Era um sinal de quanto essa mulher representa a minha energia vital. Pedi que ela nos acompanhasse um pouco. As poucas centenas de metros que estivemos lado a lado foram incríveis. A Ana já correu até maratona. Mais recentemente, correu uma meia maratona. Em 2017, teve que operar o menisco do joelho direito e ainda está se recuperando. É questão de tempo. Coisa rara na rotina dessa mulher.

Volta doze. O Guilherme, cunhado do Léo, que a princípio treinaria uns doze quilômetros, propôs-se a ir até o final do desafio, alcançando a marca da meia maratona. É muito legal como esse desafio pode influenciar as pessoas. Sinto-me orgulhoso de ter esse papel.

Décima terceira volta. O Elizeo começa a dar sinais de cansaço e diminui o ritmo. O Léo, alucinado como sempre, segue forte, e temos que nos controlar para não nos distanciar.

Décima quarta e última volta. Está acabando. Sinto-me muito bem. Resultado também de um percurso praticamente plano, diferente dos já percorridos com longas subidas no final. Eu e o Léo aceleramos nos últimos metros e avisto a Ana, sentada e completamente envolvida com uma série que terminaria de assistir no celular em poucos minutos. Beijo-a, damos os últimos passos lado a lado, e um forte abraço em todos que se mantiveram até o final. Acaba a oitava etapa.

Elizeo, Guilherme, Léo, eu e Ana. Juntos vamos mais longe.

Seguimos até o carro e voltamos para casa, com uma parada estratégica no supermercado. Fico com a sensação de que a parte mais fácil do desafio é correr, pelo menos até aqui. O difícil é fazer supermercado, ir para o trabalho, reunião até a noite e tudo o mais que a rotina do dia a dia nos impõe.

9ª Maratona

A PARCERIA E APOIO DA DLB

São Paulo
22/09/2018 - sábado
Horário: 5h34
Duração: 4h22
Tempo em movimento: 4h
Ritmo: 5'44"/km

Tudo começou há um mês, aproximadamente, quando a Ana, que é diretora do espaço ekoa – Berçário e Educação Infantil –, recebeu o casal Diego e Lucíola, procurando berçário para seu filho, Antônio, com um ano e meio. A Ana usava uma das camisetas do desafio enquanto falava sobre as atividades das crianças. Diego é diretor da DLB – Assessoria Esportiva e quis saber o significado da camiseta, ficou interessado pelo desafio e se empolgou com o projeto. Ana me passou o contato dele. No dia seguinte, marquei um horário para conversarmos. Nosso encontro fluiu muito bem e demos início a uma parceria entre a DLB e o desafio.

Agendamos o início da parceria e minha apresentação à equipe da DLB para o dia 22 de setembro, na Cidade Universitária de São Paulo – USP, quando Diego e Lu teriam um treino de trinta e quatro quilômetros. A previsão era de que o dia seria bem quente, por isso combinamos de largar bem cedo, às 5h30.

Os primeiros quilômetros foram num ritmo bem tranquilo, com os primeiros raios do sol surgindo. Nós iniciávamos nossa jornada, enquanto uma galera, que havia virado a noite em uma festa na faculdade de Filosofia, Letras e Ciências Humanas, pegava seus carros para sair da USP. Portanto tínhamos que ficar atentos e com cuidado redobrado à movimentação dos carros.

Ao final de cada volta de seis quilômetros parávamos para hidratar e pegar alguma fruta e gel. A partir dos sete quilômetros passamos a ter companhia de outros corredores da DLB. Sou péssimo para memorizar nomes assim de primeira e, às vezes, até de segunda, por isso não direi quem eram nossos companheiros iniciais de corrida. Mas a presença de todos no trajeto e na base da DLB foi essencial para ganharmos ânimo para as próximas voltas. Encontrei o Guilherme, corredor que havia me acompanhado no Parque do Ibirapuera na semana anterior. Ele saiu de sua casa, próxima à USP, e foi correr com a gente. Muito bom.

Aos poucos, as ruas da cidade universitária foram ocupadas por outros corredores, ciclistas, cadeirantes, patinadores. Nas ruas da USP há uma convenção – que nem todas as pessoas obedecem –, para que os ciclistas e as demais pessoas com rodas treinem no sentido horário e os corredores no sentido anti-horário, como uma forma de prevenir possíveis acidentes. Nós seguimos essa orientação e, ainda assim, tínhamos que ficar atentos, pois a quantidade de pessoas circulando junto aos ônibus e carros chega facilmente a mais de duas mil no sábado.

Nessa nona etapa do desafio fui surpreendido por uma novidade. Explico: tenho como meta um ritmo médio, ou seja, os minutos que se gastam a cada quilômetro. Normalmente, meu ritmo é de seis minutos e quinze segundos por quilômetro. É lógico que, durante o percurso, esse ritmo varia para mais ou para menos, de acordo com a disposição e a situação. Dessa vez, saímos num ritmo mais conservador e fizemos mais paradas do que estou acostumado a fazer. Isso, somado ao fato de ser na USP, local que me traz recordações de treinos em ritmo forte, e a companhia do Fabinho, corredor da DLB, deu-me um gás adicional e decidi mantê-lo. Resultado: passamos a rodar para cinco minutos e vinte segundos por quilômetro!

A conversa com o Fabinho também ajudava. Falamos de família, filhos (ele tem uma filha pequena) e, como não poderia deixar de ser, de desafios. Fabinho emagreceu vinte quilos com a corrida. Tudo começou quando viu uma foto dele e tomou um susto. Aquele cara na imagem não podia ser ele. Isso o fez mudar os hábitos e a corrida foi o ingrediente que faltava. À época do desafio, Fabinho treinava para uma meia maratona e tinha a meta de fazer uma maratona abaixo de quatro horas.

A partir do quilômetro vinte e um, Fabinho e eu passamos a rodar lado a lado e assim permanecemos até o quilômetro trinta e quatro. Os últimos oito quilômetros foram sob um forte calor, que começava me castigar. A essa altura já tinha certeza de que em poucos minutos terminaria a nona etapa.

Corri alguns metros a mais antes de chegar à base da assessoria e estava terminada a nona etapa do desafio. O pessoal da DLB Assessoria Esportiva me recebeu muito bem, tirando fotos e me dando parabéns. Essa etapa, até então, foi a mais rápida e fácil de todas... Valeu DLB!

A base da assessoria DLB na USP.

10ª Maratona

A ÚLTIMA CAMISETA PRETA

São Paulo
30/09/2018 – domingo
Horário: 5h20
Duração: 4h23
Tempo em movimento: 4h16
Ritmo: 6'06"/km

Nem tudo acontece exatamente como a gente quer. Planejei correr a décima maratona inteira, dentro do Parque Villa Lobos. Era o último dia do mês de setembro, um domingo. Iria usar a última camiseta preta. Tudo planejado com detalhes, mas não deu certo. Tive que alterar o roteiro quando avistei faixas alusivas à Meia Maratona Paulista na região.

Mudei o plano e passei a considerar uma alternativa melhor: correr pelas ruas interditadas para a prova.

Cheguei de carro ao portão principal do parque às 5h25 e dez minutos depois dei os primeiros passos. Os poucos veículos e pessoas que circulavam permitiam a corrida na rua, mas achei mais prudente seguir pela ciclovia da avenida.

Na primavera o dia clareia um pouco mais cedo em São Paulo. Nos primeiros quilômetros, quando começou a clarear, percebi que o dia seria nublado, embora a previsão fosse de calor, com máxima de vinte e nove graus.

Corri do Parque Villa Lobos em direção ao ponto de largada da prova de meia maratona. Completei sete quilômetros da minha prova às 6h e cheguei ao ponto de largada da corrida oficial.

A largada estava prevista para as 6h30. Não pretendia largar com os corredores, portanto, dei meia-volta e segui o trajeto da corrida, com as ruas já completamente interditadas. Apesar disso, tinha que redobrar a atenção com as motos e veículos que davam suporte à prova e circulavam pelo trajeto.

A velocidade do pelotão de elite é impressionante. Não demorou muito para que os primeiros corredores da meia maratona me alcançassem. Não consegui nem registrar a passagem do primeiro corredor. O segundo vinha a uns trezentos metros de distância e me ultrapassou sem nenhuma dificuldade.

Só depois de alguns minutos seguiram os demais, quando os primeiros corredores retornavam pelo lado oposto da avenida. A essa altura, estava com quase vinte quilômetros percorridos. Atravessando a ponte da cidade universitária, o Léo e o Guilherme me encontraram.

Segui novamente em direção à largada, agora com mais corredores que participavam da meia. Nosso ritmo ficou mais puxado e demos uma segurada para o Guilherme suportar. Rodamos uns nove quilômetros juntos, até que Guilherme se despediu. Léo e eu seguimos juntos, sempre conversando e trocando ideias sobre os filhos, principalmente. Ao chegar ao Parque Villa Lobos, estava no quilômetro trinta e cinco. Entramos e seguimos pela ciclovia. Antes, uma pausa para uma água de coco. A água não estava gelada e fiz a besteira de tomar um grande gole, rapidamente. Resultado: um desconforto estomacal, único mal-estar sentido nessa etapa. Pela experiência, sabia que era questão de minutos. Diminuímos o ritmo e aos poucos fui melhorando.

Havia outra corrida dentro do parque e o Léo precisava de vaselina para evitar assaduras. Arriscamos, sem sucesso, encontrar alguém que tivesse. Nessa hora, encontramos um grupo de corredores que conduziam pessoas em cadeiras adaptadas. Emocionei-me.

Terminamos a prova num ritmo forte, sem dores, sem cansaço e a constatação de que essas dez primeiras maratonas foram superadas com uma excelente performance e disposição.

A décima etapa finalizada no Parque Villa Lobos.

Andamos até o carro e entreguei ao Léo a camiseta preta, a última dessa etapa das dez primeiras maratonas do desafio de 50. A próxima camiseta será roxa, a cor que irei vestir para as próximas dez etapas. Estou roxo de vontade de vestir a nova cor.

PARTE 3

A FASE ROXA

11ª Maratona

A PSICODÉLICA MARATONA

São Paulo
07/10/2018 – domingo
Horário: 5h33
Duração: 4h27
Tempo em movimento: 4h20
Ritmo: 6'11"

Em dia de eleição – o primeiro turno –, nada mais correto do que vencer a décima primeira etapa no Parque do Povo. Não que o povo o frequente, longe disso. Saí de casa às 5h30, embaixo de uma chuvinha intermitente e uma temperatura de dezesseis graus, o que é um incentivo ao corredor. O caminho em direção ao parque estava acarpetado por folhetos de candidatos – uma sujeira só. Será que alguém acredita que forrar o chão com folhetos promocionais conquista algum voto?

Divulguei nas redes sociais que faria trinta voltas dentro do parque, para completar os quarenta e dois quilômetros. Cheguei à entrada do parque às 6h40, depois de percorrer onze quilômetros. Achei que iria dar com a cara na porta, porque a informação era que as portas são abertas só às 7h. Para minha sorte, a entrada já estava liberada e o cenário era de completa solidão. Nenhuma alma viva naquela hora.

Não tenho o hábito de correr dentro desse parque, portanto, minha primeira volta foi para reconhecer o percurso. Ao final da primeira volta, passou por mim um pequeno grupo de corredores no sentido contrário. Ao terminar a segunda volta, senti que ainda teria um longo percurso pela frente. Descontados os onze quilômetros entre a minha casa e o parque, teria vinte e duas voltas para completar. Difícil.

Para minha sorte, encontrei-me na quarta volta com a Rô, uma amiga que há anos trabalha na área financeira da mesma escola que eu. Em 2004, fizemos parte de um grupo da escola, voltado para corrida e caminhada. Desde lá, Rô vem se dedicando ao esporte.

Fizemos algumas voltas juntos. Conversamos sobre trabalho, amigos e, como não poderia deixar de ser, de política.

Assim que a Rô partiu, resolvi abastecer minha garrafa com a água de coco. Lá encontrei o Rodrigo, um rapaz oriental que disse ser paciente do Elizeo e que vinha acompanhando meu desafio pelo blog.

Entramos no parque juntos e, a partir desse momento, perdi completamente a contagem das voltas. Parecia que tinha entrado num certo transe. Ainda bem que o aparelho de GPS do relógio estava monitorando a distância.

Esse momento psicodélico, no qual a corrida abre portas para outra percepção, às vezes acontece em corridas de longa duração. Olhei para um mural com um desenho de uma porta, localizada no peito do personagem. Havia uma expressão de alegria, típica de quem realiza uma corrida longa. Esse desenho me acompanhou até quase o final do desafio. Num certo momento, percebi um pequeno e tímido raio de sol que incidia na pista de concreto, delineando uma linha imaginária de chegada. Confesso que aquilo me tocou. Não era exatamente o final da etapa, mas era como se tivesse recebido um sinal de que estamos sempre a caminho de uma linha de chegada, ainda que imaginária. E depois? Será que termina? Será que criamos outras? Chegar é o objetivo? E o percurso? O que será mais importante? Imediatamente, busquei num pensamento budista a seguinte afirmação: "Alegrai-vos, porque em toda a parte é aqui, e tudo é agora".

As últimas voltas foram em absoluta solidão. Ninguém mais apareceu para o desafio. Como disse, era dia de eleições. As pessoas estavam com seus carros, transitando em pleno domingo. Liguei pra Ana – faltavam cinco quilômetros e ela vinha de carro para me buscar. Na última volta me encontrei com ela.

Meu coração sempre se alegra quando a vejo. Demos um beijo rápido e parti para os últimos dois quilômetros. Feliz, um pouco cansado e sempre apaixonado por essa mulher...

Tempo, Tempo, Tempo, Tempo...

O sonho de completar uma maratona abaixo das três horas começou no início da década de noventa, nas primeiras corridas longas acima de vinte quilômetros, em Ubatuba, que fiz com meu grande amigo e também corredor, Caio Martins Costa. Em determinado momento do percurso fazíamos um cálculo do nosso ritmo e sonhávamos juntos: "Nesse passo, em mais uma hora e meia fecharíamos abaixo das três horas!". Conversávamos sempre sobre esse sonho e as adaptações necessárias a que teríamos que nos submeter para atingir tal meta: alimentação, repouso, treino regular e motivação. Ubatuba, uma cidade no litoral norte de São Paulo, com suas estradas cheias de subidas e descidas, cachoeiras e praias, é um grande local para correr, surfar, sonhar e estabelecer metas. E foi assim que, em 96, fizemos a primeira Maratona de São Paulo, apenas com a expectativa de finalizar a prova. Terminamos em três horas e quarenta e dois minutos, completamente exaustos e convictos da dificuldade que é realizar uma corrida de quarenta e dois quilômetros. Dois anos após, inscrevi-me na minha primeira assessoria esportiva, Branca Esportes, e, com outro grande amigo, o Nato Amaral, participamos da Maratona de Nova Iorque. No final, uma surpresa em relação ao meu tempo: três horas e oito minutos! Já de volta ao hotel, lembro-me de uma frase do Branca, meu treinador: "Você evoluiu muito rápido. Agora, é bom tomar cuidado!". Não sei até hoje por que ele me disse essa frase, mas sei que, de alguma forma, ela me impactou. Será que tinha chegado ao máximo da minha performance? Isso, de certa forma, desanimou-me e decidi dar uma diminuída na dedicação à corrida, apesar de que, para a Ana, minha esposa, esse tempo só existiu na minha imaginação. Mas o fato é que o sonho da maratona sub três horas adormeceu e ressurgiu numa fase bastante delicada: a dos filhos pequenos. Nossos filhos, Marina e Pedro, acordavam invariavelmente com o dia raiando, de segunda a segunda. Já que nos revezávamos ao atendimento às crianças, propunha a seguinte troca: assim que chegasse da corrida, eu assumiria. Saía então bem cedo e fazia o percurso de casa, pelas ruas da cidade de São Paulo, passando pelos parques Ibirapuera, Villa Lobos, Bosque do Morumbi e Burle Marx. Depois de duas, três horas de corrida, já completamente entupido de endorfina, achava que o dia estava lindo e que só faltava pegar a família e sair para passear. Bem... Certamente, para a Ana, que ficava cuidando das crianças desde as 6h, a perspectiva era um pouco diferente...

A partir de então, propus-me a correr outras maratonas, mas ainda sem sonhar com a quebra da barreira das três horas.

Quando, em 2005, entrei em outra assessoria, a Six, criada pelo meu amigo e colega da maratona de Nova York, Nato Amaral, retomei a meta da maratona sub três horas e comecei a atingir novas marcas.

Em 2006, descobrimos que a Marina, minha filha, então com oito anos de idade, estava com alta taxa de colesterol. Decidimos passar por uma reeducação alimentar, que, inevitavelmente, fez-nos emagrecer e eu me senti mais disposto. Isso, aliado a minha dedicação ao treino desenvolvido na Six, me permitiu realizar duas maratonas de Curitiba, com tempos bem perto da barreira das três horas.

O ano de 2008 chegou e senti que o sonho estava cada vez mais perto! Seria em Florianópolis, cidade que ainda não conhecia. E não iria sozinho como tinha ido à Curitiba. Iria com a minha família: Ana, Marina e Pedro! Reservei as passagens, hotel, carro, e passei a contar os dias que faltavam para a prova. Fiz todos os treinos planejados e uma semana antes de viajar fiz meu melhor tempo em meia maratona: uma hora e vinte e três minutos!

Mas na véspera da maratona me resfriei e uma série de pensamentos negativos me invadiu: "Não vai dar para correr", "Vai estragar o passeio da família", "Vou passar mal durante a maratona". Passei uma noite péssima, nariz escorrendo como torneira, calafrio, febre, mas, mesmo assim, fui trabalhar na manhã seguinte. Levei uma garrafa com água, um rolo de papel higiênico e resisti até a última aula do dia. Depois disso, fui pra casa e comecei a ficar bem preocupado. Não tinha forças nem para fazer a minha mala. Pedi à Ana que me ajudasse e fui dormir com febre. Acordei no sábado um pouco melhor e fomos cedo ao aeroporto. O dia estava lindo em Florianópolis e, aos poucos, ia me sentindo sair do estado de gripe. Tomei um antitérmico antes de dormir e já estava mais animado, até que, por volta da meia-noite de domingo, começou a cair uma tempestade! A essa altura poderia pensar só em coisa ruim, mas não foi o que fiz. Consegui relaxar e continuei a dormir.

Acordei às 5h30, com o movimento dos inscritos na maratona, andando pelo corredor do hotel. A largada ficava a um quilômetro, mas não estava nem um pouco disposto a tomar chuva até a hora da saída. Esperei na frente da recepção e consegui uma carona com dois rapazes. Logo em seguida, outra pessoa pede carona e entramos no carro juntos. Começamos a conversar e depois de alguns minutos percebo que estava ao lado de Adriano Bastos, atleta diversas vezes vencedor da Maratona da Disney e da Maratona de Curitiba, de 2007, da qual participei e cheguei mais perto da barreira das três horas. Comecei a ficar mais otimista e confiante, pois percebia uma feliz coincidência entre os acontecimentos. Largamos sob uma forte chuva e assim foi a maratona inteira. Passei em frente ao hotel no quilômetro treze e Ana estava na varanda, no exato momento que resolvera dar uma olhada na prova.

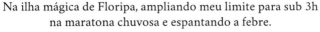

Na ilha mágica de Floripa, ampliando meu limite para sub 3h na maratona chuvosa e espantando a febre.

A meia maratona fechei com uma hora e vinte e nove minutos. Depois já na altura do quilômetro trinta, a Ana e as crianças estavam tomando café da manhã na varanda do hotel, avistaram-me e berraram como loucos! Saíram de carro atrás de mim e me alcançaram mais à frente. Quando nos vimos gritei: "Faltam dez quilômetros!". Por dentro sentia a sensação crescente de sucesso, mas, ao mesmo tempo, o respeito pela maratona, pois a qualquer momento algo poderia dificultar os últimos quilômetros. E, assim, aos poucos, o final ia chegando e o olhar ao relógio se mantendo mais focado. Criei uma imagem que me ajudou na conquista. Tratei a maratona como se fosse uma senhora à qual pedia, com profundo respeito, licença para entrar no seleto grupo dos maratonistas que a conquistam abaixo da casa das três horas. Quando vi que faltava um pouco mais de um quilômetro e tinha oito minutos de folga, percebi que essa senhora tinha atendido ao meu pedido. Cheguei com os gritos de amor da Ana, com o tempo oficial de duas horas, cinquenta e oito minutos e trinta e quatro segundos. E o mais incrível: acho que essa senhora maratona curou a minha gripe.

12ª Maratona

AR PURO, PAZ E NINGUÉM NAS RUAS

Campos do Jordão – SP
14/10/2018 – domingo
Horário: 5h30
Duração: 4h44
Tempo em movimento: 4h41

As vinte e duas voltas na pista de concreto do Parque do Povo forçaram o meu joelho direito. Fui salvo, na quinta-feira, por uma sensacional massagem do meu amigo, osteopata e fisioterapeuta Elizeo.

Fui para Campos do Jordão a convite do Diego, diretor da DLB Assessoria Esportiva, para participar da terceira Clínica de Corrida DLB, dias 13 e 14 de outubro. A ideia da clínica é reunir pessoas que treinam para participar de palestras e atividades práticas sobre corrida. Saímos de São Paulo na sexta-feira, 12 de outubro, feriado de Nossa Senhora da Aparecida. Diego me ofereceu a oportunidade de compartilhar o desafio das 50 maratonas com os participantes do evento. Aceitei, também, a hospedagem e o convite para passar o feriado na companhia do Diego e de sua família.

Durante a semana fiz um leve treino na terça-feira, aula de funcional e dez quilômetros na quarta-feira. A dor no joelho direito me impediu de fazer um treino mais rigoroso, temia algo mais grave. Depois da massagem, seguida de ultrassom, na clínica do Elizeo, na quinta-feira, reservei a sexta-feira para descanso.

Em Campos do Jordão, na noite de sexta-feira, fizemos um churrasco. Tomei um pouco de cerveja e vinho. Foi bom pra relaxar. No sábado, acordamos cedo para receber o pessoal que chegava de São Paulo. Fizemos um treino de seis quilômetros, com subidas e descidas, com um visual típico das montanhas de Campos do Jordão.

Em seguida, vieram as palestras (Hidratação na corrida – Novidades nutricionais para o corredor – Como prevenir as lesões na corrida e no

Triátlon – Como escolher o tênis para sua corrida – Principais diferenças da corrida de rua e do Triátlon).

Minha palestra foi a última. Pela primeira vez falaria sobre o desafio. O clima descontraído, o grupo de amigos e minha experiência em falar ajudaram para que me sentisse à vontade.

Terminada a palestra, saímos com o grupo para almoçar. Acho que só passei a focar na maratona depois que nos despedimos e voltamos para casa. Antes da clínica, pensei que correria a maratona na companhia de outros corredores da DLB. Por isso, tinha em mente que escolheria um local mais plano possível, talvez a avenida de entrada de Campos do Jordão, na qual passa uma linha de trem. Quando me dei conta de que a galera teria que voltar no sábado e o desafio seria no dia seguinte, passei a cogitar a possibilidade de ir até ao Horto Florestal da cidade e voltar até a casa em que estava hospedado. Por coincidência, mais uma vez o desafio me reservaria uma surpresa: a distância entre a casa em que estávamos e o Horto Florestal era de vinte e um quilômetros. Ida e volta daria, portanto, a distância de uma maratona. Ocorre que o trecho final de quase quatro quilômetros era com muita subida. Nada que assustasse, não fosse o fato de ter tido a dor no joelho na semana anterior. Achamos, o Diego e eu, que seria melhor terminar na linha férrea e voltar de carro para casa.

Fui dormir tarde. Quase 00h40min. Mudei de quarto quando vi uma aranha entrar debaixo da minha cama. Foi bem melhor, pois a noite na casa foi agitada: o bebê Antônio chorou e tossiu muito. Acordei às 4h40, tomei um breve café, troquei-me e às 5h30 já estava na rua. Uma grande neblina cobria o caminho.

Cheguei tranquilamente até a linha férrea. As ruas estavam desertas, só um carro ou outro passava de vez em quando. Segui pelo caminho dos trilhos do trem até Capivari – o centro nobre de Campos do Jordão.

De lá peguei a direção do Horto Florestal, um local do qual guardo recordações muito boas dos passeios com a família, os piqueniques de um só dia saindo de São Paulo, dos carnavais tranquilos...

Já sabia que o percurso seria íngreme, o que certamente dificultaria essa etapa. Mas o fato de correr num lugar tão tranquilo, com ar puro e uma paz, compensaria a escolha. Além disso, não tinha nenhum motivo para ficar preocupado com o tempo da maratona.

O caminho estava muito tranquilo. Como a estrada é bem estreita, a qualquer ruído já me posicionava bem no cantinho. De repente, uma surpresa: dou de cara com dois cavalos. Eles me fizeram lembrar do meu filho, Pedro, e da sua paixão na infância por esses animais. Algo também relacionado à corrida. Quando assistimos ao filme "Spirit, o corcel indomável", fiquei profundamente tocado pela cena inicial, na qual aparece o velho oeste americano, com cavalos selvagens. Aquela cena me provocou uma vontade incrível de correr e ter a sensação de liberdade. E ali estava de frente a esse imponente animal. Vai entender...

Mais alguns quilômetros e cheguei ao Horto Florestal. Passando na guarita, fui informado de que o parque só abriria às 9h. Ainda eram 8h. O guarda me permitiu entrar e correr somente até a ponte de entrada. Confesso que fiquei com muita vontade de seguir mais adiante, até a cachoeirinha, por dois motivos: daria a distância necessária para completar os 42 km sem ter que correr a mais no trilho do trem e, de quebra, correria numa trilha tranquila, que me levaria até uma linda cachoeira. No entanto segui a orientação do funcionário e retornei logo após a ponte. Arrependi-me, mas fiz o que era correto.

Uma coisa curiosa (aliás, muitas) tem ocorrido nesse desafio. Às vezes, tenho sentido uma dor anterior à corrida, como desta vez, o joelho, e que ao longo da realização da maratona, desaparece. Outro fato interessante é que o corpo vai se acostumando ao tempo e espaço percorrido. Não existe aquele famoso cansaço dos trinta quilômetros. Quando percebo, já estou nos últimos quilômetros com muita disposição. Que bom!

Passei novamente por Capivari e segui ao lado da ferrovia para percorrer o último trecho. Cheguei a cruzar com a Andreia, uma corredora da DLB que no sábado estava na Clínica. Ela vinha no sentido contrário e já estava terminando seu treino. Uma pena. Seria bom ter alguém ao lado nesse momento. Fiz o trecho final de ida e volta para completar a distância necessária.

A chegada foi registrada pelo Diego, que foi me receber. Muito bom contar com essa nova amizade e com essa parceria.

Assim terminei a décima segunda maratona. Com um tempo alto, mas considerando o percurso e a altitude, sentindo-me fortalecido e saudável.

13ª Maratona

AS MULHERES COMANDAM A MARATONA

São Paulo
21/10/2018 – domingo
Horário: 5h10
Duração: 4h16
Tempo em movimento: 4h07
Ritmo: 5'53"/km

Na quarta-feira anterior à maratona, estava pensando em trocar o tênis, pois precisava dar um descanso para o que estava usando. Para minha sorte, ganhei um tênis novo, presente do Dia dos Professores, dos meus queridos alunos da escola. A Priscila, professora e mãe de uma das minhas alunas, tem acompanhado o desafio e não poderia ter escolhido um presente melhor. Vesti o tênis no próprio dia e decidi que o usaria no domingo.

Algumas pessoas não recomendam usar um tênis novo para uma maratona. Nunca tive problema com isso. Ainda mais hoje em dia, com a qualidade do acabamento. Treinei com ele na sexta-feira e o deixei separado para calçar no domingo.

As mulheres iriam ocupar as ruas da região da Cidade Universitária de São Paulo, para a prova feminina de meia maratona. Decidi chegar à USP bem cedo, a tempo de entrar com o carro pelo portão principal. Às 5h10 estava no Centro de Práticas Esportivas da Universidade de São Paulo (CEPEUSP), local da arena principal da corrida. Tenho notado que o público de corridas femininas vem crescendo, atraindo as participantes oferecendo serviços, atendimentos e produtos voltados às mulheres. Na arena havia stands de roupas, acessórios, massagens, estética, beleza, enfim, tudo dirigido ao segmento. E, claro, nada de meu interesse. Até os banheiros eram exclusivos para mulheres, apenas um solitário masculino. Nunca numa corrida me senti tão minoria, tão deslocado, como naquele domingo.

A largada da prova feminina era às 6h30. Às 5h30 eu estava começando. Logo aos primeiros quilômetros uma surpresa: olho para o relógio e, inesperadamente, ele avança uma hora. Deve ter sido pelo horário de verão, adiado pelo governo, mas não pelo GPS do meu relógio.

Entro no circuito da corrida com as ruas já interditadas. É muito bom correr dessa forma. Passo pelo km 1 da prova, mas com sete quilômetros rodados.

Um pouco antes da marcação há um cartaz com os dizeres "Corridas acabam, correr é para sempre". Essa é uma frase de bastante impacto, até mesmo para o desafio das 50 maratonas em um ano. Afinal, se chegar até a quinquagésima maratona haverá o dia seguinte. E daí? Qual será o próximo desafio?

Seguindo o percurso da meia maratona decidi fazer uma "perna", ou seja, um aumento do percurso, ao chegar à Praça Pan Americana. Enquanto os corredores retornavam para a ponte da cidade universitária, segui em direção ao Parque Villa Lobos. Pelos meus cálculos, ao voltar para a prova encontraria com a multidão de corredoras. E foi o que aconteceu.

Logo estava atravessando a USP em direção à Av. Politécnica, um dos piores lugares para correr, mas que as organizações das provas insistem em utilizar, talvez para evitar voltas maiores. A Politécnica é plana, mas tem um visual horrível e um cheiro de sabão que toma conta do ambiente (há uma fábrica na região). Por mais que alguns prédios tenham sido construídos nos últimos anos, a avenida é quase toda murada, cinzenta, e quando está calor, insuportável.

Estava voltando pela Politécnica, quando avistei o Léo e, surpreendentemente, dessa vez sou eu que o vejo primeiro. Dei um berro e logo ele me saúda com a empolgação de sempre. Ele estava lá para acompanhar uma amiga que pela primeira vez faria a meia maratona. Trocamos algumas ideias e logo ele deu meia-volta. Por sorte, corremos um bom trecho juntos. Eu ainda estava com vinte e cinco quilômetros...

Mais um pouco e vejo um homem acompanhando uma mulher. Isso é comum nessas provas: os namorados, maridos, treinadores, acabam correndo junto. No caso, era um treinador amigo, o Mauro Rezende, um cara bem simpático, que conheci quando estava andando na rua. Ele é carteiro e começamos a conversar. Passou a fazer parte dessa irmandade de corredores.

Seguindo o percurso da meia maratona, já estava quase chegando ao final da prova, mas não da maratona. Faltavam dez quilômetros. Tive que voltar no sentido contrário das corredoras e me encontrar com as mais lentas, aquelas que passam, muitas vezes, o dobro do tempo para terminar o seu percurso. Para mim, são verdadeiras guerreiras. A solidão acompanha quem vem no último bloco. Mas não a empolgação. Muitas cantam, batem palmas, conversam. Sigo cruzando com elas, até encontrar uma moça com bastante dificuldade. Ofereço um spray para aliviar a dor. Ela usa e agradece a atenção. Digo que siga caminhando e trotando. Faltava pouco. Mais adiante, deparo-me com uma cena triste: uma mulher, deitada, tremendo, com a barriga muito inchada, parecia até uma gestante de sete meses. Pergunto o que houve. Tranquilizaram-me, ela estava aguardando por uma ambulância. Soube apenas que estavam avisando a assessoria esportiva dela. Fiquei triste. Correr não combina com cenas assim, mas, de qualquer modo, estamos sujeitos a males repentinos, por isso dependemos de um bom diagnóstico médico antes de sair por aí, pelas ruas e provas.

Voltei novamente para a linha de chegada da corrida. Agora, faltavam apenas dois quilômetros. Passei na frente da Escola de Educação Física e Esportes da Universidade de São Paulo e fiz uma última volta antes de chegar ao ponto final da décima terceira maratona, a Faculdade de Educação da USP, local de estudo da Marina e da graduação e mestrado da Ana. Duas mulheres que são fundamentais na minha vida. Terminava a maratona das mulheres, homenageando as duas.

14ª Maratona

A VOLTA DA USP

São Paulo
27/10/2018 – sábado
Horário: 13h13
Duração: 4h38
Tempo em movimento: 4h36
Ritmo: 6'34"/km

A décima quarta maratona do desafio foi realizada no dia 27 de outubro, sábado, dentro da Cidade Universitária da USP, com quatro voltas da Biologia, um circuito conhecido como "volta da USP", com dez quilômetros de extensão.

Essa maratona não estava prevista para o sábado, muito menos para o período da tarde. Porém dois motivos mudaram meus planos: primeiro, teria que passar a noite no hospital, acompanhando meu pai, que há quinze anos trava uma luta contra o câncer; e, segundo motivo, no domingo seria o segundo turno das eleições e não haveria nenhuma corrida de rua.

No sábado haveria a 55ª Volta da USP, uma corrida tradicional pelo campus da universidade de São Paulo. Fiz essa corrida há vinte anos, quando me preparava para a maratona de Nova York. Atualmente, a prova é noturna, a partir das 19h. O percurso inclui a famosa subida da Biologia, com aproximadamente um quilômetro, o martírio de muitos corredores iniciantes.

Como minhas maratonas têm durado em torno de quatro horas e meia, deveria começar a correr às 15h, para conciliar com o horário da largada da prova oficial. Pensei em fazer quatro voltas no mesmo percurso da prova, e os dois quilômetros restantes em outro caminho.

Na arena da prova aconteceria uma sessão de massagens, oferecida pela Clínica Multidisciplinar Infinity Corpus do amigo Elizeo. Inclusive, fiquei sabendo da corrida através dele, durante a semana. Pensei que seria interessante unir a maratona a uma massagem. Dessa forma, para não coincidir com a massa de corredores da volta da USP, decidi começar mais cedo.

Essa decisão alterou completamente a rotina de preparação do desafio. Precisaria modificar o horário de alimentação, o horário da corrida, o trajeto com aclives e torcer para que o dia não estivesse muito quente. Além disso, resolvi ir a um evento de capoeira de manhã.

Na porta de acesso ao evento de capoeira comi um belo prato de macarrão, dentro do carro, antes de entrar. Às 12h30, despedi-me dos colegas, passei numa farmácia para comprar água, isotônico e protetor solar. O tempo estava quente e úmido, uma mistura péssima para corridas, pois o corpo encontra dificuldade para dissipar o calor.

Comecei a primeira das quatro voltas com bastante moderação. Ainda cruzava com alguns corredores nas ruas da USP, terminando seus treinos. Confesso que a cabeça teve que ser muito forte nesse instante. Sábado é um dia que muitas pessoas correm no período da manhã. A partir das onze horas, a maioria das assessorias termina seu treino. Correr após uma hora da tarde é ter aquela sensação de perder a hora. Além disso, após as 14h, a Cidade Universitária controla o acesso ao campus, tornando as ruas bem desertas.

Logo nos primeiros quilômetros começou uma chuva moderada, mas o suficiente para molhar o tênis e a roupa. Ao me aproximar da subida da Biologia, deparo-me com um evento de carrinhos de rolimã. Todos participantes equipados, com times, acompanhantes, famílias. O barulho do rolimã no asfalto é um som penetrante, típico do aço em atrito com o asfalto. Imaginem como é impressionante e até assustador, ver dezenas de carrinhos descendo e disputando posições. Concentrei-me na tarefa de correr e abstrai os pilotos e seus bólidos.

Terminei a primeira volta de dez quilômetros com uma boa sensação. Aos poucos, a sensação de calor foi se dissipando e o colorido das ruas arborizadas cresceu ao meu redor.

Nessa época do ano, as árvores exibem uma cobertura verde e o chão, forrado com folhas amarelas de ipê, desenham as cores da bandeira brasileira.

Uma vantagem de fazer uma maratona por semana é acostumar o corpo e a mente a se exercitarem no mesmo ritmo, em mais de quatro horas em movimento sincronizado, um exigindo o máximo do outro. Isso parece que reduz a percepção do tempo, o que me levou a rapidamente alcançar a terceira volta e me surpreender com a proximidade do final.

Na tenda de massagem da Infinity Corpus montada no CEPEUSP.

Na última e quarta volta, a estrutura da prova oficial estava em fase de finalização da montagem. A cada volta fiz uma rápida parada no carro, para me reabastecer e hidratar. Terminando a quarta volta, troquei a roupa suada por outra nova e fui procurar o Elizeo. Fiz a massagem e, relaxado, agradeci a esse meu amigo, um grande parceiro e apoiador.

15ª Maratona

GUARUJÁ E O CALOR NÃO ESTAVAM NO PLANO

Guarujá
3/11/2018 – sábado
Horário: 5h32
Duração: 4h51
Tempo em movimento: 4h32
Ritmo: 6'27"/km

Esse negócio de horário de verão confunde a gente. O relógio marcava 5h30, mas nada de sol. O meu corpo também sentia, na realidade, eram 6h30. E olha que estava bem abastecido de calorias. À noite eu havia devorado um imenso prato de macarrão com muito molho e queijo.

A décima quinta maratona do desafio foi realizada no Guarujá. Era pra ter sido em Ubatuba, na Rodovia Rio-Santos, mas em função da internação no hospital e do estado de saúde do meu pai, resolvemos fazer um bate e volta de um dia na praia. E foi uma ideia sensacional, pois ficar em São Paulo não estava nos planos. Correr num trajeto até então inédito seria ótimo para mim.

Ana e eu saímos de São Paulo no sábado à tarde, sem pressa, sem trânsito, e logo chegamos ao condomínio na Praia de Pernambuco, em Guarujá, onde encontramos o meu sogro, Yazbek, Pilar, sua esposa e mais dois amigos deles, a Silvia e o Fernando. Demos uma caminhada pelo condomínio, curtindo uma brisa suave. Porém a previsão meteorológica prometia o dia seguinte de sol e calor.

À noite, como sempre, não podia faltar o prato de macarrão. Devorei uma tigela com molho de tomate e queijo ralado. O pessoal pediu uma pizza.

Após o jantar, sentei para escrever a maratona da semana anterior. O dia seguinte prometia. Sábado foi o último dia antes do horário de verão começar. Não gosto de horário de verão. Prefiro acordar cedo e ver a luz do dia.

Saí do condomínio em direção à Praia de Pernambuco. Foi nessa praia que meus pais deram o primeiro beijo. Antes eram amigos e num determinado dia a coisa rolou... Que bom para mim!

Logo no início, percebi que meu ritmo não estava lá essas coisas, não era um bom dia. É comum os primeiros quilômetros serem mais lentos, mas conforme o tempo ia passando, não sentia meu corpo num bom dia. Tudo bem, pensei. O mais importante era que não sentia dor, nenhuma lesão. Passados uns quatro quilômetros, cheguei à Praia da Enseada.

Não me acostumo com praias e prédios. Acho um contraste horroroso, aquelas barracas de praia, multidão de guarda sol, ambulantes. Ainda bem que, devido ao horário, a multidão ainda dormia.

Corri a Praia da Enseada até chegar à vizinha, Pitangueiras. Essa praia me lembra das viagens de adolescente, para surfar com meu amigo de escola, Nicolas. Parece que foi em outra vida, de tanto tempo que faz...

Corri, seguindo sempre pelo calçadão, até atingir a ponta oposta, local do famoso Prédio "Sobre as Ondas" – o primeiro edifício construído naquela praia, na década de 1950. Acho que o Guarujá tem um aspecto meio decadente, de passado, de lugar que já brilhou e hoje tem um ar mais deteriorado, consumido pelo tempo.

A partir desse ponto, pelo menos na minha percepção, começou um Guarujá menos badalado. Para mim, mais interessante. Subi um mirante, antes de chegar à praia do tombo. Uma bela vista.

Chegando à Praia do Tombo estava com quatorze quilômetros. Resolvi continuar adiante, mas sem saber o itinerário. Só conhecia o Guarujá até aquele ponto. Vi que tinha indicação para uma próxima praia, conhecida por Guaiuba. Segui mais uns dois quilômetros e cheguei à praia mais bonita que passei durante a corrida. Resolvi correr pela areia e dar uma entrada no mar, providencial para aliviar um desconforto daquele calor intenso. Foi a primeira vez que parei para um banho numa das etapas das maratonas. Mas foi ótimo! Tomar um banho de mar me revitalizou. A partir da Guaiuba, fiz o retorno em direção ao condomínio, já me preparando para os quilômetros a mais que seriam necessários após passar pelo ponto de largada, pois até ali tinha percorrido somente dezessete quilômetros. Chegando ao condomínio, precisaria correr mais três quilômetros e meio sentido Praia do Perequê e depois voltar. Nada muito difícil, não fosse o calor, que intensificou sua presença.

Passei novamente pelas praias do Tombo, Pitangueiras e Enseada. Estava muito quente... Precisei parar três vezes. A primeira para comprar água de coco, a segunda para comprar uma garrafa de água grande, que usei para me refrescar. A terceira para andar um pouco. Só um pouco.

Após passar pelo condomínio em que estávamos hospedados cheguei à Praia do Perequê, típica de pescadores, bem popular, sem a imponência imobiliária das anteriores. Acho que a essa altura a temperatura já estava próximo aos trinta graus, mas a sensação térmica do asfalto aumentava para uns trinta e seis graus. Parei mais uma vez para comprar um garrafão de água. Seguindo pela rodovia, quase sem acostamento, tinha que manter o foco na distância a percorrer. Chegando a esse portal, mais um pouco e havia alcançado a marca dos trinta e oito quilômetros e meio. O ponto de retorno. Agora o resto era na raça!

Terminei com a sensação de muito calor e cansaço. Não foi a maratona mais longa, mas, certamente, a mais quente até então. Um aperitivo para o verão de 2019.

16ª Maratona

UMA MARATONA COMPLETA COM O LÉO

São Paulo
11/11/2018 – domingo
Horário: 5h30
Duração: 4h27
Tempo em movimento: 4h19
Ritmo: 6'10"/km

A décima sexta maratona, pela primeira vez, contou com a participação integral de um corredor, o Leonardo Tapie. O Léo é daquelas pessoas que em poucos minutos de conversa fala coisas que outros não irão falar nunca. Conversamos sobre diversos assuntos, até que Léo me contou uma experiência desconhecida para mim. Disse que era fumante. Tinha visto o pai morrer de infarto ao seu lado. Decidiu mudar o rumo de sua vida, dedicando-se à corrida de forma comprometida.

Pronto. Começava ali uma nova amizade, de mútua admiração. Para completar, nossos filhos, Pedro e Caike, já se conheciam, frequentavam os mesmos grupos.

Léo gosta de montanha, faz trilhas com amigos, acampa na natureza. É pilhado. Quando corremos, dá bom-dia pra todo mundo, fala alto quando um assunto o empolga, comemora uma corrida aos gritos, enfim, não consegue passar despercebido.

Gosto da maneira como Léo se coloca, principalmente em relação aos filhos. Ele é aquele tipo de pai que está próximo aos filhos, que escuta, que fala, que impõe respeito e colhe a admiração e amor deles. Atualmente, algo que as famílias estão precisando demais.

Léo esteve ao meu lado como apoio, durante a ultramaratona 75 km Bertioga-Maresias, em 2018. E, agora, tornar-se-ia o primeiro a completar integralmente uma das etapas do desafio.

Na véspera, combinamos que começaríamos e terminaríamos a maratona saindo de sua casa. Para tanto, fui de carro até lá. Cheguei às 5h15 em pleno domingo. Léo estava com uma cara de sono, tinha ido a um Bat Mitzvá de um casal de amigos, uma cerimônia que insere o jovem judeu como um membro maduro na comunidade judaica. Sem pressa, tomamos um café e aos primeiros sinais de claridade no céu, saímos para correr.

Léo mora próximo à cidade universitária, mas nosso caminho não passaria por lá. Era domingo e os portões não seriam abertos. Seguimos pela Av. Corifeu de Azevedo Marques, uma longa via que interliga Osasco à cidade de São Paulo. Logo nos primeiros quilômetros percebi que estávamos num ritmo mais rápido do que o habitual para o desafio. Deixei-me levar, sem preocupação.

Aos sete quilômetros chegamos ao Parque Villa Lobos. Pegamos um pouco de água de coco e demos uma volta pela ciclovia. Na saída, já na Avenida Professor Fonseca Rodrigues, Léo comentou sobre o Bat Mitzvá, da emoção das famílias e da decisão da filha de seus amigos de realizar, por sua livre e espontânea vontade, o ritual.

Quando alcançamos o quilômetro quinze nos aproximamos do Largo da Batata, um local de intenso comércio popular, que reúne algumas boates e bares. Algumas pessoas saíam, visivelmente embriagadas, um casal discutia, um homem tentava conter outro, completamente alterado, enfim, cenas de bêbados e nada mais. Nessa hora, enquanto fico um pouco constrangido e esperando passar logo pelo lugar, Léo dá um grito em direção às pessoas. Não me lembro do que falou, mas minha reação foi acelerar o passo um pouco mais.

Um quilômetro adiante fizemos uma pausa para foto, em frente ao Shopping Iguatemi. Pedimos para um funcionário registrar o momento. Há um ano, durante a preparação para o desafio, fiz esse mesmo registro no mesmo local. Senti a passagem rápida do tempo.

Em frente ao Shopping Iguatemi. Pausa para a foto natalina.

Nosso próximo parque, o Parque do Povo, estava dois quilômetros adiante. Lembrei-me da décima primeira maratona, quando fiz trinta quilômetros, dando vinte e duas voltas. Dessa vez, só entramos para uma volta e seguir rumo ao Parque do Ibirapuera.

Quando chegamos ao Parque do Ibirapuera, nossos relógios já marcavam vinte e quatro quilômetros. Como faríamos um percurso de volta diferente ao da ida, calculamos que teríamos que sair do parque ao atingir a marca dos trinta quilômetros, aproximadamente. Demos duas voltas do lago e, inevitavelmente, lembrei-me da etapa na qual fiz esse percurso quatorze vezes. O dia estava lindo, um céu azul, uma luminosidade, homenageando o outono.

Durante as voltas encontramos com a Edinalva, minha amiga corredora há anos. Edinalva é uma senhora forte, criada na roça, com muito orgulho. É de um sorriso fácil, de astral positivo, um coração enorme para o bem. Infelizmente, devido a uma lesão no pé, não pôde correr mais. Caminha com bastante vigor e, ao nos encontrar, correu alguns metros, até perceber que tinha deixado cair os óculos.

Saindo do parque, seguimos pela Avenida Brasil, que corta o bairro do Jardim Paulista, começando na Av. Brigadeiro Luiz Antônio e terminando na Avenida Rebouças, cortando uma das regiões mais valorizadas da cidade, como os bairros de Pinheiros, Jardim América, Jardim Paulistano, Jardim Europa e Ibirapuera.

Numa região tão nobre, aos domingos e feriados, é montada uma ciclovia. Seguimos por ela, até que, surpreendentemente, ela foi interrompida. Achamos esquisito, mas logo fomos informados de que era devido a um evento mais adiante. Olhamos, mas, de longe, não conseguimos identificar do que se tratava. Brinquei com o Léo dizendo que deveria ser uma manifestação de esquerda, pois víamos uma aglomeração de gente de vermelho. Era, realmente, uma aglomeração de vermelho, só que de carros da Ferrari, em frente a uma loja da marca. Eram mais de 50 carros, vermelhos, amarelos e pretos, dos mais variados modelos. Comentei com o Léo: "Imagine correr em cima dos capôs. Já pensou a cena?". Ainda bem que ele não seguiu essa ideia. Mas não perdeu a chance de tirar um sarro do policial que estava todo bobo, entrando em uma Ferrari. "Gostou da viatura nova?". Esse é o Léo.

Após atravessar a Av. Rebouças, seguimos pelo bairro de Pinheiros. Estávamos com trinta e quatro quilômetros rodados, quando Léo comentou o quanto estava se sentindo bem. Lembrei-me de um treino de corrida de trinta quilômetros longo que fizemos antes do desafio, quando ele abriu o bico nessa quilometragem. Nem de longe parecia a mesma pessoa.

Ao atingirmos a ponte da cidade universitária, começamos a calcular a distância que faltava até a casa dele. Pelos cálculos, se chegássemos à estação Butantã do metrô faltando três quilômetros, atingiríamos o necessário para maratona. E foi isso que fizemos. Ocorre que, a essa altura, o calor já aumentava e o trecho da Av. Corifeu estava longe de ser agradável para correr.

Nossos relógios marcavam uma pequena diferença de 250 metros. Talvez tenha sido o autopause, mas, certamente, o Léo só iria parar quando atingisse os 42.195m.

No quilômetro final registrei seu depoimento sobre a maratona. Não podia ser melhor. Léo convidou a galera a vir correr comigo, qualquer distância, exaltando a minha experiência.

Parei ao completar minha distância e o vi acelerar ainda mais durante os metros finais. A uns cem metros adiante, vejo-o erguer os braços, gritar, comemorar. Entreguei para ele a camiseta roxa, número dezesseis, por ser o primeiro corredor a completar uma maratona comigo. Não podia fazer outra coisa. Ele merecia bem mais.

17ª Maratona

O CORAÇÃO AMEAÇA O DESAFIO?

São Paulo
17/11/2018 - domingo
Horário: 6h46
Duração: 4h18
Tempo em movimento: 4h11
Ritmo: 5'59"/km

Em 2018, nessa mesma época, um exame periódico anual me levou ao médico do trabalho. Pois é, ele simplesmente mediu minha pressão e me informou: "Vou te encaminhar ao cardiologista. Sua pressão está alta". E lá fui eu fazer uma série de exames cardiológicos. Após a avaliação, observando os dados obtidos, o médico me disse que não era necessária medicação. Voltei ao médico do trabalho e entreguei a declaração.

Um ano depois, aproximadamente, lá estava eu, novamente, frente ao médico, novamente com a pressão alta. Só que, dessa vez, em pleno desafio. Minha ansiedade disparou e comecei a sentir desconfortos que até então não havia sentido.

Não cheguei nem na metade do meu desafio das 50 maratonas e sentia que meu objetivo estava ameaçado. Pensamentos relacionados a um problema no coração, que determinasse o fim do desafio, algo que colocasse em risco minha vida, fizeram-me muito mal.

A primeira coisa que fiz no dia seguinte à notícia foi ir ao hospital. Era uma quarta-feira, véspera de feriado prolongado. Chegando lá, fizeram um ECG de repouso e, pela primeira vez na vida, tive que tomar um remédio para baixar a pressão. Liguei para o trabalho avisando que não iria, aguardei até a pressão diminuir e voltei para descansar em casa. Tentava descansar, mas a cabeça só pensava em coisas negativas. Quando Pedro, meu filho, chegou em casa, conversamos e disse que estava muito triste e preocupado. Chorei e ele foi muito bacana comigo. À noite, eu e a Ana fomos ao aniversário da Amélia, tia dela. Senti-me melhor conversando com as pessoas sobre outros assuntos, afastando os pensamentos negativos. Consegui dormir até umas 6h. Levantei, medi a pressão e, novamente, estava alta. Acordei a Ana e fomos ao pronto socorro. Durante a noite pedi a Deus que me ajudasse, que tirasse essa ansiedade, esse incômodo. Ao entrarmos no atendimento, a Dra. Letícia foi extremamente atenciosa, tranquilizando-me, emitindo as guias para os exames laboratoriais e fazendo algo que muitos médicos têm dificuldade: olhar para o paciente de forma atenciosa e afetuosa.

E, por falar em afeto e atenção, a Ana me deu toda a ajuda necessária para me tranquilizar. Mais do que isso, ela me ajudou a antecipar os exames, que seriam realizados no final do mês, para os dias úteis do feriado. Tínhamos programado passar em Ubatuba, mas em função da forte previsão de chuva, queda de barreiras e, principalmente, pelo estado emocional em que me encontrava, a melhor coisa foi ficar em São Paulo.

E lá estávamos, na sala de espera de um conjunto comercial da Av. Brigadeiro Faria Lima. Fiz a coleta de sangue e aguardei o Ecocardiograma. Logo que fui chamado, entrei numa salinha com uma maca e o aparelho ao lado. Em poucos minutos chegou a médica, apagou a luz. Perguntou o motivo do exame e expliquei a situação. Passados alguns – intermináveis –, minutos, ela me deu a notícia: pelo exame, meu coração estava normal, sem patologia. Senti um alívio imenso. Recuperei o ânimo – o desafio continuava em pé. Lógico, teria que fazer os outros exames e ir ao cardiologista para levar o resultado. Mas a boa notícia afastou o fantasma, não precisaria interromper meu sonho de comemoração dos 50 anos. Não precisaria temer uma cirurgia, de ouvir das pessoas frases acusatórias, para me afastar do que eu tanto amo, que é correr.

Algumas pessoas, além das que citei, foram também importantes nesse momento delicado. Washington, meu coordenador da escola, ligou-me para saber se iria a uma palestra na quarta-feira e, quando contei sobre a situação, foi muito sensível e parceiro. Diego, diretor da assessoria DLB, prontificou-se a dar todo apoio, indicando médicos cardiologistas do Esporte.

Bom... Passado o susto, saímos do laboratório e fomos tomar um café. O alívio do resultado foi imediato. Aquela sensação de ansiedade não me incomodava mais. Fizemos um almoço gostoso em casa, depois descansamos e à noite fomos assistir a uma peça de teatro.

Dormi pesado até umas 4h30. Depois fiquei num sono superficial até às 6h15, quando me levantei.

Antes de sair, fiz uma meditação pedindo para que tudo desse certo. Estava com o corpo bem descansado, a última corrida que tinha feito tinha sido terça-feira, uns oito quilômetros até a escola. Para minha sorte, estava um tempo ameno, com um vento contrário bem fresquinho. Resolvi fazer o percurso de casa até o Parque Villa Lobos, passando pelo Parque do Povo, um trajeto que já utilizei em pelo menos cinco maratonas esse ano. Logo nos primeiros quilômetros, conversei com um corredor e comentamos sobre o tempo. Ele me disse que tinha feito a corrida Athenas havia poucas semanas e o clima era igual. Perguntei quanto faria e ele me disse que correria uns quatorze quilômetros, até o Parque Ibirapuera. Depois, pegaria um táxi. Falei sobre o desafio das 50 maratonas em um ano, mas ele ignorou o assunto. Às vezes o ego de um esportista não digere nada que não esteja em seu espelho. O cara seguiu adiante, num passo mais acelerado do que o meu.

A cada quilômetro checava se estava tudo em ordem. Tudo certo, apenas um pouquinho de cansaço no braço esquerdo, logo resolvido com um pouco de alongamento e gelo, que tirei da garrafinha de água para passar no corpo.

A corrida até o Parque Villa Lobos dura uma hora e cinquenta minutos. Dessa vez, marquei com a Ana e Marina de nos encontrarmos lá. Elas alugariam uma bicicleta para Marina e a Ana iria com a dela.

A minha ideia, a princípio, era fazer três voltas na ciclovia e depois seguir no sentido contrário, até alcançar a Ponte Laguna, que fica a três quilômetros da minha casa. De lá, a Ana me resgataria de carro, evitando que eu pegasse as subidas no trecho final. Mas, aos poucos, fui decidindo ficar dentro do parque, sem preocupação com carros na rua. A única ressalva era que teria que completar vinte e quatro quilômetros – ou seis voltas – dentro do parque. Mas pra quem já fez quatorze voltas no lago do Parque Ibirapuera e trinta quilômetros dentro do Parque do Povo, não seria nenhum obstáculo.

Aos poucos, as voltas foram sendo vencidas, de forma muito mais fácil, com a presença da Ana e da Marina. A sensação de bem-estar foi plena e terminei com tranquilidade.

A maratona da pressão foi um marco no desafio. Na quarta-feira achava que o desafio estava terminado, na quinta-feira achei que havia uma remota possibilidade de continuar, na sexta-feira estava mais confiante que poderia dar certo e, no sábado, dia 17 de novembro, às 11h, ela estava vencida.

O desafio estava mais vivo do que nunca. Terminei o trajeto a menos de cem metros do carro, estacionado no parque. Mais uma das coincidências do desafio. Desafio que ainda reservaria mais uma emoção. Ao colocar a bicicleta e o material da corrida no carro, esqueci minha bolsa com o celular. Demoramos uns dez minutos até retornar ao local. Lá estava ela, na grama, no lugar em que havia. Dá para acreditar, em São Paulo?

A caminho de casa não sentia mais ansiedade. Sentia-me tão bem, tão diferente dos dois últimos dias, que até resolvi medir a pressão. O aparelho marcou pressão normal. Incrível. A maratona curou a pressão? É fato que a corrida causa vasodilatação, que contribui para a regularização da pressão arterial. Acho que encontrei mais um motivo para que eu a pratique diariamente.

A Ana me apoiou desde o início, conversando e me incentivando a não desistir do desafio. Uma consulta com o Dr. José Armando, médico da nossa família há anos, também contribuiu para a ansiedade. A Dr. Letícia, um anjo que estava no pronto socorro do hospital, também teve papel fundamental ao olhar para mim. O desafio estava de pé, graças a Deus...

18ª Maratona

UBATUBA: UMA MARATONA NO PARAÍSO

Ubatuba – Rodovia Rio-Santos
25/11/2018 - domingo
Horário: 5h34
Duração: 4h47
Tempo em movimento: 4h38
Ritmo: 6'38"/km

Décima oitava maratona. Sinto a sensação de que o meu desafio entrou na maioridade. Correr em Ubatuba pela primeira vez no desafio trouxe um sentimento de estar em um lugar muito especial para mim.

No sábado tínhamos a festa do Gael, um garoto muito querido, meu aluno, na qual me propus a realizar uma série de atividades para ele e os amigos. Ana e eu ficamos em casa pela manhã, trabalhamos um pouco. Saímos cedo para almoçar, deixamos as recomendações para o Pedro, e um pouco antes das 14h chegamos à festa.

A alegria do Gael quando me viu foi incrível! Logo estava cercado de crianças, brincadeiras, capoeira e pandeiro. Terminada a recreação, partimos para Ubatuba, numa viagem tranquila. Chegamos a tempo de tomar um café e ver o lindo entardecer da praia.

Ao anoitecer fomos visitar os meus avós, Ruth e Edgard. Pois é, tenho o privilégio de ter vô e vó, ambos acima dos noventa anos de idade. Conversamos sobre a Marina e o Pedro, seus bisnetos, sobre os meus pais, e falamos com minha mãe pela internet. Foi muito emocionante. Minha mãe está há mais de um mês acompanhando meu pai no hospital. Para ela, que esteve a vida toda tão perto dos meus avós, é muito difícil esse distanciamento.

À noite comemos uma pizza deliciosa e um sorvete a altura dos melhores que já tomei. Por volta das 22h, estávamos no apartamento dos meus pais. Como estava fechado havia mais de um mês, havia um acúmulo de umidade e de pó. Achei que teríamos uma noite difícil, principalmente para a rinite da Ana. Até que foi tranquila. Acordei bem cedo, às 4h30. Fiz o ritual de sempre: café da manhã, meditação e arrumação. Um pouco depois das 5h30 já dava os primeiros passos na rua. Resolvi sair pela Praia do Perequê-Açu, um caminho mais longo até atingir a estrada, mas com mais iluminação. Assim que estava nos primeiros metros, cruzei com um casal voltando da balada, estacionando o carro na garagem. O homem, surpreso, disse que eu que estava certo de correr e ele que estava errado de beber. Será? Pois é, cada um com as suas escolhas...

Ao atingir a Rio-Santos, o dia clareava. Conheço cada palmo desse trecho da rodovia. Sabia o que me esperava pela frente.

Alcancei a primeira praia, a Praia Vermelha do Norte, aos sete quilômetros. Tomei o primeiro gel e um pouco de água. Sentia-me muito bem. A primeira subida teria início a algumas centenas de metros. A estrada estava tranquila, quase sem carros, apenas os primeiros raios de sol surgiam entre as nuvens.

A próxima praia, Itamambuca, estava a pouco mais de cinco quilômetros. Há mais de quinze anos, às vésperas do Ano Novo, é realizada, nas ruas do condomínio dessa praia, a Corrida de São Benedito. É uma prova curta, com poucos participantes. Participei dessa corrida diversas vezes, conquistei todas as colocações no pódio.

Após uma longa subida atingi a Praia do Félix, com dezessete quilômetros da maratona. A Praia do Félix representa muita coisa para mim. Conheci-a quando ainda morava em Ubatuba. Surfei altas ondas e, após alguns anos, estava namorando a Ana, que tinha a casa de sua família lá desde os anos oitenta.

O Félix se tornou a nossa morada de férias desde então. Nossos filhos sempre passaram as férias lá, brincando na praia, no rio, nas trilhas. Aos poucos fui descobrindo percursos para correr e o surf foi deixado de lado. Lamento apenas a destruição e a ocupação dos turistas, que todos os anos lotam o canto direito da praia, atraindo os ambulantes e comerciantes. Fora isso, é o meu paraíso.

Passando do Félix tem início um trecho de descida que leva à Praia do Prumirim e, depois, à Praia do Léo. Um lindo visual acompanha essa parte da estrada.

Visual deslumbrante da praia do Puruba. Ubatuba-SP.

A essa altura já estava no quilômetro vinte um. Tive muita sorte de encontrar uma vendinha aberta para comprar uma garrafa de água, tão cedo num domingo. Poucos carros passavam por mim, tornando a corrida muito tranquila, praticamente meditativa. Ao atingir o quilômetro trinta, cheguei a um local que me traz muita paz, a reta da Praia do Ubatumirim. Existe lá um morro que parece ter saído do filme "Contatos imediatos de terceiro grau" – um filme de Steven Spielberg, da década de setenta, que trata da presença de extraterrestres.

Nesse ponto da maratona decidi que, ao chegar à próxima praia, a Praia da Fazenda, entraria e percorreria os quilômetros restantes na areia. Achei melhor para evitar as longas subidas e o calor, que prometia ser intenso.

A poucos metros, um susto. Quase pisei numa cobra. Para minha sorte, não era peçonhenta e estava morta...

Faltando cinco quilômetros alcancei a portaria de entrada e segui à beira do mar. O dia estava lindo, praia vazia, paradisíaca...

Deixei a brisa entrar profundamente em meu ser. Reduzi o ritmo. Não queria que acabasse aquela sensação de paz. Agradeci a Deus por mais uma etapa concluída. Terminei no canto do rio com um delicioso banho gelado.

19ª Maratona

A CONFRATERNIZAÇÃO DLB

São Paulo
1/12/2018 – sábado
Horário: 5h23
Duração: 4h20
Tempo em movimento: 4h09
Ritmo: 5'55"/km

Na sexta-feira, véspera da corrida, São Paulo sofreu com as fortes chuvas, causando inúmeros transtornos para a cidade e para o trânsito. Meteorologistas disseram que choveu em um dia o equivalente a um mês. Resultado: árvores caídas, sinais embandeirados, enchente, córregos e rios transbordando.

Acordei bem cedo – dia de maratona levo bem a sério. Depois do café coloquei a roupa de corrida, peguei as garrafas de água e desci até a garagem. Ao sair, uma leve garoa, com os primeiros pingos d'água molhando o para-brisa do carro. Cheguei a USP às 5h20, em tempo de encontrar gente saindo de festas. Eu era o primeiro atleta a começar o treino em toda USP. Confesso que a primeira volta de seis quilômetros foi a mais difícil. Ansiava pelos primeiros raios de claridade, que traria ao menos algumas pessoas. Provavelmente, aquelas mais determinadas, que encaram sair da cama num dia chuvoso.

Ao realizar a segunda volta encontrei o meu ex-treinador, o Kim. Com ele treinei triátlon em 2009 e 2010, e fiz o Iron Man de Florianópolis para comemorar os quarenta anos. Foi uma experiência fantástica. Guardo com carinho os treinos de bicicleta, natação e as corridas que eram, evidentemente, a minha parte favorita.

A partir da terceira volta passei a ter a companhia do Marinho, corredor da DLB. Aí começou uma nova etapa da maratona. A conversa e a companhia fazem o tempo e a distância passarem mais rápido. Conversamos sobre diversos assuntos, sempre permeados pela corrida. De repente, percebi uma árvore caída na entrada do campus da USP. Fiquei pensando se ela já estava lá caída quando cheguei de madrugada. Depois, percebi que ela havia caído depois da minha chegada. É impressionante como a queda de árvores me traz sentimentos intensos. Penso nas pessoas que poderiam estar no exato momento da queda e serem afetadas. A vida é mesmo muito frágil nesse sentido.

Durante a quarta volta cruzei com o Paulo Gomes Santana, o Paulinho, treinador de Trilopez Assessoria Esportiva. Paulo foi meu técnico na equipe Capivara no Barranco, que participou do revezamento São Paulo ao Rio de Janeiro, em 2011. Quando me viu, disse: "Conheço essas passadas", referindo-se ao meu jeito peculiar de correr. Demos um abraço, parabenizei-o por Curitiba, a maratona que realizara recentemente, e segui, na companhia do Marinho.

Ao completar a terceira volta comigo, Marinho resolveu correr mais uns dois quilômetros. Foi ótimo, assim teria mais a sua presença. Como tinha feito um prolongamento da volta de seis quilômetros pela rotatória da reitoria, não seria preciso completar a última volta inteira. E para completar a satisfação de estar encerrando mais uma etapa, o Dárcio, amigo e irmão de coração, que esteve presente na primeira maratona do desafio, encontrou-me de carro e depois pegou uma bicicleta para ir ao meu lado.

Ao passarmos pela galera que estava na DLB, Diego, diretor técnico da assessoria, pediu-me para passar no local quando faltasse um quilômetro para terminar a maratona. Com isso, cortamos a volta pela alameda da Escola de Comunicação e Arte. Chegamos a tempo de sair com o grupo.

Fizemos apenas uma parte da corrida de cinco quilômetros da assessoria. Até me convidaram para fazer inteira, mas já estava terminando a minha décima nona maratona seguida. Achei melhor não forçar!

Algo diferente aconteceu nessa etapa. Pela primeira vez houve um "festival da chegada", ou seja, uma confraternização após a conclusão da maratona. Lógico que eu sabia que não era para mim, mas para todos os atletas da DLB de 2018. Mas, de certa forma, foi um momento muito prazeroso, para conversar com os novos amigos, falar do desafio, tirar dúvidas e posar para fotos. Fiquei feliz em saber que meus novos amigos vêm me acompanhando.

20ª Maratona

HOMENAGEM AO MEU PAI

São Paulo
9/12/2018 – domingo
Horário: 6h09
Duração: 4h46
Tempo em movimento: 4h28
Ritmo: 6'25"/km

Meu pai, Rogério Fernando Mourão, foi um lutador. Brigou com toda a fé possível, na luta contra o câncer, durante quinze anos. Até que a doença o venceu definitivamente, no dia 04 de dezembro de 2018.

Agora, cinco dias depois, escolhi um trajeto para homenageá-lo. Ele chegou a São Paulo, vindo de Curitiba, com cinco anos de idade. Nessa maratona planejei percorrer todos os endereços em que meu pai morou. Decidi excluir as casas nas quais moramos juntos, com exceção da Rua Casa do Ator.

Prometi ao meu pai que iria correr uma maratona em sua homenagem. Ele ficou muito feliz com a ideia. Eu não imaginava que seria para prestar uma homenagem póstuma, tão cedo. Na realidade, já vinha me preparando para a morte dele nesses quinze anos, desde a primeira cirurgia para a retirada de vários tumores. Vivi a iminência do luto diversas vezes. Meu pai era um milagre da fé e não da medicina, dito pelos próprios médicos. A sua fé e disciplina permitiram que vivesse durante muito mais tempo que o diagnosticado. Mas, ainda assim, a morte não é como uma corrida. Não basta se preparar. É difícil, mas é importante passar pelo luto, chorar, abraçar as pessoas, conversar, sentir a presença dos amigos e da família. E foi com essa tristeza que enfrentei esses quatro dias seguintes à sua morte.

Desde o seu falecimento, na terça-feira, dia 04 de dezembro, não me passava a ideia de cancelar a maratona. Nas semanas que antecederam seu falecimento, tive a oportunidade de me despedir do meu pai, dar comida para ele, conversar, falar do desafio, ajudá-lo a tomar banho. Quando o perdi, cuidei de todo o trâmite da liberação do corpo, da certidão, da funerária, do velório. Fiz tudo com a ajuda do meu irmão, Marcelo. Estava me sentindo em paz e com vontade de fazer dessa etapa uma grande homenagem.

Na véspera fomos jantar na casa da Milou, uma querida amiga que adora fazer pães e massas. Preparamos, a muitas mãos, um excelente ravióli. A caloria dos carboidratos deixou minha dispensa de energia bem abastecida.

Acordei um pouco mais tarde que de costume. O dia prometia sol, mas a temperatura ainda estava baixa por conta de uma frente fria de dias anteriores. Às 6h10 estava dando os primeiros passos na rua. O primeiro ponto de parada foi na Rua Casa do Ator, na Vila Olímpia. Meu irmão, sem a certeza do número exato, passou-me dois pontos. Fiz o registro de ambos. Meu pai morou lá após casar-se com minha mãe.

Eu também morei lá, mas era ainda um bebê. Certamente, meu pai e minha mãe se curtiram bastante nesse lugar. Quando realizei a maratona das minhas moradas, meu pai me disse que havia faltado essa pequena vila onde moramos. Assim que se casaram, meus pais se mudaram para lá e logo veio o primeiro filho, meu irmão Marcelo, e um ano e meio depois, eu. Como era muito pequeno, não guardo nenhuma lembrança desse período. Saímos de lá quando eu tinha apenas quatro meses de idade. Mas prometi a ele que passaria lá durante o desafio.

O destino seguinte não era exatamente residência, mas um ponto que despertou paixões na vida do meu pai: o Estádio Municipal Paulo Machado de Carvalho, conhecido como Pacaembu.

Pausa para registro em frente ao templo sagrado do Pacaembu.

Foi nesse local que meu pai se tornou um corintiano. Muitas partidas, vitórias, derrotas, choros, alegrias, do jeito que um verdadeiro corintiano merece. Da última vez em que esteve lá, em 2009, pude acompanhá-lo. Lembro que descemos a Rua Major Natanael e tivemos que parar diversas vezes para que ele descansasse – seu coração já dava claros sinais de cansaço.

Saindo do Pacaembu fui em direção ao Mackenzie, a escola onde meu pai estudou desde o primeiro ano do ensino fundamental até o último ano de Engenharia. Não sei muitas histórias dessa fase, mas é, certamente, um local que influenciou decisivamente sua vida. Meu pai era o caçula dos irmãos, único a ter curso superior completo.

O próximo destino eu conhecia bem. Era o prédio da Av. Consolação, n.° 1.974. Meu pai morou lá durante anos, com sua mãe e irmã. Quando eu era criança me hospedava nesse apartamento sempre que visitava São Paulo. Era muito diferente para mim, que estava acostumado com o Rio de Janeiro e, depois, Ubatuba. O barulho dos carros e ônibus; a poluição; a visão cinza dos prédios; tudo isso me fazia ter certeza de que jamais moraria em São Paulo. Só gostava dos gatos e do telhado, que servia como encontro de outros gatos.

A partir desse ponto da maratona faltava apenas passar na Vila de Pinheiros, lugar da primeira casa do meu pai. Quis o destino que, ao seguir em direção a Pinheiros, ainda passasse em frente ao Icesp, o Instituto do Câncer do Estado de São Paulo, local de tratamento e do falecimento do meu pai. Não queria ter passado por lá. Não que eu não seja agradecido a tudo que fizeram por ele durante esses anos, mas foram semanas e mais semanas indo e vindo àquele hospital.

Para saber o local exato da Vila de Pinheiros liguei para minha mãe. Ela me passou o endereço: Rua Joaquim Antunes, 676. Só que esse não era exatamente o endereço da vila. Era do consultório da psiquiatra que o atendera por mais de vinte anos. Meu pai dizia que da janela do consultório era possível avistar a Vila de Pinheiros. Foi o que bastou para que eu a localizasse. Só não soube ao certo qual era a casa.

Atingido esse ponto, não havia mais nenhuma parada programada. Segui rumo a minha casa, com a paz e o sentimento da presença do espírito do meu pai. Enquanto rumava pra terminar a maratona, avistei um senhor caminhando com sua cuidadora. A semelhança com meu pai era impressionante. Passei por eles e quando retornei para tirar uma foto, não estavam mais lá. Foi melhor assim. Senti que meu pai estava comigo e sempre estará, enquanto eu estiver por aqui e, quem sabe, após também. Te amo, pai.

Rogério Fernando Mourão – 28/12/1942 - 04/12/2018

PARTE 4

A FASE AZUL

21ª Maratona

CORRER NA AV. PAULISTA NÃO É PROGRAMA TURÍSTICO

São Paulo
16/12/2018 – domingo
Horário: 5h41
Duração: 4h45
Tempo em movimento: 4h37
Ritmo: 6'37"

Estava sem imaginação para escolher um tema e o percurso da vigésima primeira maratona. Foi a Ana quem sugeriu: que tal fazer uma maratona passando pela Av. Paulista? Imediatamente, animei-me com a ideia de correr naquela avenida, que é o cartão postal da cidade. Na semana anterior, na maratona em homenagem ao meu pai, corri pela região de Higienópolis, próxima à Paulista. Seria um percurso semelhante. Sairia de casa pelo caminho da Ponte Laguna, Av. Chucri Zaidan, Av. Juscelino Kubitscheck, Parque do Ibirapuera, Av. Brasil, Av. Rebouças, até chegar à Av. Paulista.

O dia prometia um calor intenso. No sábado, véspera da maratona, os termômetros marcaram trinta e três graus. Acordei de madrugada, umas 4h30, e comecei a preparação bem devagar. Queria sair bem cedo, mas ainda estava muito escuro para me aventurar pelas ruas. Muitos acidentes acontecem de madrugada, fora o risco de assalto. No entanto aprendi a não deixar que esses medos me paralisem. Curiosamente, uma das coisas que mais me ajudou no rompimento da barreira do medo da violência foi o filme "Terminal", no qual Viktor Navorski (Tom Hanks) é um cidadão da Europa oriental que viaja rumo a Nova York justamente quando seu país sofre um golpe de estado, o que faz com que seu passaporte fique invalidado. Ao chegar ao aeroporto, Viktor não consegue autorização para entrar nos Estados Unidos. Sem poder retornar à sua terra natal, já que as fronteiras foram fechadas após o golpe, Viktor passa a improvisar seus dias e noites no próprio aeroporto, à espera que a situação se resolva. Numa certa altura, uma autoridade do aeroporto sugere que Viktor peça asilo político, declarando que teria medo de voltar ao seu país, conseguindo, dessa forma, o visto americano. Para a surpresa das autoridades americanas, Viktor declara que não pode dizer que tem medo do próprio país, ainda que estivesse numa guerra civil. E seu visto é negado.

Não sei se por orgulho, ou precaução, venci o medo do meu país também. Com esse espírito desci para a rua, assim que os primeiros sinais de claridade começaram a surgir no céu. Os primeiros quilômetros foram percorridos ainda com as luzes das ruas acesas. O dia só clareou quando cheguei ao quilômetro cinco. Daí em diante minha tranquilidade se completou.

Já percorri diversas vezes a Avenida Chucri Zaidan no desafio. Gosto desse trajeto, pois interliga a região do Shopping Morumbi e Market Place ao Shopping JK, próximo aos parques do Ibirapuera e do Povo. Ao atingir a Avenida Juscelino Kubitscheck, por volta do quilômetro treze, aproximei-me do Parque Ibirapuera. Vi um morador de rua dormindo e fiquei com vontade de parar e perguntar se ele estava precisando de alguma coisa, se poderia ajudá-lo. Mas não parei. O medo, sempre o medo. Fiquei com receio de alguma reação inesperada. E me arrependo, pois mais uma vez o medo conseguiu ser mais forte do que eu.

Quando transitamos pelas ruas de bicicleta, skate, patins, patinete ou a pé, sempre estamos mais exposto do que quando estamos nos ônibus e, principalmente, nos carros, dentro de nossas bolhas de metal e vidro. E se nós, que estamos no corpo a corpo com as pessoas, não as tratarmos com a devida consideração, o que esperar daqueles que estão mais distantes? A cidade de São Paulo registrou oitocentos e oitenta e três mortes resultantes de acidentes de trânsito no ano de 2017, segundo dados do site do governo estadual, que concentra estatísticas de óbitos no trânsito. Os pedestres são as maiores vítimas. Em todo o ano passado, trezentos e noventa e cinco pedestres morreram, 1,5% a mais do que no ano anterior. Um absurdo.

Cheguei ao Ibirapuera para percorrer um pequeno trecho interno que dava acesso à Avenida Brasil. Os raios de sol já refletiam no lago e anunciavam o calor intenso que viria. Logo estava no portão de saída rumo à ciclovia da Avenida Brasil.

A Avenida Brasil tem sido um caminho interessante, pois, aos domingos, é montada uma ciclovia. Como corredor, sei que devo dar preferência e estar muito atento para não atrapalhar quem pedala. Procuro usá-la em horários de baixo movimento, preferencialmente cedo. Ao avistar a aproximação de qualquer ciclista, saio da via ou fico bem ao lado. Infelizmente, nem todos têm esse cuidado e respeito com esse espaço. Avistei um corredor com cachorro, gente caminhando em fila dupla e, acreditem, um homem montado a cavalo!

Cheguei à Avenida Paulista após uma longa subida na Avenida Rebouças. Achei que estaria interditada por ser domingo, mas a interdição só começa às 9h manhã e ainda eram 8h.

A Paulista é o centro financeiro da cidade e um dos principais pontos turísticos da capital. Nela está reunida uma imensa variedade de atrações. Sua história começa no século XIX, quando foi aberta e abrigou as grandes mansões dos barões do café. Hoje, pouco sobrou da arquitetura daquele tempo e as ruas são preenchidas por arranha-céus empresariais, espaços culturais, centros comerciais, parques, muitos bares e restaurantes. Na Avenida Paulista, a vida pulsa intensamente. Sempre há uma boa atração em todos os quarteirões. A variedade de espaços culturais é impressionante, com muitos museus, teatros, cinemas, salas de exposição e grandes livrarias para atender ao gosto de cada visitante.

Todos os anos, no dia 31 de janeiro, a Avenida Paulista abriga a largada e a chegada da corrida de São Silvestre. A minha primeira experiência com um grande evento de corrida foi assistir pela televisão essa prova. Lembro-me do ano – 1983 – quando o brasileiro João da Mata venceu. Saí correndo de casa no dia seguinte, com a convicção de que seria o próximo a vencer essa prova. Na época tinha quatorze anos de idade. Curiosamente, nunca participei da São Silvestre. E existem razões bem fortes. A primeira é que às vésperas do Ano Novo sempre estive fora da cidade de São Paulo. O mais próximo ao réveillon que estive em São Paulo, foi em 29 de dezembro de 2014, porém, com viagem marcada para a Disney. A segunda razão é que a prova é muito desorganizada, cara e em horário ruim, ainda que recentemente tenha sido antecipada para a manhã.

Seguindo os dois quilômetros e setecentos metros de extensão da Paulista, verifiquei a distância percorrida e, para minha surpresa, o relógio marcava exatos vinte e um quilômetros. Não calculei e não imaginava que da minha casa até o final da Paulista daria metade da maratona. Bastava agora dar meia-volta em sentido oposto.

Seria simples se não fosse o calor sufocante invadindo as ruas da cidade. Adotei como tática para driblar a temperatura procurar, sempre que possível, as sombras, até que, em determinado horário, tornou-se impossível. E ainda faltavam quatorze quilômetros...

A partir de então começava uma jornada de resistência, na qual mente e corpo se sincronizavam para, aos poucos, digerirem o restante da corrida. Assim que saí do Parque do Ibirapuera, reencontrei o morador que havia ignorado na ida. Parei, troquei algumas palavras com ele e lhe ofereci o dinheiro que carregava. Isso me reconfortou.

Aos poucos, os quilômetros foram superados. Os últimos três, em subidas íngremes, foram os mais difíceis. Já passava das 10h e o relógio marcava 30 graus. A experiência das vinte maratonas anteriores me ajudou a completar essa prova. Ufa, que calor!

22ª Maratona

AS LEMBRANÇAS DE UBATUBA

Ubatuba
22/12/2018 – sábado
Horário: 5h45
Duração: 4h50
Tempo em movimento: 4h35
Ritmo: 6'36"

Esta é a segunda maratona do desafio que escolhi correr em Ubatuba. A primeira teve quase todo itinerário pela Rodovia Rio-Santos. Para essa segunda edição escolhi as ruas da cidade, desde o centro, passando pelos bairros do Itaguá, Praia Grande, Perequê-Açu e Cidade Carolina.

O motivo desse itinerário foi para avivar na memória os sentimentos da época em que morei nessa cidade, passando pelos lugares que marcaram minha infância e juventude. Não defini um percurso, mas sabia os lugares que gostaria de passar. Certamente, todos caberiam nos quarenta e dois quilômetros da corrida. A questão era saber como organizá-los no trajeto.

O dia clareou de forma especial. Ubatuba realmente me impressiona até hoje. Havia tons de rosa, amarelo e vermelho entre as nuvens do céu.

Como era de se esperar, as ruas estavam desertas e nenhum carro passava, permitindo que corresse sem preocupação. O primeiro destino da maratona foi a casa da Rua Coronel Domiciano, a primeira casa que morei ao chegar com minha família, em dezembro de 1978, em Ubatuba. Nessa época as casas não tinham grades, os muros eram baixos, avistava-se quem estava passando pela rua. Agora ergueram um muro alto e somente o telhado ficou a mostra.

Essa casa me marcou profundamente. Tínhamos saído de um apartamento na zona sul carioca, com um alto padrão de vida, para ir morar lá. Se por um lado faltava dinheiro, por outro tínhamos uns aos outros. Para mim, apesar de sofrer muito a partida do Rio de Janeiro, havia mais ganhos do que perdas. Tinha novos amigos, tinha praia, tinha pescaria, tinha surf, futebol, jogos de botão (trazidos do Rio), tinha brincadeiras até à noite na rua e tinha o vira-lata mais inteligente que existiu no mundo: o Scooby.

Perto da nossa casa moravam meus avós maternos. Era uma grande casa térrea, com uma grande sala, suíte, varanda, edícula, garagem. Saindo da Rua Coronel Domiciano, era só virar a esquina, na Av. Liberdade, e seguir uns três quarteirões. E foi exatamente esse caminho que fiz, até parar para examinar o atual estado da casa. O proprietário modificou completamente a planta original, transformando a casa numa espécie de bunker horroroso.

Seguindo pela Av. Liberdade logo cheguei à Av. Iperoig, à beira-mar. Após poucos quilômetros estava na Praça da Baleia, onde uma ossada original de uma baleia jubarte continua exposta. Essa praça recebeu recentemente uma estátua do famoso Jacques-Yves Cousteau, um oficial da marinha francesa, documentarista, cineasta, oceanógrafo e inventor mundialmente conhecido por suas viagens de pesquisa, a bordo do barco Calypso. No entanto o que mais me interessou na praça foi registrar um busto em homenagem ao meu bisavô. Conhecido pelos caiçaras de Ubatuba como Dr. Alberto ou, simplesmente, Alberto Santos para os mais íntimos. Nasceu na cidade de Ubatuba (SP), em 18 de agosto de 1890. Filho do Professor Francisco Lourenço dos Santos e Benedita Inácia Santos, também naturais de Ubatuba, assim como todos os seus avós. Meu bisavô teve uma ligação profunda com a política e a população de Ubatuba. Estudou no mesmo colégio, o Dr. Esteves da Silva, onde eu estudaria muitos anos depois, um dos primeiros colégios estaduais do Brasil.

Meu bisavô Alberto Santos na praça da praia do Itaguá. Ubatuba-SP.

Devido à precária situação pela qual atravessava Ubatuba, sem oferecer qualquer oportunidade de formação em nível técnico ou superior, com total carência de emprego e em franca decadência econômica em face da abertura do Porto de Santos, meu bisavô se transferiu para o Telégrafo Nacional, na Praça do Correio, onde se aposentou, em 15 de janeiro de 1944, no cargo de Telegrafista, classe I, do Quadro III – Parte Suplementar do Ministério da Viação e Obras Públicas.

Enquanto morou em São Paulo matriculou-se na Faculdade de Direito do Largo São Francisco ("Arcadas"), Universidade de São Paulo, concluindo o Bacharelado em Ciências Jurídicas, na turma de 1922. Foi o primeiro prefeito de Ubatuba democraticamente eleito, em 1947 (voto direto), para o quatriênio de 1948-1951, sendo reeleito mais duas vezes. Foi também vereador duas vezes e presidente da Câmara. Teve seu último mandato interrompido pelo regime militar. Trabalhou muito por Ubatuba e por sua população, abrindo estradas e doando lotes para a construção de moradias. Certamente, por conta disso colecionou muitos adversários políticos.

Deixei a história para trás e segui em direção ao meu próximo destino, a Praia Grande.

A Praia Grande de Ubatuba é uma das mais lotadas do litoral norte. Ela oferece completa infraestrutura comercial e turística, apenas na orla existem cerca de trinta quiosques. É, também, uma das praias de Ubatuba com maior procura por apartamentos, casas para locação e pousadas. Da mesma forma que estragaram as casas, deterioraram a Praia Grande. Fica agora apenas a recordação de que peguei muita onda por lá. Hoje, não tenho muito ânimo de passar por ela, nem a pé, nem de carro.

Depois de ir e voltar pela areia da praia, segui em direção ao cais do Porto, o famoso caisão, local de muitas pescarias, mergulhos e histórias. Com acesso a partir do trevo do Itaguá, uma estradinha beirando o mar leva a esse ponto que fez parte da história de Ubatuba. O cais oferece uma bela vista da baía central da cidade. Dele é possível avistar as primeiras praias da região norte, além de ser um ponto muito procurado para pesca de vara e anzol e para saltar no mar. Pelo cais escoava grande parte das mercadorias vindas do Vale do Paraíba e Norte de Minas, que desciam a serra em lombo de burro. O projeto de uma ferrovia interligando o cais de Ubatuba ao Vale do Paraíba teve muita repercussão no início do século passado, mas por questões políticas faliram o empreendimento. Os anos seguintes e a falta de manutenção se encarregaram de deteriorá-lo, até que fosse interditado. Hoje, apesar do aviso e da grade de isolamento, tem gente que ainda se arrisca por lá.

 Saindo do cais voltei em direção à Praia do Itaguá. Correndo pela areia avistei outro pequeno cais, que frequentava com meus amigos e com as namoradas de Ubatuba. Achava muito romântico passear pela praia e depois sentar no cais para namorar. A Praia do Itaguá também traz à lembrança da minha avó Ruth. Ela caminhava de ponta a ponta, debaixo do sol, com o corpo bronzeado, usando apenas um maiô e um chapéu. Minha avó era tão bonita que, certa vez, fiquei com ciúme de vê-la conversando com um senhor. Não tive dúvidas. Saí correndo atrás dela e gritei "Vovó!" diversas vezes, ajudando a dispersar o senhor interessado nela.

 Seguindo pela orla da praia, a minha próxima parada foi a Praia do Perequê-Açu, a dois quilômetros do centro de Ubatuba. O Perequê, como é conhecido, é a praia mais popular de Ubatuba, excelente para banho e, principalmente, para famílias com crianças. Tem fácil acesso e é acessível para cadeirantes. Possui infraestrutura, pousadas, casas para locação e quiosques em toda a orla. Tenho uma ligação muito forte com o Perequê. Nessa praia meus pais tiveram o Camping Ubatur e construíram a nossa segunda casa.

 O Ubatur ficava em uma área enorme, de quarenta e dois mil metros quadrados, quatro grandes lotes para acampar, estrutura completa para lavar pratos, roupas, sanitários, lanchonete, salão de festas, estacionamento interno, sala de TV, salão de jogos, ruas pavimentadas. Era "o mais completo do litoral", como dizia o anúncio no muro.

 Foi o camping que deu a possibilidade de sustentar e dar um ótimo padrão de vida para a nossa família e à família da minha tia Cecília. Construímos uma excelente casa, com dois andares, suíte, escritório, um quarto para cada um, área de serviço, varanda. Curiosamente, moramos pouco tempo todos juntos.

 Meu irmão Marcelo resolveu que São Paulo era o melhor lugar do mundo e Ubatuba já não propiciava as condições de estudo necessárias para o vestibular. E não tinha o Pacaembu, templo sagrado do futebol e do Corinthians, nossa eterna paixão.

 Continuei essa vigésima maratona saindo do Perequê-Açu em direção ao trevo que dá acesso à Rodovia Rio-Santos. A essa altura já estava no quilômetro vinte um e não havia decidido o percurso restante.

 Resolvi ir até a Praia Vermelha do Norte, clássico ponto dos surfistas. O surf fez parte da minha trajetória em Ubatuba. Nunca estive entre os melhores da cidade, mas dei minhas batidas e corri alguns campeonatos locais. Hoje, raramente tenho vontade de surfar. Acho as ondas ruins, muita gente, estresse para entrar no mar, e um terrível localismo.

Voltei da Praia Vermelha e tinha que decidir se voltaria pela cidade ou pela estrada. Escolhi a estrada, já bastante quente. Tirei a camiseta, algo que por conta do desafio e da simbologia raramente faço. Sentia que meu ritmo, como era de se esperar, diminuía a cada quilômetro. Mas não me preocupei pela continuidade da corrida. Ter feito as vinte e uma maratonas anteriores me trouxe a tranquilidade necessária.

O próximo ponto em que resolvi parar foi após o trevo principal de Ubatuba. Lá ficava o Ubatuba Tênis Clube, um clube que nunca vingou, mas que foi usado por anos para as nossas partidas e torneios de futebol. Infelizmente, o Ubatuba Tênis Clube não existe mais. Tirei uma foto, tentando localizar o antigo campo de futebol. De lá segui um pouco mais adiante para me abastecer de água mineral e água de coco. Cheguei a pensar em continuar no mesmo sentido, em direção ao Horto Florestal. Faltavam aproximadamente doze quilômetros e poderia seguir mais adiante e depois voltar. Resolvi voltar e seguir em sentido oposto, em direção novamente à Praia Grande, só que, dessa vez, pela estrada.

Mais alguns quilômetros e cruzo com uma placa na qual se lê "Aqui passa o trópico de Capricórnio", um paralelo situado ao sul do equador terrestre. É um dos cinco principais círculos de latitude que marcam o globo terrestre. Delimita a zona tropical sul. Após essa esclarecedora placa, que não contribuiu em nada para amenizar o calor intenso, segui correndo.

A partir da chegada à Praia Grande faltavam apenas sete quilômetros. Gostaria de fazer ainda duas paradas em pontos especiais e calculei ser possível. A primeira delas foi na Escola Dr. Esteves da Silva, na qual estudei da antiga terceira série do primário até a oitava série do ginásio. Guardo muitas lembranças dessa época. Foi no Esteves que pude estudar com alunos oriundos das mais diversas faixas de renda familiar. Disputávamos a merenda de igual para igual, usávamos o mesmo uniforme – calça jeans e avental branco –, brincávamos no mesmo espaço. Essa experiência com a diversidade de classes sociais e repertório de vida foi essencial para minha formação. Agradeço imensamente por essa oportunidade. Acho que consegui ser mais humano por conta dessa experiência.

O segundo lugar, mais recente na minha relação com a cidade de Ubatuba, é a casa do Marcelo, meu irmão, onde ele mora com minha cunhada

Clarissa e meu sobrinho Salomão. Eles moram no Perequê Açu, próximo ao local onde ficava o camping.

Salomão, com seus três anos de idade, adora o herói flash, "o menino que corre". Avisei o Marcelo que estava perto de sua casa. Foi o tempo do Salomão se arrumar, vestir a roupa de Flash, avistar-me de dentro do carro e gritar: "Tio Marcola, faz a carinha feliz do Flash!". Foi o incentivo que faltava para dar um arranque no final, terminar essa etapa e dar um beijo nesse meu sobrinho amado!

23ª Maratona

A ÚLTIMA DE 2018, COM A PROTEÇÃO DE SÃO BENEDITO

Ubatuba
31/12/2018 - segunda-feira
Horário: 5h29
Duração: 4h29
Tempo em movimento: 4h24
Ritmo: 6'27"/km

A semana que antecedeu a corrida foi em ritmo de Natal, férias, praia, sol, mar e descanso. Na terça-feira, 25 de dezembro, fiz uns 10 km em São Paulo. Na quinta-feira, corri uns 8 km pelas subidas e descidas do condomínio do Félix, em Ubatuba. Na sexta-feira, 8 km nas ruas de Itamambuca. No sábado e domingo, algumas caminhadas em trilhas.

Pode parecer muito, mas no ritmo de férias sobra tempo para descansar e tive até que me segurar para não correr mais. Um dia antes da maratona senti um pequeno incômodo nas costas. Nada que não melhorasse com um pouco de alongamento e emplastro.

Férias combina com dormir tarde, acordar a hora que quiser, descansar depois do almoço, comer um pouco mais e sair da rotina de treinos. Mas não para o desafio. O calor nessa época é intenso, exigindo que a corrida comece cedo. O problema é que o dia só amanhece por volta das 5h45.

Estava bem escuro quando a Ana me levou de carro até a portaria do condomínio da praia do Félix, para início dessa vigésima terceira etapa. Diante da escuridão da estrada, ela resolveu me acompanhar de carro, iluminando o caminho.

Assim que cheguei ao condomínio da praia de Itamambuca, os primeiros raios de sol apareciam no céu. A partir daquele ponto, Ana retornou para casa. Eu continuei pronto para rodar trinta e nove quilômetros pelas ruas do condomínio. A volta completa tem aproximadamente cinco quilômetros. As ruas são de terra, com exceção de um pequeno trecho asfaltado. Correr uma maratona em locais pequenos faz com que a paisagem se repita e se torne monótona. Para mim é um desafio muito maior. Mas escolhi esse percurso por dois motivos: era plano e sombreado, e nele aconteceria a décima quinta corrida de São Benedito.

A corrida de São Benedito foi criada pela minha amiga Milou, a mesma do jantar de massas da vigésima etapa. Em 2004, ela estava no auge da empolgação por corrida e queria muito participar da famosa corrida de São Silvestre. Como estava em Ubatuba, resolveu agitar uma corrida pelas ruas de Itamambuca e escolheu São Benedito. O santo, além de ser o padroeiro dos afrodescendentes, protege cozinheiros e donas de casa. No condomínio também existe uma pequena igreja em sua homenagem.

Fiz diversas vezes a São Benedito. Fui vencedor, segundo, terceiro, quarto e quinto colocado. Uma corrida curta de cinco quilômetros é um tipo de prova que nunca me atraiu. É preciso correr muito forte, levando o corpo ao extremo da intensidade. Sempre gostei das provas mais longas.

A minha ideia inicial era terminar a minha maratona no horário em que iria começar a São Benedito. Depois, vi que seria complicado, pois previa terminar a maratona às 10h manhã e os corredores da São Benedito largavam às 9h. Não tinha jeito, iria cruzar com os participantes da outra prova na parte final da maratona.

As duas primeiras voltas foram bem tranquilas. Pouca gente e poucos carros circulavam no condomínio. Quando estava próximo ao quilômetro vinte e um, senti um desânimo que quase me levou a caminhar. Se não fosse a experiência do desafio e de anos de corridas longas, certamente teria desistido de correr. Ainda bem que segui adiante e senti, aos poucos, o efeito da endorfina me devolver o pique necessário.

Quando cheguei ao quilômetro trinta olhei para o relógio e me dei conta de que, se estivesse no ritmo normal de uma maratona, naquele instante teria terminado. Melhor explicando. Em condições normais de uma maratona costumo levar três horas e meia para completar a prova. Para o desafio foi preciso aumentar aproximadamente em uma hora o tempo total. Assim, acostumei o meu corpo a suportar tantas maratonas seguidas. Mas, às vezes, esqueço e me assusto com o tempo e a distância já percorrida ou ainda a percorrer.

A corrida me ensinou que percepção do tempo é algo que podemos alterar, de acordo com nosso estado físico e emocional. Recordo-me da minha corrida mais longa – Ubatuba até Paraty, de ida e volta –, em 2014. Foram cento e quarenta e dois quilômetros em dezoito horas, das 5h até às 23h, no mês de julho. Definitivamente, aquelas horas passaram de forma diferente. Entrei numa espécie de mantra do primeiro ao último passo, que me levou a suportar um dia inteiro, sem perceber o tempo passar de uma forma comum. Quando tento recordar os detalhes de tantas horas correndo, busco apenas alguns momentos, como se meu cérebro tivesse apagado boa parte do que aconteceu. Acho que é um mecanismo de defesa essencial para os corredores de grandes distâncias continuarem a fazer provas tão longas.

Abrindo os braços na última etapa de 2018. Praia de Itamambuca. Ubatuba-SP.

Agora, o relógio marcava 9h, os corredores da São Benedito dispararam para completar os cinco quilômetros da prova. Não demorou muito para que os primeiros me alcançassem e, obviamente, passassem a toda por mim. Ainda que soubesse que não estava em condições de segui-los, a prova me deu mais ânimo e aos poucos passei a correr mais rápido. Um pouco mais adiante cruzei com a Milou que vinha no sentido contrário. Mudei para onde ela estava e passei a correr ao seu lado. Definitivamente, a maratona estava terminando de forma mais tranquila.

Logo mais à frente, o Dárcio, que estava passando uns dias com a gente na praia, também me acompanhou. A Ana veio junto para assistir ao final da corrida e tirar algumas fotos. Terminamos o percurso da São Benedito, mas, para mim, faltavam ainda dois quilômetros. Olhei para o relógio e verifiquei que terminaria alguns poucos minutos antes das 10h, mesmo com as paradas para comprar água. A maratona terminava dando adeus ao desafio em 2018. Começava a virada para o próximo ano.

Mas ainda haveria uma surpresa. Caco, meu colega da Escola de Educação Física, veio me incentivar! Trocamos mensagens em meados do ano e ficamos de nos ver na corrida. Como já estava terminando a maratona, achei que iríamos nos desencontrar. Mas ele chegou a tempo de dar alguns passos comigo. Cruzei com ele a linha de chegada.

Estou chegando perto da metade do desafio… Em 2018, realizei vinte e três maratonas em finais de semana consecutivos desde 28 de julho. Por enquanto, tem sido uma experiência transformadora. A passagem de ano é sempre uma oportunidade de olharmos o que passou e o que poderá vir. No entanto o desafio me ensinou a importância do presente. O ontem já foi e o amanhã é sempre uma surpresa.

24ª Maratona

O CAIO ME FALOU SOBRE CASTAÑEDA, TONAL E NAGUAL

Ubatuba
6/01/2019 – domingo
Horário: 6h04
Duração: 4h43
Tempo em movimento: 4h25
Ritmo: 6'19"/km

    A primeira maratona de 2019 me reservava um aprendizado enriquecedor. Continuava em Ubatuba, onde corri outras maratonas, e essa seria a terceira consecutiva durante as férias. Ubatuba faz parte da minha vida e me sinto muito bem todas as vezes que corro lá. As paisagens são deslumbrantes e as possibilidades de percurso intermináveis.

    Dessa vez, planejei a corrida num trajeto de ida e volta, partindo da Praia do Félix – onde temos casa – e seguindo por vinte e um quilômetros rumo ao norte. Depois, voltaria no sentido contrário até chegar em casa. No dia anterior choveu forte por diversas vezes, anunciando um domingo, no mínimo, nublado.

    Na sexta-feira à noite, Ana e eu fizemos uma visita à casa de praia da Sonia e do Caio, nossos queridos padrinhos, no Puruba. O Caio combinou de fazer uma parte da maratona comigo. O percurso passava perto da sua casa, bastava apenas me esperar na estrada. Acordei às 5h. Escuridão total. Como previa um dia nublado, pensei em sair às 6h. Durante a subida que dá acesso à rodovia, a cantoria das cigarras – muitas cigarras –, embalaram meus passos, assim como anunciavam a previsão de calor. As cigarras acertam mais que muitos meteorologistas. Segui os primeiros quilômetros sob um espetacular nascer do sol.

    A vista deslumbrante que se descortina da Rodovia Rio-Santos compõe um cenário interminável de entretenimento de praias, encostas e da

Mata Atlântica. Não resisti, parei diversas vezes para fazer fotos. Ainda que já tenha passado inúmeras vezes no mesmo local, cada raiar do dia é um espetáculo à parte.

Segui por 8 km até chegar ao ponto de encontro com o Caio. A partir dali a maratona tomaria um caminho diferente. As conversas que temos durante as corridas alteram a nossa percepção do tempo e dos lugares. Passamos por locais a que não nos atentamos, sentimos menos o passar dos minutos, seguimos as passadas apoiados no ritmo um do outro, enfim, algo que sai da monotonia de correr sozinho. Com o Caio as conversas saem do senso comum.

Ao lado do amigo e incentivador Caio Martins Costa.

Além de falar sobre filhos, trabalhos, política e outros temas usuais, nossas conversas vagueiam por mares menos navegados. Dessa vez, ele falou sobre as ideias de Castañeda.

Carlos César Salvador Arana Castañeda nasceu em Cajamarca (Peru), em 1925, e morreu em Los Angeles (EUA), em 1998, com 72 anos de idade. Formou-se em Antropologia pela Universidade da Califórnia (Los Angeles). Sua dissertação de mestrado teve o título de "The teaching of Don Juan – A yaki way of knowledge" e foi transformada em livro e publicada no Brasil com o infeliz nome de "A erva do Diabo". Publicou também "Uma estranha realidade", "Viagem a Ixtlan", "Porta para o infinito" e o "Poder do infinito", além de outros livros.

Não conhecia esse escritor. Além de ouvir com atenção algumas passagens sobre os livros, fiquei muito interessado pelas ideias de "tonal" e "nagual" (pronuncia-se naual). O tonal é a percepção normal do universo, aquilo que desde pequenos aprendemos a entender como realidade, influenciados por milênios de civilização. Essa percepção é a responsável pelo vazio, impotência, depressão, dores e angústias atuais. Acreditamos ser um professor, ser um advogado, ser um engenheiro, um policial, um médico, moldando e sendo moldado pela civilização. O nagual (naual) é a energia vital, uma espécie de nirvana, que permite ao ser humano voar, entrar em outras dimensões, até ser um pássaro, se quiser. Na história dos livros, o personagem (que alguns questionam se foi real ou inventado) responsável por essa revelação é Don Juan, um índio Yaqui de Sonora, México. Don Juan propõe que o homem lute contra o seu tonal, rompendo as rotinas, não tendo medo da morte, permanentemente atento a tudo e, principalmente, não perdendo o sentimento de ligação com a terra.

Confesso que, em algumas ocasiões, passei por algo parecido a esse sentimento. As viagens em lugares como a Chapada Diamantina; a ultramaratona em montanha, da Patagônia; a caminhada noturna na neve, em Ushuaia, na Argentina, foram momentos em que me senti muito conectado a algo superior, magnífico. Durante a minha maior corrida, ida e volta de Ubatuba a Paraty, isso também aconteceu. Não foram apenas as minhas pernas que me impulsionaram por dezoito horas. Senti a ajuda e a presença de algo mais.

Em relação ao desafio das 50 maratonas sinto a coexistência do tonal e do nagual. Vejo o tonal como aquilo que a civilização e a ciência podem explicar sobre o que possibilitou suportar, por enquanto, vinte e quatro maratonas em semanas consecutivas, e a imagem que projetam sobre mim. Vejo o nagual como um feixe interno de luz, que me conduz etapa após etapa, impulsionando-me, não para o fim ou para o resultado, mas para o processo, o crescimento interior.

Inevitavelmente, essas ideias foram nos levando por diversos quilômetros adiante, fazendo com que o Caio aumentasse consideravelmente a distância que havia planejado correr e alongasse sua ida além dos vinte e um quilômetros. Tudo bem. Não era a primeira vez que isso acontecia. Assim que nos despedimos, ainda precisava correr os últimos seis quilômetros sozinhos, sob um forte sol e calor. Fui me esgueirando pelas sombras da estrada, parando em todas as bicas de água para me lavar, até que, finalmente, cheguei à cachoeira do Prumirim, providencial linha de chegada antes da subida final, que leva à Praia do Félix.

Entrei na forte queda da cachoeira e deixei a água bater nas pernas, nas costas, no pescoço, na cabeça. Depois, liguei pra Ana ir me buscar. Terminei essa vigésima quarta maratona com a sensação de enriquecimento físico e espiritual. Começo a me preparar para vigésima quinta, ou seja, a metade do desafio, que será no domingo, 13 de janeiro de 2019, dia em que meu filho Pedro faz dezoito anos de idade.

O Ídolo de todo dia

Um ídolo de verdade, desses de carne e osso, que convive com a gente no dia a dia, não surge de repente; é cultivado, é ouvido e, principalmente, é seguido. Entretanto a descoberta desse ídolo é um processo. Começa muito cedo, quando todo garoto tem um ídolo para estimular sua imaginação, inspirar sua criatividade e povoar os jogos e brincadeiras. Os ídolos aparecem de repente, são inspiradores, vivem intensamente por um período e depois morrem, ou são substituídos por outros mais atualizados. Speed Racer foi o meu primeiro ídolo, aos cinco anos; espelhava-me no herói que defendia os amigos, vencia as competições de carro e lutava pela justiça.

Speed Racer nasceu no Japão, nos quadrinhos de revistas de mangá, e conquistou a televisão em uma série de desenhos animados, em 1967, quando migrou para o Estados Unidos e, de lá, para o mundo, arrebatando fãs infantis. Ao lado do Speed, o indefectível Ultraman era outro herói que dividia minha atenção. Lutava como ele contra seres imaginários que queriam destruir nosso mundo.

Mas no futebol os heróis Rivelino e Zico eram bem reais e, deles, quando garoto, cobrava resultados, queria gols. Mais adiante, todos esses ídolos perderam o pedestal para John Travolta, que em 1978, protagonizava o filme "No tempo da brilhantina", contracenando com Olivia Newton John. Um filme proibido para menores de 12 anos. Eu tinha 9 anos e não pude assistir. Porém as músicas e o trailer eram inspiradores.

Sócrates – não o filósofo e, sim, o líder da democracia corintiana e autor de gols memoráveis – ganhou minha adesão. Nesse pódio de ídolos cabiam também os corintianos Biro Biro e Zenon. De Zenon, poucos se lembram, mas Biro Biro virou um item insubstituível no cardápio de churrascaria: o Arroz Biro Biro, um mexidinho com ovo.

Aos 12 anos, Baby Consuelo e Rita Lee povoavam minha imaginação e dividiam a tietagem de adolescente com José Wilker, par romântico de Natalia do Vale, na novela da Globo, "Final Feliz". Aos 13 anos foi a vez de Michael Jackson. Aos 15 anos esses ídolos cederam lugar para Cazuza, Renato Russo e Herbert Vianna, na música, e Rico de Souza, no esporte. Rico, um dos pioneiros do surfe no Brasil, uma lenda no esporte, era inspirador de desafios. Assim, também, buscava inspiração em Michel Jordan, considerado o maior esportista de todos os tempos, com feitos insuperáveis no basquete, esporte em que esteve presente em quinze temporadas, de 1984 a 2003. Mas, quando jovem, minhas atenções tinham um espaço reservado para Oscar Schmidt, o Mão Santa, o maior pontuador do basquete mundial, com 49.737 pontos na carreira.

E, assim, os ídolos foram se sucedendo... Mike Tyson, o pugilista destruidor, que vencia seus adversários por nocaute nos primeiros segundos do primeiro round. Num pedestal especial elegi o insubstituível Ayrton Senna. Hoje, como esportistas, admiro Cristiano Ronaldo, Leonel Messi e o corredor espanhol Kilian Jornet. Kilian é especialista em corrida de montanha e tem os melhores tempos em todas as corridas de montanha do mundo. As marcas de Kilian são imbatíveis – subiu o Everest e voltou em vinte e três horas, por exemplo. Para ele é um prazer muito grande viver em contato com a natureza e a corrida de montanha lhe oferece a oportunidade de fazer as duas coisas que mais gosta: correr e se manter em contato com a natureza.

Para projetar as 50 maratonas em um ano fiz um planejamento meticuloso. Assim como diz o navegador Amir Klink, outro ídolo: "É possível chegar ao nível extremo de risco, porém, uma coisa é ser um simples aventureiro, um louco irresponsável, outra, é fazer com planejamento".

Agora, olhando pelo retrovisor da minha vida, a visão dos ídolos que colecionei nessa trajetória fica embaçada pela admiração que tenho por um amigo real e muito próximo. Um amigo que me incentivou a correr grandes distâncias, um exemplo como profissional e como pai e avô. Esse é o Caio Martins Costa, que sempre irradia alto-astral e, também, é professor de Educação Física, como eu.

Em sua simplicidade e com um vasto sorriso, Caio nunca se deixou abalar pelos momentos difíceis. Eu o conheço desde o tempo em que se locomovia com um Passat velho e surrado, bem surrado, com o piso esburacado, no qual suas filhas se divertiam, olhando o chão passar.

Ana Paula, minha mulher, era professora de uma das filhas de Caio e foi a responsável pela aproximação daquele pai simpático, que pegava ondas e gostava de corrida mais do que eu. A afinidade foi imediata e a admiração foi crescendo a cada novo papo. Caio acompanhou meu interesse por corrida e me incentivou a fazer corridas maiores, de longa distância.

Em 1995, criei coragem e fiz, sozinho, a primeira corrida de vinte e cinco quilômetros, em Ubatuba, no litoral norte de São Paulo. Quando completei o percurso senti um misto de alegria e encantamento. Foi aí que surgiu o primeiro sonho de correr uma distância maior, a de uma maratona, entre Ubatuba e Paraty – cidade do litoral sul do Rio de Janeiro. Só que esse desafio realizei sozinho, dezesseis anos depois, em 2010, quando corri do Felix a Paraty, cobrindo uma distância de 54 quilômetros.

A primeira maratona, como já disse na minha autobiografia, foi partilhada com Caio, em 1996. Depois dessa, outras corridas de longa distância se sucederam. Sempre sozinho, fiz setenta quilômetros entre as cidades de Ubatuba e Paraty, em 2011. Em 2012, estiquei o caminho, segui da cidade de Ubatuba à praia do Saco da Ribeira e, de lá, até Paraty, num percurso de cem quilômetros. Assim, vencendo cada desafio, aventurei-me a ir de Ubatuba a Paraty e retornar, cumprindo cento e quarenta e dois quilômetros, marcando mais um feito. Se atingi essas marcas foi porque tive mais do que um ídolo. Tive e tenho um orgulho enorme deste grande amigo chamado Caio Martins Costa.

25ª Maratona

DIA DO PEDRO – 18 ANOS

São Paulo
13/01/2019 – domingo
Horário: 6h24
Duração: 4h52
Tempo em movimento: 4h31
Ritmo: 6'29"/km

Hoje, 13 de janeiro de 2019, é o dia do aniversário do Pedro, meu filho caçula. Ele completa dezoito anos, o que torna redobrada a alegria de correr a vigésima quinta maratona, ou seja, assumimos a maturidade juntos. Para mim chega a metade do desafio e, para ele, descortina-se o mundo adulto. Mais do que justo batizar essa prova como Dia do Pedro.

Diante da data, minha primeira reação é de susto. Como o tempo passa rápido... Parece que foi ontem, meu garotinho nasceu. As lágrimas rolaram. Vi seu nascimento, ouvi o seu choro, vi os primeiros cuidados das enfermeiras. Após meia hora, Pedro já estava cercado pela família e amigos. Sua irmã, Marina, ou como ele gosta de chamar até hoje, Mamá, beijava-o e o olhava com todo afeto e acolhimento. Eram 13h do dia 13 de janeiro de 2001. E ali estava um minúsculo Pedro, com 2,760kg e 47,5 cm.

Uma maratona não se compara a um parto. A única semelhança entre o parto do Pedro e essa corrida foi o tempo. A Ana foi capaz de dar à luz no tempo que um maratonista amador completa o percurso, ou seja, entre quatro horas e meia. Nós, homens, metidos a corajosos, muitas vezes não suportamos uma dorzinha. As mulheres sentem contrações que aos poucos aumentam de duração, intensidade e frequência. Nunca saberemos o que é a experiência de gerar e dar à luz. Todo respeito e admiração à coragem das mulheres.

Acordei às 5h, mas só consegui sair da cama meia hora depois. Isso fez com que começasse a correr apenas às 6h20. Se tivesse saído um pouco mais cedo teria presenciado uma cena trágica – um acidente, na esquina de casa, entre uma moto e um carro. O motoqueiro, mais frágil, levou a pior.

Na véspera senti um desconforto no pé, portanto, sai num ritmo mais lento do que de costume. Aos poucos percebi que a dor não era forte, mas, certamente, teria a presença dela nos próximos quarenta e dois quilômetros. Distrai-me pensando na trajetória do Pedro. Ele mal sabia falar, era um toquinho de gente, quando se encantou pelos cavalos. Um animal enorme, se comparado ao tamanho do garotinho. A sua alegria era visitar fazendas e montar nos cavalos, até os cinco anos, quando ele caiu de um deles. O tombo não teve maiores consequências, mas, assustado, ele não quis mais saber dos bichos.

Com essas lembranças escolhi um percurso do qual conhecia cada passo. Sairia de casa, desceria a avenida em direção à Ponte Laguna, Av. Chucri Zaidam, Parque do Povo, Av. Nova Faria Lima, Largo da Batata, Av. Fonseca Rodrigues, Parque Villa Lobos, ciclovia interna e, depois, tudo de novo no sentido contrário. Não esperava nenhuma novidade. Não tinha marcado com ninguém. Mas o desafio de correr 50 maratonas não é muito chegado à monotonia e assim que estava no quilômetro dezesseis, encontrei o Daniel e o Fábio, alunos da DLB Assessoria Esportiva.

Como eu gostaria de ter o Pedro como parceiro hoje. Mas ele, aos seis anos de idade, escolheu o futebol como seu esporte. Apesar de corintiano, foi jogar no São Paulo, bem mais perto de casa. Aos poucos, deixou as quadras e foi para o campo. Mesmo jogando por esporte, no interclubes, sempre foi muito dedicado. Nessa modalidade de jogo, ninguém é titular, os treinadores fazem rodízio para que todos os jogadores participem de cada partida, por um pequeno período. Eu nunca fui adepto de puxar o saco dos treinadores, acreditava que Pedro deveria conquistar a confiança dos técnicos pelos seus méritos.

Méritos, o Pedro tinha de sobra. Quando entrava em campo era certeza de um ou dois gols, além do serviço aos companheiros. Seu time conquistou o Campeonato Paulista Sub 15. Pedro não se profissionalizou. Participou de duas peneiras, porém, os técnicos do time de base preferem os atletas apadrinhados por empresários.

O Daniel e o Fábio vinham no sentido contrário ao meu. Ficamos de nos encontrar dentro do Parque Villa Lobos. Quase na saída, chegando ao quilômetro vinte e dois, revimo-nos para uma rápida conversa. Daniel me contou que, influenciado pelo desafio, resolvera correr sua primeira maratona para comemorar seus quarenta e dois anos. Meu telefone tocou enquanto conversávamos. Era o Dárcio, que vinha em minha direção, de bicicleta, com a Patrícia, sua esposa. Parei para encher duas garrafinhas com água de coco. Logo nos encontramos.

Correr com apoio de bicicleta é muito bom. Na ultramaratona Bertioga-Maresias, a presença da bicicleta foi fundamental para a minha performance. Se estivesse com sede, tinha água, isotônico. Se estivesse com fome, tinha gel, barra, biscoitos.

Nessa vigésima quinta maratona, a companhia das bicicletas me ajudou muito. Ficava atrás do Dárcio e à frente da Patrícia, numa conversa solta, que fez o tempo e a distância passarem de forma mais agradável.

De repente, fomos surpreendidos por um ciclista estressado, que gritava a plenos pulmões "Vão pra calçada!", referindo-se aos pedestres e corredores na ciclovia. Imediatamente, um grupo de corredores que vinha no sentido contrário xingou o tal ciclista.

Sinceramente, acho triste ver a intolerância das pessoas. Era domingo, dia de lazer, as ruas tranquilas, todo mundo querendo se distrair e eles, ali, ciclista e corredores, ofendendo-se. Na mobilidade urbana sou sempre a favor do mais frágil. Se um carro e um caminhão se deslocam próximos, o carro deve ter a prioridade. Se um ciclista e um carro disputam espaço, a bicicleta deve ter preferência. Se é um corredor ou pedestre e uma bicicleta, a mesma lógica deve ser aplicada, ou seja, o mais forte tem que ser cauteloso e prezar pela integridade das pessoas. Isso deveria valer, inclusive, nas ciclovias. Entendo que elas foram feitas para os ciclistas, mas domingo é possível circular de bicicleta pelas ruas de São Paulo, nas faixas especiais que isolam os ciclistas do trânsito, como fazem centenas de ciclistas que vimos ao longo do percurso.

Uma das dificuldades para acompanhar de bicicleta um corredor é se manter sentado no selim, pedalando num ritmo lento. Dárcio e Patrícia tiveram que suportar um enorme desconforto. A todo instante avisava--os de que poderiam voltar e seguir para casa, mas, aos poucos, iam me acompanhando firme e adiante. Por volta do quilômetro trinta e dois já não valia mais a pena retornar e decidiram que me acompanhariam até em casa. Acontece que os últimos três quilômetros eram de subidas longas e íngremes. Não podia esperá-los, pois, além do cansaço, tinha que chegar em casa logo. A minha filha Marina estava chegando de viagem do Canadá e iríamos buscá-la no aeroporto. Mal daria tempo de chegar em casa, fazer gelo na banheira, tomar banho, comer algo e sair.

Antes, porém, um momento mágico aconteceu... Pedro, o aniversariante do dia, esperou-me em frente de casa para corrermos o último quilômetro! Nesse trecho final explodi de felicidade. Ter a companhia do meu filho só me trouxe mais alegria. Ele, quando deixou o futebol, modificou sua visão do mundo e começou a ouvir Rap, gênero musical pelo qual se encantou e ganhou tal intimidade que se tornou um compositor. Extremamente criativo, leva-nos a refletir, em sua poesia de muita intensidade e uma aguda crítica social.

Com Pedro em frente ao nosso prédio.

Quem tem filho nessa idade sabe como é difícil compartilhar programas, principalmente num domingo de manhã. Pedro fez questão de me apoiar e comemorar da forma que mais gosto o seu aniversário e a conquista do primeiro turno do desafio. Impossível descrever o que senti. Posso apenas afirmar que esse momento guardarei para sempre no meu coração. Sinto-me inteiro e renovado para mais vinte e cinco provas. Obrigado, Pedro. Que você olhe para a sua vida com o mesmo deslumbramento com que olhava para os bichos na fazendinha... Sempre...

26ª Maratona

EXPECTATIVA ENFADONHA, VIROU DESLUMBRANTE

São Paulo
19/01/19 – sábado
Horário: 5h37
Duração: 4h14
Tempo em movimento: 3h54
Ritmo: 5'39"/km

Na véspera, sexta-feira, não estava com a menor inspiração para pensar em um tema motivador para correr um percurso diferente. Sem muita imaginação, escolhi a USP novamente. Sem nada de novo, iria fazer uma prova sem nenhum atrativo. O trajeto era idêntico ao da vez anterior, ou seja, sete voltas que prometiam ser bem enfadonhas. Cheguei cedo, antes do raiar do dia, precavendo-me do calor. Fiz a primeira volta ainda sem a luz do sol.

Deixei um suporte com água e gel no carro, para reabastecer a cada passagem. Quando estava para completar a segunda volta, vejo o Léo vindo em minha direção. Pronto. O ritmo da corrida nas passadas do Léo aumentou naturalmente. Como já vinha também num ritmo mais forte, achei interessante seguir. A USP, aos sábados, sempre me convidou para uma corrida mais rápida. É muita gente treinando e isso me contagia de tal forma que não consigo tirar o pé. Fizemos a terceira volta juntos, até que o Pedro Zolli, amigo de Léo e que conheci nas corridas, chegou.

Na quarta volta já estava com mais da metade da maratona concluída quando o amigo e parceiro de capoeira, Emerson Marinheiro, apareceu.

A essa altura já tinha me dado conta de que a maratona não seria enfadonha. Ao contrário, sentia-me muito animado e com uma enorme disposição para correr e desfrutar da presença dos amigos. Isso fez com que o ritmo da corrida aumentasse, um minuto mais rápido, o que não é pouca coisa. Uma pessoa mais precavida e metódica pediria para os colegas diminuírem a velocidade. Preferi não reduzir o ritmo. Estava adorando a companhia e prevendo um bom tempo de conclusão.

    Quando estava com trinta quilômetros, já na quinta volta, encontrei o Renato Pradillas, colega de corrida que conheci no começo de 2018, antes de começar o desafio. Estava fazendo um treino para Bertioga- Maresias, na Rio-Santos, e por acaso nos cruzamos e nos conhecemos. Renato fez a sua primeira maratona no ano passado. Quando viu pelas redes sociais que essa etapa seria na USP, veio participar e apoiar o desafio. A chegada do Renato e a companhia dos outros três amigos me fez refletir: depois de tantas maratonas, deveria saber, definitivamente, que o desafio não reservaria espaço para o enfadonho. Esse pensamento me levou a pensar no comportamento das crianças. Uma criança pequena, quando começa a conhecer o mundo, seu olhar ainda não está condicionado, como o de um adulto. Ela é capaz de ir diversas vezes ao mesmo lugar e encontrar novidades em todas as ocasiões. Por que, então, começamos a achar enfadonho repetir locais, programas e pessoas? Penso que adquirimos uma soberba em relação à vida. Perdemos o encantamento das coisas. Perdemos o espírito de criança. E esse desafio é como uma criança que me ensina o encantamento com o mundo.

    Na sexta volta, quando paramos para hidratar, na DLB, encontrei o Jamil. Admirador do desafio, Jamil estava muito empolgado por se juntar ao grupo. Até aquele instante éramos cinco. De repente, mais uma companhia: a Rai, aluna da DLB, a última a se juntar à vigésima sexta etapa do desafio. Ela tinha programado na planilha um treino de dezesseis quilômetros e havia corrido seis até aquele momento. Para ela faltavam doze e, para mim, quatorze, portanto, ela passaria dois quilômetros de sua meta. Sem titubear, ela seguiu firme conosco até o final. O Léo, embora sentindo o ritmo, concluiu a prova. Jamil e eu forçamos o ritmo nos últimos metros. Ao final, como prometido durante o percurso, entreguei minha camiseta para ele. Juntamo-nos para uma foto. E, para minha alegria, fiz o melhor tempo das vinte e seis etapas: três horas e cinquenta e oito minutos! E com deslumbre!

27ª Maratona

CALOR E SUOR, RUMO À PRAIA BRAVA

Ubatuba
25/01/2019 – sexta-feira
Horário: 6h58
Duração 4h34
Tempo em movimento: 4h23
Ritmo: 6'18"/km

A exuberância da Mata Atlântica e as praias paradisíacas que se avista do asfalto torna uma corrida inesquecível, no trecho de Ubatuba, da Rodovia Rio-Santos – um dos mais belos pontos do litoral brasileiro.

Durante a tarde do dia anterior à maratona, dirigi de São Paulo a Ubatuba durante quatro horas e meia. Fui com Ana e nosso dois filhos – Marina e Pedro. Eles ficaram, com alguns amigos, na casa da Praia do Felix, Ana e eu ficamos na casa da minha mãe, na cidade. Chegamos às 20h30, mas, até lancharmos, irmos, voltarmos do Félix e arrumarmos nossas coisas, já passava da meia-noite. Levei uma lanterna e uma faixa refletiva que usaria para sair de madrugada. Pretendia começar às 5h, uma hora antes do raiar do dia, para fugir do intenso calor do verão.

O despertador tocou às 4h30, vi que chovia e não tive coragem de levantar. Decidi dormir até umas 6h, quando já estaria claro. E depois de um breve café da manhã, vaselina e protetor solar, vesti a meia de compressão, o shorts, o boné e a camiseta azul de número vinte e sete. Usava na cintura duas pochetes. Uma pequena, na frente, para colocar o celular. A outra, atrás, com as duas garrafas de água e os seis gels de carboidrato. O dinheiro para as águas guardei no zíper do shorts.

Ao cruzar o portão de entrada do prédio, dei bom-dia ao porteiro. Ele balbuciou uma resposta que nem ouvi. Estava longe, indo em direção à estrada. O condomínio em que minha mães mora fica bem próximo à rodovia Rio-Santos. Basta atravessar uma pequena ponte, para pedestres, sobre um rio e, poucos metros adiante, acessar o asfalto. Tranquilamente, dei os primeiros passos e mentalizei o percurso que me levaria, após aproximadamente quatro horas e meia, até a Praia Brava do Camburi. Os primeiros ônibus passavam, levando seus passageiros para lugares distantes, aonde chegariam depois de muito tempo. Meu primeiro pensamento foi de curiosidade: ao voltar pelo mesmo caminho, o motorista ficaria surpreso ao me ver tão longe da cidade? Não sei como ele vai reagir vendo alguém correndo após trinta quilômetros, quarenta quilômetros, pela estrada. Deve pensar: por que esse louco não usa uma bicicleta? Aí, tudo bem. Mas a pé? Será que ele pensa que sou maluco?

Seguia meu rumo pela estrada, a chuva da madrugada havia parado, mas o céu encoberto pelas densas nuvens era garantia de uma temperatura mais amena. Segui os primeiros sete quilômetros num bom ritmo. O trecho inicial era plano e me sentia bem disposto. O ar puro do litoral e o cheiro da mata traziam mais força para as pernas. O único desconforto era o suor excessivo. Àquela altura já estava com o corpo todo encharcado, camiseta ensopada, shorts molhado e os olhos ardendo pelo efeito do suor misturado ao protetor solar que escorria no olho. Ao chegar à Praia de Itamambuca, precisei fazer a primeira parada para reabastecer as garrafinhas. Logo adiante havia uma longa subida, de aproximadamente dois quilômetros. O primeiro teste para a conquista da Praia Brava.

Superei a subida num ritmo bom e logo estava no quilômetro quatorze, altura da Praia do Félix, local onde Marina e Pedro estavam. A partir desse ponto não haveria um longo trecho que não fosse entremeado por descidas e subidas. De carro quase não se sente. Mas a pé a história é diferente.

De repente, ouço um forte ruído de uma moto. Estou acostumado a correr em estrada. O som de um veículo é um sinal de advertência. É a hora de ficar mais afastado da pista, próximo à guia, até ver o veículo passar. Dessa vez senti um arrepio e me afastei ainda mais da estrada. A minha sensação foi a de que a moto passou a uns 200 km/h. Pouco antes, vi um cachorro atravessar tranquilamente a estrada. Não daria tempo de a moto desviar se fossem poucos segundos antes. Acho um jeito estúpido de colocar em risco a própria vida e a dos outros. Mas dessa vez não houve desastre.

O quilômetro vinte e um chegou sem maiores dificuldades. O tempo continuava nublado e alguns trovões anunciavam a possível chuva. A essa altura estava na Praia do Puruba. O movimento de carros diminuía conforme avançava. As pessoas preferem as praias mais próximas, principalmente num dia nublado como esse.

Alguns ciclistas que haviam passado por mim, retornavam e cruzavam no sentido contrário. Um grupo com diferentes tipos de bicicletas, algumas com pneus bem grossos, acenou. Acho que ficaram surpresos ao me reencontrarem tão longe.

Meu próximo ponto de parada para abastecimento foi no quilômetro trinta e um, no mercadinho da Praia do Ubatumirim. Nesse local quase sempre encontro a mesma atendente. Ela me reconhece de outras paradas, em corridas anteriores. Simpática, sempre me pergunta quanto estou correndo, de onde estou vindo, para onde vou. Enquanto estávamos conversando, tocou meu celular. Como estava com a mão molhada de suor, pedi para que ela atendesse. Em seguida, ela me passou o telefone, dizendo: "É uma mulher. Ela quer falar com você". Era a Ana, avisando que já estava saindo de casa.

Na altura do quilômetro trinta e quatro enfrentei o trecho mais difícil. Uma subida longa e constante, com mais de dois quilômetros, daquelas de moer as pernas já bem rodadas. Deixei me levar, hidratando-me bastante e esperando o final, que só viria ao atingir a entrada da Praia da Almada. E não é que deu certo? De lá, uma descida com uma linda vista me levou até a Praia da Fazenda. Faltavam pouco mais de cinco quilômetros. Na vez anterior, fiz esse trecho final entrando na Praia da Fazenda. Dessa vez, resolvi seguir pela rodovia e enfrentar a última longa subida nos últimos dois quilômetros. Um pouco antes de começar esse trecho, Ana passou por mim de carro e foi me acompanhando e parando no acostamento. A sua presença me deu o gás que precisava para imprimir um ritmo mais forte e terminar mais uma etapa, dessa vez até a Praia Brava do Camburi, um lugar paradisíaco, cuja localização fica exatamente a uma maratona da casa da minha mãe.

Chegando ao final da última subida na rodovia Rio Santos, a poucos passos da praia Brava do Camburi. Ubatuba-SP.

Mais uma das coincidências do desafio. A etapa da Praia Brava chegara ao fim. Tomei uma ducha com água corrente e, como já estava começando a chover e trovoar, resolvemos voltar para almoçar. Desejo que a próxima maratona seja menos brava!

28ª Maratona

FIM DE FÉRIAS, MAS AINDA TEM MUITA MARATONA

São Paulo
2/02/2019 – sábado
Horário: 5h06
Duração: 4h09
Tempo em movimento: 3h58
Ritmo: 5'44"/km

Foi uma semana muito quente, com temperaturas acima dos trinta e sete graus em São Paulo. Esse janeiro foi o mais quente dos últimos vinte anos. Isso fez com que a maratona tivesse que começar o mais cedo possível. Cheguei a cogitar de começar às 4h, mas, aos sábados, a entrada na USP só é liberada a partir das 5h. Cheguei um pouquinho antes e tive que esperar alguns minutos. Assim que autorizaram a entrada, segui ao ponto de apoio da assessoria DLB, na Praça dos Bancos.

Chegar cedo à USP tem suas vantagens. Estacionamento vazio, pouca movimentação de carros e uma temperatura melhor para treinar. Quando se vai correr pelo menos durante quatro horas, é essencial começar cedo para aproveitar o restante do dia.

A primeira e a segunda volta de seis quilômetros aconteceram ainda na madrugada, sem muitas novidades. Uma coisa boa da USP é a iluminação. Tinha levado minha lanterna de cabeça, mas não foi preciso usá-la. Apenas vesti uma faixa reflexiva para ser visto pelos motoristas dos carros. Ainda que já tenha corrido diversas vezes ao raiar do sol, sempre me emociono com os primeiros raios do dia. É um momento mágico, sinto o renascimento de um novo dia como uma oportunidade diária de vida. E, correndo, a sensação é bem maior. É como estar plenamente integrado ao mundo. Pelo menos para mim.

Na terceira volta, em plena luz do dia, vejo o Léo e o Pedro Zolli vindo em minha direção. Toda vez que isso acontece é como se uma injeção de ânimo atravessasse meu corpo. Estar em companhia de amigos na corrida faz com que os passos se misturem às conversas, a fadiga se dilua no contato dos olhares desafiadores.

Acho que, se um dia, encontrasse alguém disposto a correr sem limites de distância e de tempo, seguiria por pelo menos dezoito horas, meu recorde pessoal.

Como já escrevi em outras ocasiões, o Léo é ligado no duzentos e vinte volts. Sem perceber, começamos a correr forte. Como me sentia bem àquela altura, deixei me levar sem maiores preocupações. Apenas pensei se, ao final, conseguiríamos manter esse mesmo ritmo. Quando me encontraram, Pedro e Leo estavam com uns seis quilômetros e eu já com uns vinte. Não deu outra. Enquanto o Pedro terminou seu treino na distância programada, o Léo seguiu alguns quilômetros a mais. O suficiente para sentir o peso das pernas numa longa distância, ainda não absorvida nesse início de ano. Sem arredar, eu e o Fernando, atleta da DLB que se juntou ao percurso nos últimos doze quilômetros, seguimos forte até chegarmos à assessoria. Surpreendentemente, olho para o relógio e constato mais uma etapa feita em quatro horas. E com o calor que estava, sinto uma sensação fantástica de realização e superação. Tiro a minha camiseta azul de número 28 e a entrego, como já havia prometido, a Rai, atleta da DLB e colega recente de corridas. Ela ficou tão feliz que até beijou minha camiseta suada!

Sinto-me pronto para seguir adiante no desafio do início das aulas e na sequência das vinte duas maratonas restantes!

29ª Maratona

MAIS UMA VEZ, A USP

São Paulo
9/02/2019 – sábado
Horário: 5h15
Duração: 4h27
Tempo em movimento: 4h12
Ritmo: 6'01"/km

Foi uma semana de volta às aulas, com direito a pedal, corridas com as crianças, aulas e movimentos de capoeira. Por conta disso, na véspera não me sentia disposto. Pensei em deixar para o domingo, mas sábado teria o aniversário do Tercio, padrasto da Ana. Sem muito ânimo, acordei às 4h, e me preparei para mais uma etapa. Nessa época do ano, o dia amanhece às 6h15, o que significa um bom tempo correndo sem a luz do sol.

Cheguei à USP às 5h e logo estava no estacionamento da Praça dos Bancos, local de base da assessoria esportiva DLB. Sai rapidamente do carro e já disparei o cronômetro do meu relógio. Os primeiros passos foram bem cautelosos, não me sentia no melhor dos dias. Como já tinha feito as voltas do percurso de seis quilômetros no final de semana anterior, tinha em mente variar o trajeto, incluindo algumas voltas de oito e de dez quilômetros.

A primeira volta de seis quilômetros foi em total solidão. Passaram apenas algumas bicicletas e carros. Meu pensamento vagava à deriva e ainda era muito cedo para fazer qualquer prospecção. Aos poucos, bem aos poucos, fui encaixando um ritmo e olhando para o relógio, verificando se estava em um passo adequado.

Na segunda volta de seis quilômetros ainda estava escuro e, sem prestar muita atenção, chutei uma pequena saliência do asfalto e fui ao chão. Minha garrafinha de água, que não estava presa, rolou. Tive a rapidez de levar as palmas das mãos ao chão e rapidamente me levantei, sem maiores consequências para o corpo.

Acho que esse tombo me despertou definitivamente para a etapa. Já na terceira volta decidi pelo percurso de oito quilômetros, com uma leve subida, que leva em direção ao bosque da USP. Essa alteração me fez passar no ponto de apoio da DLB com uns vinte quilômetros, quase metade da corrida. Janaína e Fábio, professores da assessoria, davam o suporte com água, isotônicos e frutas. Abasteci-me rapidamente e segui adiante. Quando estava com vinte e quatro quilômetros, aproximadamente, uma surpresa! A Rai, a Graziela, o Fernando e a Lu, atletas da DLB, vieram me acompanhar! Tinham um treino de 10 km e isso era garantia de pelo menos uma hora de conversa. Sabe aquela sensação de viajar e não perceber os pontos da estrada que já se passaram? Pois então, correr junto traz essa experiência. As conversas vão e vêm sobre diversos assuntos e aquela luta mental que travamos quando estamos sozinhos e mais focados, desaparece.

Assim que o grupo cumpriu seu treino, ainda faltavam dez quilômetros para mim. A essa altura sabia que terminaria a maratona, com um tempo mais moderado, mas me sentindo disposto, bem melhor do que no início. Resolvi fazer a volta de dez quilômetros da Biologia, que inclui uma forte subida no trajeto. Talvez, se tivesse feito uma volta mais plana teria feito um tempo melhor, mas tenho essa mania de ser movido por desafios. Achei melhor deixar para o final a mais difícil das voltas. E não é que foi incrível? Assim que estava prestes a começar a subida da Biologia, encontro o Branca, meu mestre e primeiro treinador de corrida. Era a hora de parar para um forte abraço e conversar rapidamente sobre o desafio. Nesse ponto faltavam apenas três quilômetros. Assim como numa viagem de quatro horas e meia, já curtia os minutos finais que me levariam à linha de chegada, na DLB. No final, uma certeza: apesar de ser um local prazeroso, com apoio e a presença dos amigos da DLB, preciso dar um tempo da USP e voltar agora o desafio para outros locais. E, no próximo domingo, tem a meia maratona internacional de SP!

30ª Maratona

CORRE MARCOLA! CORRE DA POLÍCIA!

São Paulo
17/02/2019 – domingo
Horário: 5h23
Duração: 4h15
Tempo em movimento: 4h05
Ritmo: 5'54"/km

"Salve Geral. Toque de recolher às nove horas da noite a partir de sábado! Primeiro Comando da Capital (PCC).

Viemos, através deste, comunicar a população do estado de São Paulo que estaremos em guerra contra a opressão do governo com nosso irmão Marcola. Não iremos aceitar a transferência do nosso irmão. Vamos tocar fogo no Estado, nossa guerra será contra a mídia a polícia e governo. Não fica moscando na rua pra você não ser estatística!!

Vamos reivindicar o direito do nosso irmão Marcola. Não é justa essa opressão, de transferência do nosso líder!

Sábado, a partir das nove da noite, é guerra. Atenção população!".

Com esse aviso, o PCC – organização criminosa, surgida nas penitenciárias –, declarava guerra à população de São Paulo em represália à transferência de seu líder maior, o Marcola, para outro presídio. Os integrantes da facção criminosa responderiam com violência contra os policiais, assim como aconteceu há doze anos, quando instituíram o pânico e o toque de recolher.

Era nesse clima que me preparava para a trigésima maratona do desafio. É preciso lembrar que correria com a camiseta de número trinta, com meu apelido – Marcola –, nas costas. Era domingo, dia da Meia Maratona Internacional de São Paulo, pelas ruas do Pacaembu.

A semana que antecedeu essa prova foi bem complicada. A Ana ficou hospitalizada de terça-feira a quinta-feira, para tratar de herpes zoster, uma doença causada pelo vírus da catapora, que se reativa devido à baixa imunológica e ataca os nervos, causando fortes dores.

Dormimos três noites no hospital. Ninguém consegue dormir, propriamente, em hospital. É um entra e sai de enfermeiras que não tem fim: uma entra para medir temperatura, outra para verificar a pressão, e mais uma para administrar remédios. Ninguém tem um sono contínuo. Dessa forma, minha prioridade durante esses dias era estar ao lado da Ana. Dei minhas aulas de capoeira e educação física e só corri na quinta-feira e no sábado. Nos dois dias que antecederam a maratona procurei repor o sono atrasado.

Passamos a noite de sábado com alguns amigos, em casa. No meio das conversas surge o assunto sobre a mensagem do PCC, que circulava nas redes sociais.

Como eu poderia correr tranquilamente, com o nome Marcola, associado ao maior criminoso do estado, estampado em minha camiseta? É difícil conviver com esse apelido, mesmo em circunstâncias normais. Sempre suportei piadas, risos e estranhamentos chegaram a fazer com que eu tentasse até me livrar do apelido. Não deu certo. E agora, o que fazer, com a evidência que o apelido tomava?

A minha ideia inicial era sair de casa, correr até o Pacaembu e lá fazer o trajeto da meia maratona. Depois, voltaria de táxi. Em função da ameaça, desisti. Resolvi ir de carro e correr todo o percurso por lá mesmo. Depois, em função da quantidade de policiais de sobreaviso, achei prudente não correr com a camiseta do desafio com o escrito "Marcola" nas costas. Até poderia não receber represálias da polícia, mas, certamente, ouviria diversas piadinhas: "Marcola está solto", "Marcola, corre, corre". Não estava disposto a escutá-las.

Sai de carro às 4h30 muito apreensivo. Olhava para os lados e furava alguns sinais vermelhos. As ruas estavam mais vazias do que de costume. O medo é um sentimento que, ao mesmo tempo, paralisa-me e me deixa mais alerta. Consegui estacionar próximo à concentração da largada, saí rapidamente do carro e comecei a andar apressadamente. Nem me alonguei e nem me aqueci. Meus primeiros passos me levaram à tenda da assessoria DLB. A Janaina e o Fábio, professores, já estavam lá desde a madrugada, na montagem da estrutura. Dei um alô e logo segui para corrida. Assim que entrei na Avenida Pacaembu me dei conta de que estava exatamente no mesmo lugar da minha primeira linha de largada de maratona, a maratona de São Paulo de 1996 e da linha de largada da SP City Marathon, primeira e última etapa do desafio. Em 1996, a sensação do desconhecido era total. Sentia-me como se estivesse indo viajar. E, de certa maneira, seria uma viagem de muitos quilômetros, algo nunca antes experimentado a pé. A estrutura de largada era muito mais simples, as pessoas que corriam também. Correr não estava tão na moda nos anos noventa.

Hoje, o tempo me ajudava a correr. Aqueles dias quentes das últimas semanas deram lugar a um clima mais ameno, bastante úmido. Isso ajudava bastante. Na marca dos quatorze quilômetros, de repente, ouço um grito: "Marcola!". Era o Vander, pai da Janaína, um senhor de largo sorriso, daquelas pessoas fáceis de gostar. Eu disse: "Cuidado! Hoje é um dia tenso pra falar meu apelido alto em público".

Às 6h50 foi dada a largada do pelotão de cadeirantes e feminino. Parei para registrar. Na sequência, às 7h, vieram os homens. É impressionante acompanhar a passagem dos atletas de elite. As passadas fluem com leveza e amplitude, os pés são elevados à altura do quadril, os braços coordenados com precisão. Parece até outro esporte.

Não menos importante, os cadeirantes deslizam com seus bólidos e seus gestos são sincronizados e intensos. Além deles, pessoas com deficiência são conduzidas por amigos ou parentes e compartilham dos mesmos momentos. Dessa vez, vi uma mulher obesa, num veículo adaptado. Sempre me emociono com essas cenas.

Outra coisa que chamou minha atenção foi a quantidade de moradores de rua, viciados e albergues. A massa de corredores seguia pelo centro, invadindo o território deles. Não havia hostilidade. Ao contrário, alguns até incentivavam a passagem dos atletas.

Quando entrei no bloco de corredores meu ritmo mudou e comecei a correr mais rápido do que antes. Essa é uma tendência irresistível.

O percurso atual da meia maratona mudou muito desde o tempo em que ela começou. Atualmente, passa por um caminho tortuoso, incluindo um trecho no elevado Costa e Silva, o famoso Minhocão. Também é a prova de meia maratona que inaugura o calendário de corridas de rua de São Paulo.

Os quilômetros iam passando, assim como muitos corredores por mim. É interessante que se fosse há alguns anos, ficaria frustrado. Hoje, com o desafio, tenho muito mais prazer em correr sem a preocupação com o tempo. E sempre dá para encaixar um ritmo bom, evidentemente, diferente de quem está disputando a prova de olho no cronômetro.

Quando estava no quilômetro vinte e seis encontrei um colega das antigas, o Duca, treinando para uma prova na África do Sul, de 50 km. Ele teria trinta quilômetros de treino e nos mantivemos um bom tempo juntos.

Quando completei o percurso oficial da meia maratona estava com trinta e seis quilômetros. Passei na assessoria para repor as garrafinhas, comer uma banana e segui, num passo mais cadenciado, para os últimos seis quilômetros. Nesse trecho encontrei novamente o Duca.

Aos poucos, os últimos quilômetros iam sendo percorridos. O tempo continuava agradável e era só aguardar alguns instantes para comemorar mais uma etapa, dessa vez, a trigésima! Cheguei aos quarenta e dois quilômetros, cento e noventa e cinco metros! Parei na assessoria para confraternizar com a galera, trocar de roupa e fazer uma massagem. Logo na chegada, cruzei com uma colega de faculdade, também corredora há anos, a Mary Lo.

Não consegui fazer a massagem. O Célio, aluno da DLB, teve um quadro de contratura muscular muito sério e teve que ser removido de ambulância. A panturrilha dele parecia uma pedra. Aos poucos se movimentava, dando a impressão de que tinha algo vivo dentro dele! O pronto socorro da corrida ficava em frente à tenda. Fomos lá e a equipe médica prontamente nos atendeu, colocando-o no soro, medindo sua pressão e providenciando a remoção para o hospital. Depois recebi a notícia de que já estava melhor. Mas essa dor vai precisar de alguns dias para passar.

Galera DLB na tenda montada na praça Charles Miller. Estádio do Pacaembu.

Por último, ao me despedir das pessoas, ainda tive o privilégio de ver os últimos corredores chegando, com as ambulâncias vindo um pouco atrás. Para mim, esses são tão ou mais guerreiros do que os que venceram a prova.

Nessa semana, apesar de ter a desagradável internação da Ana, tive a confirmação do convite para uma palestra na SP City Marathon, em julho, véspera da quinquagésima e última maratona. Será a oportunidade de apresentar o desafio para outros corredores. Estou sentido que o desafio entrou num período decisivo. A próxima maratona será sem medo de exibir a camiseta vermelha com meu apelido "Marcola" estampado.

PARTE 5

A FASE VERMELHA

A CAPOEIRA ME MANDOU DIZER QUE CHEGOU PARA FICAR

Estava passeando com meus amigos à noite, na Praça da Matriz, em Ubatuba. Quando criança, além de ir à avenida da orla da praia, a pracinha era o meu principal programa de fim de semana. As famílias se sentavam para conversar com os amigos, enquanto as crianças corriam, brincando de pega-pega, polícia e ladrão e esconde-esconde. As moças, sob os olhares atentos dos pais, andavam ao redor da praça, num passo lento, enquanto os rapazes, sentados, observavam e lançavam os seus olhares.

Um evento marcante era a chegada da banda. Após a missa de domingo à noite, chegavam os músicos de uniformes brancos, limpos, engomados, sapatos engraxados, com seus trombones, trompetes, trompas, sax, tubas, clarinetas, flautas, fagotes e oboés. Era o ápice acompanhar a banda até a chegada ao coreto da praça. Uma das nossas brincadeiras preferidas era adivinhar o caminho que a banda faria até o coreto em cada apresentação. Como a praça ficava lotada, tínhamos que nos espalhar e seguir o som dos primeiros instrumentos. Aquele que chegasse primeiro até a banda venceria. Quase sempre era um dos vencedores, pois tinha facilidade em distinguir os acordes da banda. Numa certa ocasião, ouvi um som diferente de todos os instrumentos conhecidos da banda e resolvi seguir em sua direção, mesmo sabendo que não seria a banda. Sentia uma vibração diferente e logo percebi que vinha de uma aglomeração de pessoas formando um círculo. Conforme me embrenhava, percebi que estavam cantando, batendo palmas e se divertindo, observando dois homens negros, sem camisas, muito ágeis e fortes, que se moviam de uma maneira que eu nunca tinha visto! De repente, um deles, com uma rasteira sutil, derrubou o outro. Imediatamente, o que caiu se levantou e sorriu! Perguntei para um homem que vibrava com aquela cena: "Moço, o que é isso?". Ele respondeu: "Isso é Capoeira! E das boas!". Imediatamente, falei: "E como faço para aprender?". "Procure o Jequié, aquele, que está tocando e cantando! Ele abriu uma academia aqui em Ubatuba, perto do centro".

Naquela noite, perdi a corrida até a banda, mas ganhei algo que faz parte da minha vida, do meu corpo e do meu trabalho: a Capoeira.

Comecei a treinar na semana seguinte, na Academia de Capoeira Mandinga de Angola. Na academia tinha um espelho grande, com uma barra de ferro à frente para alongamentos, um saco de boxe pendurado no teto, no qual treinávamos chutes, e alguns cavaletes de madeira para exercícios de golpes. As paredes eram utilizadas para fixar os pandeiros e o instrumento que me fascinara na pracinha: o berimbau. Havia um espaço especial reservado para o diploma de formatura do Jequié, no qual se lia: "A associação de Capoeira Anjos de Angola confere o grau de professor de Capoeira ao detentor deste diploma...". Contornando o quadro com o diploma, Jequié deixou os cordões de capoeira que tinha adquirido: verde, amarelo, verde e amarelo, amarelo e azul e azul. O cordão para o qual tinha sido promovido como professor de Capoeira era das cores verde, azul, amarelo e branco. Sempre que olhava para esse quadro sentia uma grande fascinação que não conseguia explicar. A minha ligação com a Capoeira e com o Mestre Jequié era muito intensa. A Capoeira me trazia mais do que agilidade, flexibilidade, força e ritmo. Trazia-me a cultura e a história do povo negro, a importância de valorizar a ancestralidade e os mestres. E tudo isso de forma lúdica, alegre e desafiadora.

Treinei com o Mestre Jequié até os 14 anos, quando, em 1985, mudei-me com a minha família para São Paulo. Após um ano de mudança, encontrei uma academia próxima ao local em que jogávamos futebol pela escola. Era do Grupo Axé de Capoeira, do Mestre Santana (Macaco). Lá o coro comia, fosse na aula, fosse nas apresentações de Capoeira. Mestre Jequié veio de Ubatuba especialmente para a minha graduação de formado (cordão azul). Ele se hospedou em nossa casa e, num determinado momento, perguntou-me se eu teria interesse em ser professor de Capoeira. Achei aquela pergunta descabida. Nunca tinha imaginado que a Capoeira poderia se transformar no meu trabalho. Estávamos em São Paulo para eu e meu irmão terminarmos os estudos no ensino médio e escolher um curso superior. Mas ele era o meu Mestre e, certamente, enxergara algo diferente em mim.

No ano seguinte, já no terceiro ano do ensino médio, Jequié novamente se hospedou em casa. Tinha vindo participar da primeira clínica de Capoeira da Universidade de São Paulo (USP) e me convidou. Não entendia o que era uma clínica de Capoeira, até conhecer o evento, realizado no Centro de Práticas Esportivas da Universidade de São Paulo (CEPEUSP), em 1987, pelo Mestre Gladson de Oliveira Silva. Mestre Gladson foi o pioneiro na introdução da Capoeira em escolas e universidades. Ensinou em escolas tradicionais de São Paulo, introduzindo, em 1972, a Capoeira na USP, no CEPEUSP e na Escola de Educação Física e Esporte da USP (EEFEUSP).

Nas clínicas de Capoeira, Gladson oferecia o conhecimento acadêmico, através de colegas especialistas em nutrição esportiva, biomecânica, fisiologia, psicologia, e o conhecimento popular, através de importantes mestres, como João Grande, João Pequeno, Bobó, Boca Rica, Moraes, Canjiquinha, Ezequiel, Itapuã, Nenel, Toni Vargas, Mão Branca, Brasília, Suassuna, entre outros. Essa experiência foi decisiva para a minha escolha profissional. Saí da clínica decidido a prestar Educação Física e me tornar professor de Capoeira. Em 1989, após um ano de cursinho, ingressava na USP e começava a treinar com Mestre Gladson.

Na Escola de Educação Física era muito mais capoeirista do que corredor. Nos intervalos para o almoço saía em disparada para o CEPEUSP, para o treino do meio-dia. Participei de diversos torneios, apresentações, viagens, intercâmbios. Nessa época, a corrida tinha um papel secundário para mim. Corria nas aulas de atletismo, alguns minutos no início do treino de capoeira e, algumas vezes, pelas ruas da USP. Em 1991, por indicação do Mestre Gladson, fui convidado a dar aulas de Capoeira para crianças no Colégio Augusto Laranja, uma escola tradicional de São Paulo. A partir de então começava uma longa trajetória, que se estende até os dias atuais, trabalhando com crianças a partir de três anos de idade. Sou muito grato à Capoeira. Além de tudo que me proporcionou profissionalmente, a Capoeira me manteve fortalecido e flexível durante todos esses anos. O fato de não precisar fazer musculação como trabalho auxiliar a corrida teve relação direta com a prática das posturas e dos golpes. Hoje, dedico-me apenas às aulas com as crianças. Se treinasse, talvez pudesse ter algumas lesões que prejudicariam a corrida. Mas meu amor pelas duas, corrida e capoeira, permanecerá pela vida. Afinal, foi correndo atrás da banda que conheci os meus dois amores.

31ª Maratona

INVENTÁRIO SEM DISPUTA, MUITO TRANQUILO

Ubatuba
23/02/19 – sábado
Horário: 5h55
Duração: 5h
Tempo em movimento: 4h33
Ritmo: 6'35"/km

Não havia programado essa etapa em Ubatuba, entretanto, um compromisso familiar, a assinatura do inventário de meu pai, em cartório, obrigou-me a mudar os planos. Fiquei indignado com o preço que se paga para morrer. É muito caro. Os impostos de transferência de propriedade para os herdeiros são altíssimos, as certidões inúmeras e o serviço do cartório uma extorsão. Isso porque não precisamos pagar despesas jurídicas. Minha mãe e irmão, advogados, encarregaram-se dessa parte. Fomos juntos ao cartório – Regina, minha mãe, Clarissa, minha cunhada, Marcelo, meu irmão, Ana e eu.

Em plena sexta-feira, almoçamos juntos numa padaria de produtos orgânicos e integrais, próxima ao centro da cidade de Ubatuba. A data foi conveniente, conciliei com a saída dos alunos para um acampamento, assim, não precisei faltar às minhas aulas, na escola onde trabalho, nesse dia. Dessa forma, ao meio-dia estávamos almoçando. Tinha uma sensação estranha, parecida com a de alguns sonhos. Neles, via-me em um dia útil em Ubatuba e batia o desespero e a culpa de não estar no trabalho, em São Paulo.

Terminamos o almoço, que, para infelicidade da Ana e de minha mãe, não estava bom, e partimos para o cartório. Fomos recepcionados com muita gentileza pelo dono, em uma grande e confortável sala. Porém o atendimento foi lento. Muita demora em transcrever o inventário para o livro de registro. Coisa horrível essa burocracia.

Fiquei imaginando como seria muito mais demorado se não concordássemos entre nós, os herdeiros. Haveria uma briga sem fim, com disputas, desentendimentos e rompimentos em uma prolongada ação judicial. No nosso caso foi muito tranquilo.

Ali, parado no cartório, com uma longa espera, senti-me muito cansado. O dia estava muito quente, suava e encharcava minha roupa. Assim que terminou o procedimento no cartório, dormi umas duas horas. Nada parecia indicar que era véspera de mais uma etapa. Desde que as aulas começaram, tenho corrido durante a semana um pouco menos. O esforço para as aulas de capoeira e as pedaladas pelas ruas da cidade de São Paulo têm tomado meu tempo.

Após acordar, ajudei minha mãe a fazer as compras de quitanda e supermercado e tomamos um lanche. Ainda enjoadas pela quantidade de alho no macarrão, Ana e minha mãe quase nem lancharam. Curiosamente, eu, que sempre tive grande intolerância a alho, estava bem. E olha que comi um pouco do prato delas!

Fui dormir razoavelmente cedo para quem descansara à tarde. Eram 23h quando fui para a cama. Regulei o despertador para tocar às 4h30, mas só consegui sair da cama umas 5h. Como na semana passada terminou o horário de verão, o dia já estava claro e anunciando um forte calor. A previsão era de trinta e quatro graus a partir das 8h! Comecei a correr com a sensação de atraso e por um descuido não peguei meu boné e o óculos escuro.

Antes de chegar à primeira praia, Praia Grande, corri uns cinco quilômetros numa longa reta da estrada, já prevendo que na volta sofreria nesse trecho, pois não havia nenhuma árvore que desse sombra. Assim que cheguei à praia, ainda vazia, corri um pequeno trecho na areia batida. A Praia Grande me traz recordações boas, da época que era tranquila, sem a quantidade de quiosques, prédios, comércios e casas que a invadiram nos anos noventa. Surfei muito naquelas ondas, no meio da praia, no canto esquerdo, conhecido como Baguari. Lembrei-me de um rapaz, português, que corria da cidade até a Praia Grande. Um grande feito para mim na época.

A praia seguinte, Toninhas, tem esse nome devido aos golfinhos que são avistados perto da praia, principalmente no verão, época de acasalamento. Toninhas é também famosa pela alta qualidade de seus serviços turísticos, com ótimos hotéis, pousadas, restaurantes e quiosques. Eu, particularmente, acho horrível. Jamais ficaria hospedado lá no verão. As águas ficam impróprias para o banho, falta água, muito trânsito. Quando criança costumava ir com meus pais ou com amigos, principalmente, para pescar. Tinha muito peixe. Entrávamos no mar de caniço, uma pequena vara de bambu, e saíamos da água puxando o peixe até a areia.

A terceira praia no caminho foi a Enseada. Uma praia tranquila, com poucas ondas. A areia é dura e ótima para caminhar. Água morna em alguns pontos mesclam as cores azuladas e verdes no canto esquerdo. Tem bons restaurantes e hotéis. Uma praia adequada às famílias. Quando morava em Ubatuba, tinha uma amiga que tinha casa lá e fazia festas dançantes, bailinhos. Era o máximo. Tirava as garotas para dançar, sentia aquela expectativa da aceitação, dos corpos se aproximando, dos beijos, sempre aos embalos das músicas lentas. Tentei localizar a casa. Infelizmente, não consegui.

O Perequê Mirim, próxima praia com acesso pela rodovia, é um lugar mais acanhado, com pouca estrutura ao turista. A praia é pequena, com um rio em cada ponta. No verão costuma ser imprópria para banho. Tenho poucas recordações dessa praia. Lembro apenas que meu avô tinha um sítio mais para o interior do bairro. Hoje não existe mais.

As duas praias seguintes, Lázaro e Domingas Dias, são as praias mais valorizadas desse trecho do litoral. Casas amplas, algumas bem sofisticadas, construídas em condomínios fechados, próximas ao mar calmo, ideal para nadar e remar. Do alto da rodovia é possível vislumbrar sua beleza. Durante os anos setenta e meados de oitenta era comum encontrar pessoas acampando. Hoje, impossível.

A minha ideia inicial era correr os dezessete quilômetros até o Lázaro e depois retornar, complementando os oito quilômetros restantes em direção às praias do norte. Ao chegar ao ponto estabelecido, resolvi ir além, até completar os vinte e um quilômetros necessários para a meia. Só que sabia que, para isso, teria que enfrentar uma boa subida, com uns cento e cinquenta metros de elevação. Nada tão difícil, não fosse o fato de que já estava acabando minha reserva de água.

Assim que subi, logo comecei a descer e sentia que estava perto da próxima praia. Não tinha certeza de qual seria, mas ao avistar a ponte sobre o Rio, não tinha dúvidas. Tinha chegado à Praia Dura, onde termina uma prova de trilhas e praias, da qual já participei umas quatro vezes, e ocorre em abril.

O dia estava lindo e por um breve momento senti uma tremenda gratidão por conseguir correr e apreciar lugares tão lindos, levado apenas pelas próprias pernas. Corri ainda um pequeno trecho na praia e parei para um banho no rio. A água estava deliciosamente gelada. Estava me arrumando quando veio em minha direção um senhor e conversamos sobre provas e corridas. Contei sobre o desafio e passei meus contatos de rede social para que acompanhasse. Ele se chamava Paulo. Tinha um nome composto, que cheguei a pensar em anotar, pois sabia que na volta da corrida teria a chance de esquecer. Resultado: não anotei e esqueci, lógico. Mas fica a possibilidade de mais um laço criado no desafio.

Após me arrumar, parti para a segunda metade, certamente, a que deveria ser a mais pesada. Não deu outra. A minha água estava acabando e com o forte calor diminuí o ritmo. Ao final da grande subida encontrei uma bica de água potável, pelo menos, tudo indicava. Conversei com outro senhor que estava ali, enchendo o galão. Estava numa caminhonete com um cachorro. Tinha cabelo grisalho, era magro e bastante bronzeado. Como ele estava parado no acostamento, na contramão, decidi ajudá-lo a voltar à estrada.

Bebi pouca água da bica, pois fiquei um pouco desconfiado da qualidade. Ao chegar novamente ao Lázaro, parei num supermercado e comprei água de coco e água mineral. Apesar de saber que não deveria beber muito líquido de uma vez só, não resisti. Resultado: uma leve cólica abdominal me acompanhou e fez o ritmo das passadas novamente diminuir. Por experiência, sabia que duraria pouco, e foi o que aconteceu. Faltando doze quilômetros comecei a me sentir melhor. Ocorre que, a essa altura, o sol estava muito forte. Guiava-me pelas poucas sombras que haviam no caminho.

Nessas horas, as maratonas acumuladas me ajudaram a lidar psicologicamente com o incômodo. Passei novamente pelo Perequê Mirim, Enseada, Toninhas e Praia Grande. A visão da Praia Grande nesse horário era diferente. Uma multidão já tomava conta das areias. Resolvi tomar uma ducha antes de enfrentar o trecho final da reta. Dois reais por quarenta segundos de ducha. Comprei mais água e reuni toda a força que precisava para os últimos seis quilômetros. Nessa hora recebi a ligação da Ana. Avisei que estava chegando. Menos de um quilômetro cruzei com ela e minha mãe, de carro. Tinham trazido mais um pouco da água de coco e um incentivo importante. Quem resiste a esses sorrisos de mãe e esposa?

Ana e minha mãe trazendo o incentivo que precisava para os últimos quilômetros.

Agora, a parte mais difícil, e que já previa, começou. Amarrei a camiseta à cabeça e segui firme e lentamente até o final.

Por um instante cheguei a duvidar que a distância bateria os quarenta e dois quilômetros, cento e noventa e cinco metros. Mas ainda sobrou, o suficiente para caminhar um pouco até a piscina do prédio de minha mãe. Mergulhei e relaxei boa parte do restante do dia, com a certeza do dever e do inventário cumpridos.

32ª Maratona

BICICLETA, CAPOEIRA, CHUVA, RESFRIADO E CLINT EASTWOOD

São Paulo
3/03/2019 – domingo
Horário: 6h23
Duração: 4h43
Tempo em movimento: 4h33
Ritmo: 6'33"/km

Essa etapa era para ter sido em Ubatuba, mas como havia estado lá na semana anterior, achei melhor ficar em São Paulo. Pegar estrada no Carnaval nunca foi meu programa favorito. Além disso, meus filhos, Pedro e Marina, estavam empolgados com as diversas opções de blocos e nem cogitaram viajar.

Na semana que antecedeu o Carnaval tivemos que deixar um dos carros na oficina. A bicicleta, ainda que com muita chuva, passou a ser minha única forma de locomoção. Bicicleta, suor e chuva não combinam. Para segurar um resfriado que poderia me derrubar, tive que tomar bastante água, própolis e vitamina C. Deu certo. Terça-feira já não sentia nenhum sintoma. Na quarta-feira consegui correr uns oito quilômetros. Na quinta fui para a escola correndo. Sexta-feira estava muito cansado e dormi doze horas. Só fui acordar no sábado, às 10h.

Foi fácil explicar o meu cansaço depois que vi o odômetro da bicicleta registrando centro e vinte quilômetros rodados na semana. E não foi só isso. Também, as aulas de capoeira com as crianças, que me fizeram sair molhado de suor, deram sua contribuição para o meu desgaste físico.

É interessante que, a essa altura do desafio, involuntariamente, continuava a inserir outras atividades físicas. Talvez, o efeito de tanto exercício, com a variação de esforço muscular, esteja contribuindo positivamente para o meu desempenho. Mas, por outro lado, deve estar me deixando mais cansado.

O fato é que deixei o sábado de Carnaval para descansar e isso me ajudou. Fui ao cinema para assistir ao filme "A mula", com Clint Eastwood. Esse veterano ator, cineasta e produtor norte-americano, famoso pelos seus papéis na década de 60, típicos em filmes de ação com um cara durão, nesse filme vive um anti-herói. Eastwood interpreta um idoso que coleciona uma série de honras. Desde prêmios por seus trabalhos como paisagista e decorador, até o reconhecimento por ter lutado contra os nazistas durante a Segunda Guerra Mundial. No entanto sempre deixou a família para segundo plano. Não compareceu ao batizado, formatura, noivado e casamento da filha. Aos 90 anos, separado e falido, decide reaproximar-se da família. Porém, sem perspectivas financeiras, torna-se transportador de drogas (mula), chegando a transportar em uma só viagem o equivalente a três milhões de dólares em cocaína em seu carro, uma picape velha, no Michigan.

Duas coisas me impressionaram no filme. A primeira, a semelhança dos gestos e das expressões de Clint Eastwood com meu pai, falecido há três meses. A segunda, um ator com 89 anos em ação, pele envelhecida e de voz mansa, conserva o charme e a determinação dos caubóis que interpretou no passado. Ele tem uma receita: levanta pesos todos os dias de manhã antes de encarar um dia de filmagem. Mas é o trabalho, mais do que tudo, que o mantém com bom espírito e ainda em atividade.

Uma das passagens que li de uma entrevista de Eastwood mostra a bela lição de vida desse senhor de 89 anos, dono do seu tempo. "Tenho com o cinema a mesma relação que tenho com o golfe. Adoro jogar golfe, mas não quero ter a obrigação de praticá-lo todos os dias".

Esses elementos, trabalho e prazer pelo movimento, são dois pilares no desafio das 50 maratonas. Por isso, esse filme mexeu comigo. Antes de dormir ainda assisti à Maratona de Tóquio. O canal ESPN fez a transmissão a partir das 21h. Tóquio faz parte das Major, as maiores maratonas do mundo. As provas de Chicago, Londres, Boston, Nova York, Berlim e Tóquio são as mais icônicas de todo o calendário – para conseguir uma vaga nelas é preciso participar de um concorrido sorteio ou cumprir requisitos de desempenho em outros eventos. Por isso, as Major Marathons atraem a elite do atletismo profissional e fazem parte dos sonhos de muitos corredores. Pessoalmente, não tenho essa enorme atração. Evidentemente, gostaria de unir turismo e maratonas, mas pode ser em outras maratonas menores, como Paris, Roma e Amsterdã.

Os profissionais estão pulverizando as marcas. O vencedor, o etíope Birhanu Legese, cravou o tempo de duas horas, quatro minutos e quarenta e oito segundos para assegurar o seu triunfo com certa facilidade, pois terminou a disputa dois minutos antes do segundo colocado, o queniano Bedan Karoki. Dickson Chumba, também do Quênia, ficou em terceiro lugar.

O que faz os corredores africanos serem tão bons? Segundo um estudo do Centro Olímpico Americano, em Colorado Springs, atribui-se o sucesso dos atletas africanos a alguns fatores: genética (através do processo de seleção natural, os genes responsáveis pela capacidade de resistência foram transmitidos pelas gerações); aptidão aeróbia de base (o hábito de percorrer correndo grandes distâncias vem desde a infância); hemoglobina (os níveis elevados de hemoglobina, responsável pelo maior transporte de oxigênio); mecânica corporal (uma eficiência nos gestos, com pouco desperdício de energia, resultado das características físicas ideais); formação muscular (predomínio de fibras musculares resistentes); altitude (locais elevados desenvolvem mais hemoglobinas, tornando-os mais resistentes); motivação (determinação para atingir o sucesso econômico e escapar da pobreza).

Dentre esses fatores, acho que apenas a aptidão aeróbica de base me acompanha, de modo que jamais seria uma máquina de correr no mesmo nível desses heróis africanos.

Acordei no domingo com o percurso, mentalmente, definido. Faria mais uma vez o trajeto de casa até o Parque Villa Lobos, passando pela ponte Laguna, Chucri Zaidan, Nova Faria Lima, Pedroso de Moraes e Professor Fonseca Rodrigues. De lá, entraria no Villa Lobos, daria uma volta na ciclovia e retornaria novamente. A única parte ruim, como mencionei em outras maratonas, seria a parte final, com muitas subidas nos últimos três quilômetros. Como conheço esse percurso de olhos fechados, sei os marcadores de distância de acordo com os locais. Da minha casa até a ponte Laguna, três quilômetros. O quilômetro dez fica na Chucri Zaidan, num pracinha um pouco antes da Avenida Bandeirantes. O quilômetro quinze fica na Pedroso de Moraes e, o dezoito, perto da Rua Padre Pereira, local de uma das escolas em que trabalho. Entrando na ciclovia atinjo o quilômetro vinte e um, metade do percurso.

Essa marcação tem um lado bom e outro ruim. Ajuda a saber e a localizar o ponto da maratona e comparar a sensação com edições anteriores. O lado ruim é a falta do inusitado, como quando na etapa anterior me deparei na metade do caminho, na Praia Dura.

Dessa vez, posso dizer que, na ida até o Villa Lobos, não senti os quilômetros passarem. O relógio também parece que disparou e quando verifiquei já estava com mais de duas horas. Na volta, acredito que pelo cansaço e pelo resfriado da semana anterior, minha percepção do tempo e da distância se modificou bastante. Para meu alívio, mais uma vez fui surpreendido pela presença dos amigos Léo e Pedro Zolli.

Os caras vinham voando no sentido contrário e acabaram cruzando comigo. Foi uma injeção de ânimo direto na minha maratona. Corremos juntos até o Parque do Povo, quilômetro trinta e um da corrida. De lá, eles seguiram para suas casas e, eu, para a minha.

Fazia mais calor do que nos dias anteriores, mas nada que lembrasse as últimas etapas. Reduzi o ritmo, mas mantive a confiança de que terminaria sem maiores problemas. Senti um desconforto nos pés e pensei: acho que está na hora de comprar mais um tênis para o desafio. A distância total me deixou ainda a algumas dezenas de metros da banca em que costumo comprar a minha água de coco e o meu açaí. Sem problemas. Caminhei tranquilamente, com a sensação de satisfação por mais uma maratona realizada. A trigésima segunda em semanas consecutivas, desde o dia 29 de julho de 2018, estava vencida. Terminei com uma sensação curiosa. Quando estou cansado tenho o costume de contar os quilômetros que faltam. No desafio tenho contado as maratonas que corri e, agora, comecei a contar as maratonas que me restam para correr – apenas dezoito. Dá uma sensação de orgulho, misturada com certa tristeza de ver que o fim está próximo. Mas a sensação de cansaço pelo desafio, espero jamais sentir.

33ª Maratona

A ANA ME SEGUIU DE BICICLETA – ISSO QUE É AMOR

São Paulo
10/03/19 – domingo
Horário: 5h51
Duração: 4h49
Tempo em movimento: 4h21
Ritmo: 6'20"/km

Desde o início do desafio pensava em como seria bom se a Ana pudesse participar de uma etapa inteira. A corrida sempre fez parte da nossa história. Ainda adolescentes, Ana acompanhava a minha preparação para o teste de aptidão física do vestibular de Educação Física. Mais tarde, começou a treinar com algumas amigas, fazendo provas de dez quilômetros, vinte e um quilômetros e uma de quarenta e dois, na maratona de São Paulo, em 1997. Um ano depois, tivemos nossa filha, Marina, e as suas corridas foram se espaçando cada vez mais. Com o tempo, Ana passou a ter a missão de um dia voltar a correr. Curiosamente, ela não tinha motivação para correr provas mais curtas, caminho normal das pessoas que estão retomando ou começando. Ana, assim como eu, sempre gostou de distâncias maiores.

Lembro, entre tantas corridas que compartilhamos, de uma especial. Estávamos em Ubatuba e decidimos ir da cidade até a Praia do Puruba, a vinte e três quilômetros de distância. Íamos conversando e curtindo o visual, sem pressa de chegar. Levamos duas mexericas e, num determinado momento, nós as descascamos e as devoramos com muita vontade.

Em 2016, a Ana voltou a correr. Um dia, ela estava andando numa praça próxima ao trabalho e encontrou duas amigas, Cecília e Renata. Logo combinaram de se encontrar e correrem juntas. Em pouco tempo lá estava ela, fazendo mais uma meia maratona. Dessa vez a acompanhei no percurso todo, ao lado da Renata, sua amiga.

Essa fase foi muito importante para a Ana. Primeiro, por ter rompido um longo período de inatividade, no qual se questionava se um dia voltaria à corrida. Depois, por permitir um retorno para um momento pessoal de investimento e melhora da sua qualidade de vida. Infelizmente, após os joelhos acusarem o esforço e a falta de estrutura muscular, Ana teve que fazer uma cirurgia de raspagem do menisco.

No início do ano estávamos em Ubatuba e alugamos umas bicicletas elétricas. Há algum tempo, Ana vinha com a ideia de adquirirmos uma bicicleta elétrica para enfrentar as subidas que existem no trajeto de casa ao trabalho, em São Paulo. Estava reticente, com receio dela no trânsito e de roubo. Depois, achei que seria uma boa oportunidade para ela voltar para uma atividade física aeróbia, sem o impacto da corrida.

Na semana em que compramos a bicicleta, ela ficou internada com Herpes Zoster e tivemos que adiar a sua primeira pedalada. Quinze dias depois, lá estávamos, em pleno domingo, na ciclovia. Confesso que tinha certo preconceito com a bicicleta elétrica, até experimentá-la. A vantagem está no conforto e no impulso adicional que ela proporciona nas arrancadas e nas subidas. Passei a ser um usuário frequente durante a semana.

Conforme Ana recuperava sua disposição e preparo, começamos a pensar numa etapa do desafio juntos. A ideia inicial seria que me acompanhasse apenas um trecho da maratona. Pensamos em diversas opções e a que nos parecia melhor era a de deixar a bicicleta no seu trabalho, próximo à metade do percurso. A maior dificuldade para uma maratona inteira não era a distância de quarenta e dois quilômetros, já que a velocidade e o esforço para pedalar seriam pequenos, ainda mais para uma bicicleta elétrica. O problema seria permanecer sentada em torno de quatro horas e meia.

Pusemos o despertador para as 5h e, antes de dormir, assistimos ao primeiro episódio de um documentário, Losers (Perdedores). Achei interessante uma produção que retrate o lado da derrota. Em uma sociedade na qual o mais importante é vencer, como encaramos o fracasso? Será que só existem aspectos positivos na vitória e negativos na derrota? Inevitavelmente, pensei no desafio das 50 maratonas. Somente se conseguir completá-lo terei sido um vencedor? E se até o dia 28 de julho, data da última maratona, acontecer algo que me impeça de correr, terei sido um perdedor? E todas as maratonas que completei não terão servido para nada?

Uma das coisas que povoam meus pensamentos no desafio é a vontade de dividir com as pessoas os sentimentos que enfrentei nessa longa jornada de 50 etapas. Um deles, certamente, é olhar para um desafio, uma competição, pela perspectiva do processo e não do resultado. Quando olhamos apenas para o resultado, desvalorizamos tudo que acontece no processo de competir. E é essa parte, na minha opinião, a que mais conta.

O dia amanheceu e partimos pelas ruas, repetindo o trajeto que nos levou até a ponte Laguna. Nesse início da corrida fazia um pouco de frio. Como sabia da baixa tolerância da Ana ao frio, sugeri que pegasse um agasalho. Na ponte Ana ainda colocou uma calça que levava na mochila. Como saímos bem cedo, era possível acompanhá-la na ciclovia. Ora ou outra aparecia algum ciclista. Como estava atrás da bicicleta, avisava para dar passagem. Curiosamente, os ciclistas se aproximavam nos momentos em que Ana não olhava no espelho. Isso fez com que um deles tivesse que frear mais bruscamente. Fora isso, chegamos bem ao quilômetro treze, no Parque Ibirapuera.

Ao entrar no parque encontramos um animado grupo de corredores se preparando para o treino. Toda vez que encontro com um desses grupo penso que a corrida traz uma emoção pueril. Há certo clima de riso, humor e brincadeiras, ainda que muitos corredores estejam longe da infância e adolescência. Ofereci para tirar uma foto com o celular de uma das pessoas que tentava fazer uma foto do grupo e, logo em seguida, pedi para que tirassem uma foto nossa.

Nós e a bicicleta elétrica no parque Ibirapuera.

Seguimos em direção à saída do portão do lago do Ibirapuera com a intenção de chegar à ciclovia da Avenida Brasil, mas como era dia de bloco de carnaval, o portão estava fechado e tivemos que retornar para sair do parque por outro local.

A Av. República do Líbano estava interditada ao trânsito de carros, o que facilitou nosso acesso de bicicleta e a pé. Ainda era cedo e os primeiros ambulantes e caminhonetes começavam os preparos para atender um parque abarrotado de pessoas, dali a algumas horas. O Carnaval de São Paulo cresceu muito nos últimos anos. Em 2019, foram dezesseis blocos e, aproximadamente, doze milhões de foliões durante o pré-carnaval, nos dias 23 e 24 de fevereiro; o carnaval, nos dias 2, 3, 4 e 5 de março; e o pós-carnaval, em 9 e 10 de março.

Ao todo, quinhentos e dezesseis blocos fizeram quinhentos e cinquenta e seis desfiles em trezentos trajetos diferentes. Acrescentaria a esses blocos um muito especial. O bloco dos corredores e ciclistas, que durante esse período aproveitaram as interdições de ruas para ocuparem os espaços da cidade. Esse é um bloco que sai cedo, depois que os participantes dos outros vão dormir, após terem desfilado. O do grupo de corredores e ciclistas não conta com bateria ensaiada, é apenas o som dos passos e rodas de bicicleta no asfalto.

Ao passarmos pela Avenida Pedro Álvares Cabral nos deparamos com a imponente Assembleia Legislativa de São Paulo – Palácio Nove de Julho. A partir desse ponto estava decretada a abertura das memórias afetivas da Ana.

A Assembleia traz a lembrança de seu avô Geraldo, funcionário público que trabalhou como motorista do governador Adhemar de Barros, ex-governador e influente político paulista da década de quarenta à década de sessenta. Certa vez, quando criança, vô Geraldo a levou à Assembleia e as pessoas paravam para elogiá-la e apertar as suas bochechas.

Corremos mais alguns metros e fizemos o retorno em frente ao obelisco do Ibirapuera, símbolo da Revolução Constitucionalista de 1932. O obelisco é o maior monumento da cidade de São Paulo, com seus setenta e dois metros de altura. O monumento começou a ser construído em 1947 e teve sua conclusão somente no ano de 1970. Porém, sua inauguração ocorreu no dia 9 de julho de 1955, um ano após a abertura do Parque do Ibirapuera. O Obelisco abriga um mausoléu com os corpos dos estudantes Martins, Miragaia, Dráuzio e Camargo (MMDC) – os quatro estudantes mortos pelas tropas de Getúlio Vargas, deflagrando a revolução. Existem inscrições acompanhadas de ícones em suas quatro faces. Do lado que passamos, lia-se uma frase: *"Viveram pouco para morrer bem, morreram jovens para viver sempre".*

Confesso que essa frase me tocou. Será possível morrer bem sendo jovem e com toda uma vida pela frente? E viver para sempre é algo bom quando se morre jovem? Não devo ter entendido a mensagem do jornalista, Dr. Antônio Benedito Machado Florence.

Como disse, nossa intenção era pegar a ciclovia da Avenida Brasil, mas em função do isolamento para o Carnaval, não haviam montado a pista para bicicletas. Resolvemos ir pelo Jardim Europa, um bairro nobre, com muitos casarões residenciais. Atrapalhamo-nos um pouco e acabamos mais adiante, acessando a Avenida Brasil. A essa altura já estávamos no quilômetro vinte e um, metade do percurso. Ao cruzarmos a Avenida Rebouças, logo chegamos à Rua dos Pinheiros, um local de muitas lembranças de infância para Ana.

Paramos em um ponto onde funcionou uma padaria. A memória transportou Ana para o tempo em que ia sozinha até ali para comprar café. No caminho, quando ia à padaria, ficava preocupada, pensando em não errar a frase "Me dá meio quilo de café moído na hora?", Na volta, Ana cheirava o pacote. Hoje, quem mandaria uma criança de seis anos sozinha à padaria?

Alguns metros adiante, viramos à direita, na Rua Cônego Eugênio Leite, e ficamos diante do prédio onde Ana morou dos 4 aos 10 anos de idade. O prédio tem treze andares e o apartamento era de três quartos. Um para os seus pais, outro para a Ana, Valquíria (sua irmã) e Maria (mãe da Valquíria), e o terceiro para seu irmão Maurício. Desse período, Ana relembrou duas histórias curiosas. A primeira, de quando foi visitar um amigo que morava no décimo terceiro andar. Como ainda não alcançava o botão do elevador, apertou até o sétimo andar e, lá chegando, acharia que teria altura para apertar o treze. Um genuíno pensamento de criança! Outra, de quando, sem querer, atropelou de bicicleta uma senhora que estava na calçada. Ana vinha atrás e acabou tocando no calcanhar com a roda, desequilibrando-se. Assustada, continuou pedalando enquanto ouvia os xingamentos da velhinha.

Seguimos pela Rua dos Pinheiros, no local onde existia a livraria Capitu. Nesse ponto, Ana se lembrou de suas visitas frequentes àquela livraria e do tempo em que ali ficava lendo livros, principalmente os de Lygia Bojunga Nunes. E, um dos mais marcantes, foi a "Bolsa amarela".

A livraria era em um sobrado. A parte de baixo tinha livros para adultos e na parte de cima ficavam os infantis. O acesso era feito por uma escada encostada na parede e que, muitas vezes, levou-a ao andar de cima, sem que ninguém a visse. A parte gostosa é que ela se atirava numas almofadas e passava horas sozinha, lendo. É curioso como nossa geração conseguiu aproveitar uma infância com mais tempo e mais espaço longe dos olhares dos adultos.

Na própria Rua dos Pinheiros havia uma granja e um matadouro de frangos. Lá, vendiam ovos e aves abatidas na hora. A granja ficava bem no caminho obrigatório para ir e voltar à escola. Ana se lembra de que o cheiro era insuportável.

Seguindo o caminho dos tempos memoráveis, fizemos a próxima parada na Rua Matheus Grou. Lá ficava a terceira moradia da Ana. A casa era um sobrado, tinha uma escada logo na entrada. Em cima tinham três quartos e, embaixo, a cozinha, a sala de estar e a de jantar. Havia um porão, que era visitado nos momentos de isolamento e tristeza. Agora, no local, existe um prédio.

A última moradia de Pinheiros pela qual passamos tinha sido a sua primeira e mais modesta casa. Era um prédio de três andares, na própria Rua dos Pinheiros. Como ainda era muito pequena, Ana não teve recordações.

Terminado o tour pelo bairro, nosso último ponto de visita foi a escola Soma Ensino e Pesquisa, escola de sua mãe, na qual estudou da educação infantil até o final do ensino fundamental.

O cenário atual está completamente alterado. Uma parte foi demolida e só restou o terreno. A outra parte da escola, de frente para a Avenida Rebouças, tornou-se uma loja de móveis.

Resta apenas uma imponente árvore, que fazia parte das brincadeiras de parque.

Nesse ponto, acumulávamos vinte e cinco quilômetros e comecei a fazer os cálculos para saber que trajeto faríamos até chegar aos quarenta e dois quilômetros, de preferência perto de casa. Fomos até a Avenida Nova Faria Lima e viramos à direita, em direção ao Parque Villa Lobos. Como já fiz esse trajeto inúmeras vezes, conheço na palma da mão a quilometragem de cada ponto. Ocorre que planejamos a volta por outro caminho. Fui fazendo as contas da quilometragem que iríamos percorrer. Conta vai, conta vem, decidi que iríamos entrar no parque, fazer uma parte da volta da ciclovia e depois voltar.

Um pouco antes de chegarmos, encontramos com o Marcos, marido da Milou, nossos amigos de longa data. Ele voltava de uma corrida que acontecia na USP.

Chegando ao parque compramos água de coco. O tempo estava nublado e o sol começava, aos poucos, a romper as nuvens.

Saímos do parque e alcançamos a ponte da Marginal Pinheiros aos trinta e três quilômetros. Perguntava a toda hora como Ana estava se sentindo, afinal, já rompíamos as três horas e meia de pedal. Como tudo ia bem, decidimos seguir o restante até em casa, juntos. Caso estivesse com problemas, tínhamos a possibilidade de deixar a bicicleta em seu trabalho.

O trecho final faz parte da nossa rotina diária entre trabalho e casa. Faltando uns quatro quilômetros, Ana acusou um pouco o cansaço. Logo em seguida, paramos para ajudar uma moça com problemas na corrente da sua bicicleta. Sujei toda a mão de graxa, mas a moça seguiu pedalando.

Para nossa sorte, vinha em sentido contrário o nosso querido amigo Caio, aniversariante do dia. Tinha compartilhado nossa localização da maratona, mas não imaginava que daria certo esse encontro.

As conversas que tivemos garantiu o fôlego final que Ana precisava para encarar o resto do percurso. Ao chegarmos à banca na qual costumamos finalizar as corridas com um delicioso açaí e água de coco, olho a marcação da distância e não pude acreditar: quarenta e dois quilômetros e cento e noventa e cinco metros, a distância exata de uma maratona.

Coisas do desafio, da qual fez parte, nessa etapa, a pessoa que mais amo na vida.

34ª Maratona

O BARULHO ME TIROU O SONO. O SONHO CONTINUA

São Paulo
16/03/2019 – sábado
Horário: 6h03
Duração: 4h16
Tempo em movimento: 4h01
Ritmo: 5'48"/km

Acordei com um forte barulho vindo da rua. O relógio marcava 5h. Madrugada, não conseguia acreditar que em pleno sábado estavam começando uma obra. A cada segundo, como um ponteiro de um relógio, a impressão era de que alguém martelava um bate estaca dentro do meu quarto. O som ecoava por todo bairro. Como precisava arrumar coragem para levantar da cama, até que agradeci a essa forma inusitada de acordar. Fui até a varanda do apartamento e de lá enxerguei o motivo: um pequeno grupo de trabalhadores arrebentava, com uma britadeira, a guia da calçada.

Não demorou muito para que um dos vizinhos saísse da cama esbaforido e, com toda razão, reclamasse. Onde já se viu fazer uma obra às 5h? A bronca surtiu efeito e logo pararam. Tomei meu café da manhã com certa preguiça. Não me sentia muito animado para correr e para pensar no percurso dessa etapa. A princípio, era para correr no domingo, mas cancelaram um trabalho que realizaria no sábado de manhã. Não achei de todo mal, pois se domingo tenho a vantagem de correr pelas ruas mais vazias de São Paulo, por outro lado, correr no sábado permite um dia a mais de recuperação para a rotina de trabalho na segunda-feira. Além disso, utilizo o domingo para pedalar com a família, como uma forma de lazer regenerativo.

Para não fazer o percurso inteiro na USP, decidi sair de casa correndo, entrar na cidade universitária e depois voltar. Esperei o dia amanhecer e desci, levando comigo o suprimento de carboidratos, o documento (nunca esqueço) e apenas uma garrafa de água (costumo usar duas). Como sabia que conseguiria abastecer na DLB Assessoria Esportiva e em outras que conheço, não me preocupei. Cheguei à USP com quase nove quilômetros e comecei a planejar o percurso que faria. Seria necessário correr pelo menos vinte e quatro quilômetros na cidade universitária para, depois, completar os nove restantes até em casa, cumprindo, assim, os quarenta e dois quilômetros da maratona. Pensei em duas possibilidades: fazer quatro voltas de seis quilômetros num percurso praticamente plano ou fazer três voltas de oito quilômetros com mais subidas. Resolvi fazer o segundo, pois já fiz em outras ocasiões a primeira opção.

Na primeira volta resolvi correr pela calçada da raia da USP, um percurso mais externo e sem a movimentação dos outros corredores e ciclistas. Aos sábados, a cidade universitária vira uma academia a céu aberto e pelo movimento intenso que já se anunciava naquela hora, o dia seria bem cheio. De repente, cruzei com a Fernanda, professora e colega de trabalho, com uma amiga. As duas me cumprimentaram com entusiasmo e seguiram no sentido contrário.

Fiz a primeira pausa na assessoria esportiva DLB e a Janaína, professora, já me acompanhava pelo aplicativo no qual se pode visualizar a minha trajetória. Expliquei que nessa etapa faria apenas um trecho da maratona na USP. Já estava com quatorze quilômetros. Completei a garrafinha com água e saí para mais uma volta.

Na segunda volta, a quantidade de pessoas ficou ainda maior. Eram atletas das mais variadas idades, tipo físico, tamanho, estilo. Alguns passavam por mim numa velocidade maior, impossível de acompanhar, ainda mais para um desafio como o das 50 maratonas. Acho curioso como existe uma competição e uma exibição entre os atletas amadores, até mesmo durante o treino. Alguns levam tão a sério o treino que se esquecem de que são amadores, de que não dependem do esporte para sobreviver e que devem respeitar os limites de seus corpos. Pode parecer um pouco contraditória essa afirmação, principalmente vindo de quem está tentando correr 50 maratonas em um ano, mas o fato é que o fio condutor do meu desafio é algo extremamente pessoal, que não passa por um treinamento espartano e rígido.

Gosto da presença de outros corredores. Observo como correm, como movimentam os pés, oscilam os braços, elevam os calcanhares. Talvez, o que mais me chama atenção é o barulho que fazem quando apoiam os pés. Alguns são tão escandalosos que é possível perceber a aproximação a dezenas de metros. Fico pensando no tremendo desperdício de energia a cada passada, ainda que com a absorção do tênis. Procuro pisar de tal forma que dificilmente ouço meus próprios passos. Acho que isso me ajuda a ter um menor desgaste.

Falando em companhia, quando estava no quilômetro vinte e dois, vieram em minha direção a Lu, a Rai, o Fernando e o Marinho, corredores da DLB. A partir desse ponto a corrida passou a ser mais rápida. Lu e Rai estavam num dia inspirado e começamos a rodar cada quilômetro para cinco minutos e pouco, um ritmo bem forte para o desafio. Não me importei, pois já tinha feito isso em outras etapas. Seguimos adiante e fiquei ainda mais surpreso quando sugeriram a volta da Biologia, um percurso de dez quilômetros com uma subida forte de quase mil metros de extensão. Seguimos sem o Marinho e, a essa altura, sabia que completaria a distância da maratona antes de chegar em casa. Aliás, era uma boa ideia, assim evitaria correr o trecho final em subida.

Antes de vencer a subida, fomos ultrapassados por uma mulher, muito forte. Ao chegarmos novamente à DLB, mais uma pausa para hidratação e algumas fotos. Estava no quilômetro trinta e dois.

Achei que tivessem terminado o treino, mas ainda faltavam dois quilômetros. Partimos juntos e quando tive a ideia de tirar uma foto final, percebi que havia esquecido o celular ao lado do garrafão de hidratação. Retornamos e, ao chegarmos perto, despedimo-nos. Peguei o celular e recebi um tentador convite do Diego, dono da assessoria DLB, para uma carona de volta para casa. O problema é que teria ainda que correr oito quilômetros dentro da USP e, naquele instante, o que eu mais queria era atravessar aquele portão principal da universidade rumo a meu apartamento.

Ainda olhando para o celular, encontro com a Fúvia, colega de trabalho, presente na segunda etapa do desafio.

Sem a presença da Lu, do Fernando e da Rai, meu ritmo diminuiu bastante e passei a rodar a seis minutos e trinta segundos o quilômetro. Essa lentidão já estava programada, afinal, estava completando a trigésima quarta maratona consecutiva. E posso dizer com segurança que foi essa experiência acumulada que me garantiu chegar correndo até perto de casa, completando os quarenta e dois quilômetros, cento e noventa e cinco metros, para, depois, caminhar o restante. Assim, devagarzinho cheguei em casa, com a sensação de que depois de trinta e quatro maratonas, o desafio das 50 até que não era tão difícil assim.

35ª Maratona

PÉ COM MEIA FURADA, MAS SEM BOLHA

São Paulo
23/03/2019 – sábado
Horário: 6h53
Duração: 4h39
Tempo em movimento: 4h20
Ritmo: 6'16"/km

    Tive uma semana intensa e como tomei muita chuva na bicicleta, achei que ficaria resfriado. Sempre que isso acontece tomo muito líquido e um pouco de vitamina C para reforçar a imunidade. Desde o início do desafio, no final de julho do ano passado, não tive gripe. Espero que continue assim até a quinquagésima etapa. Dizem que o treinamento de alta intensidade (não é o caso do desafio) pode abaixar a imunidade.

    Durante a semana, o Léo teve uma infecção e se submeteu a diversos hemogramas para o diagnóstico de toxoplasmose. Ficou bem, mas teve que ficar uns dias no hospital. Fiquei pensando que, se fosse comigo, certamente algumas pessoas diriam que teria sido culpa do esforço. Como Léo mesmo afirmou, qualquer coisa que aconteça comigo, desde uma simples frieira até uma grave doença, para alguns, o desafio terá sido o responsável. Não acho que alguém torça contra, mas é sempre bom me cuidar...

    Coloquei o despertador para às 5h, mas só tive coragem de levantar às 6h. Os dois últimos dias tinham sido mais frescos e pensei que não haveria problema em começar um pouco mais tarde.

    Acordei e não podia reclamar de ter dormido pouco. Tinha ido para a cama às 21h. Fiz todo o ritual que antecede a corrida, ou seja, arrumei-me, passei protetor solar e vaselina, peguei as garrafinhas de água na geladeira, preparei o café da manhã, vesti a pochete com os gels, ativei o localizador do celular e desci de elevador. Assim que dei os primeiros passos, percebi que a meia do pé esquerdo estava furada. O mais sensato seria voltar para casa e trocar, mas, por algum motivo inexplicável, resolvi seguir adiante. Apenas ajeitei a posição do furo e torci para que não se tornasse um incômodo maior. Meu receio era que uma bolha me acompanhasse pelos quarenta e dois quilômetros.

Passei pelo Parque Burle Marx e logo cheguei à ponte Laguna, via de ligação entre os dois lados da marginal. Corria tranquilamente, até dar uma topada que, por pouco, não me levou ao chão. Apesar de saber cair, odeio esse tipo de surpresa. Dá raiva de não ter visto o obstáculo, de me sentir ridículo aos olhos dos demais, enfim, é ruim.

Ao atingir os sete quilômetros, na Avenida Chucri Zaidan, tomei o primeiro gel. Comecei a pensar como faria para resolver o incômodo da meia e decidi que iria comprar uma nova em alguma loja. Como ainda eram 7h30, até chegar a uma loja seria o tempo de pegá-la aberta.

Normalmente, quando corro pelas ruas, levo um dinheiro para comprar água, isotônico e água de coco. Como o dinheiro que tinha provavelmente não seria suficiente para comprar uma meia, teria que sacar mais um pouco em algum caixa eletrônico. Não me agradava a ideia, mas era a única forma. Ao chegar à agência, decepção. Um aviso informava que estava desativada para reforma. Pensei, tudo bem, existem outras agências no caminho.

Cheguei ao Parque do Ibirapuera com uns treze quilômetros. O dia, diferentemente dos anteriores, estava lindo. Um belo céu azul e ensolarado rompia a manhã. Corri apenas um pequeno trecho por dentro do parque e segui em direção ao Parque do Povo. Antes de chegar, mais uma tentativa em vão de sacar dinheiro. A agência só permitia entrada com cartão do banco. Nesse ponto, a meia já não estava incomodando e talvez fosse o caso de desistir de parar para comprar uma nova. De qualquer modo, ainda teria mais uma tentativa no caminho.

Passei pelo Parque do Povo e segui para a Avenida Nova Faria Lima. Nesse trajeto fui acompanhado por duas mulheres, uma de bicicleta e outra correndo. Não conversamos, mas, de certa forma, aceleramos um pouco mais o ritmo.

Após alguns quilômetros correndo pela Av. Nova Faria Lima, atingi a marca da meia maratona. Decidi, definitivamente, que a meia rasgada ficaria comigo até o final.

Cheguei ao Parque Villa Lobos no quilômetro vinte e cinco, abasteci as garrafinhas com água de coco e segui em direção à Cidade Universitária - USP, local de muitos treinos e etapas.

A minha ideia ao chegar à USP era rodar por lá até atingir a marca dos trinta e três quilômetros. Por coincidência, chegando lá atingi o quilômetro vinte e sete, o necessário para uma volta de seis quilômetros, que já fiz muitas vezes.

Parei na DLB para dar um abraço no pessoal, abastecer de isotônico com água e comer uma fruta. Ainda faltavam onze quilômetros... Passei por tantos lugares e ainda tinha essa distância a percorrer. Como é grande uma maratona...

Dois quilômetros adiante já havia saído da USP. Começava o trecho mais difícil e, por que não dizer, o mais feio do percurso.

Como comecei mais tarde, o sol nesse horário aquecia o asfalto da rua e a ciclovia. Parei em todos os sinais fechados e quase fechados, poupando-me do cansaço que me batia. Os últimos sete quilômetros foram cruéis e a chegada em meu prédio reserva uma intensa subida que, dessa vez, precisei conquistar para completar a distância.

Essa não foi uma maratona marcante. Mas com tantas maratonas já realizadas, haveria de ter algumas sem atratividade, não é mesmo? O bom é que agora só restam quinze etapas e a próxima promete. Acompanhe-me!

36ª Maratona

ENCONTRO, RECORDAÇÕES E CAFÉ DA MANHÃ COM OS AMIGOS DA FACULDADE

São Paulo
30/03/2018 – sábado
Horário: 5h14
Duração: 4h39
Tempo em movimento: 4h20
Ritmo: 6'16"/km

    Acordei rapidamente, com a sensação de que seria uma etapa especial. Há um mês estava esperando por esse dia. Alguns amigos da Escola de Educação Física e Esporte da Universidade de São Paulo (EEFEUSP) tinham combinado de me encontrar durante a corrida e depois tomarmos juntos um café da manhã. Nossa turma se formou em 1992 e, desde então, fizemos alguns encontros. O último que participei foi em 2017, quando completamos vinte cinco anos de formados. Desde que iniciei o desafio, em julho do ano passado, vinha divulgando os percursos e os textos na rede social do grupo. Alguns se animaram com a ideia do encontro, outros gostariam de ir, mas não puderam, e, outros, não se manifestaram. Num grupo de mais de sessenta pessoas é muito difícil encontrar uma data viável para todos. Alguns moram fora de São Paulo, trabalham ou estudam aos sábados, têm compromissos familiares e sabe-se lá o quê. Ainda assim, minha expectativa era grande.
    Cheguei bem cedo à USP e, ao contrário das maratonas anteriores, parei o carro em frente à Escola de Educação Física. Estava com um pouco de receio, pois na véspera havia sentido fortes dores no dedinho esquerdo do pé. Não me lembrava se tinha sido uma topada, se havia caído alguma coisa em cima, mas o fato é que, desde quinta-feira à noite, quando dava aula de capoeira para as crianças, comecei a sentir o incômodo. Na primeira volta de seis quilômetros, ainda na escuridão, poucas pessoas treinavam.

Como sempre, os ciclistas eram os primeiros a rodar na Praça da Reitoria, famosa "bolinha" da USP.

Quando estava no quilômetro dez recebi a mensagem do Luiz, o querido Batfino, da faculdade, padrinho de casamento e meu grande amigo. Ele tinha ido para fotografar e me dar incentivo. Demos um forte abraço e fizemos várias fotos ao longo do percurso. Ao passar pelo quilômetro dezoito, em frente à EEFEUSP, avistei o Dimitri se alongando.

Dimitri é um dos maiores especialistas em escalada no Brasil, responsável pela implementação das práticas corporais de aventura em diversas escolas. Atualmente, mora em Jundiaí, cidade próxima a São Paulo, e dá aulas em universidades. Ele já tinha avisado que daria uma volta de seis quilômetros e depois pegaria a estrada. Conversamos sobre trabalho, famílias, rotina e contei um pouco sobre o desafio. Fiquei muito feliz com a presença dele. Antes de ir, ainda tivemos tempo para uma foto, tirada pelo Luiz.

Assim que completamos a volta, na marca do quilômetro vinte e quatro, encontramos a Patrícia Rabaça, colega querida que foi nos prestigiar.

Ela estava se tratando de uma hérnia cervical e não podia correr. Uma pena. Ela vinha empolgada com a corrida e, sem perceber a razão, travou. Nesse ponto, Luiz e Dimitri se despediram e segui adiante. Ainda era cedo, tínhamos combinado a partir das 8h e outras pessoas estavam para chegar. Parei na DLB para me hidratar, e o Jamil começou a me acompanhar. Jamil é um dos corredores da DLB mais envolvidos com o meu desafio. Dessa vez, disse-me que usando minha camiseta já tinha influenciado muita gente a começar a treinar.

Mais uns quarenta minutos e alcançava a marca do quilômetro trinta, na quinta volta. Lá encontrei o Reginaldo. O Reginaldo decidiu me acompanhar nos últimos doze quilômetros. Terminando a minha sexta volta, como já havia planejado, aguardavam-me a Patrícia, a Lili, a Tina, o Caco e o Miguel. Foi uma grande festa!

O Léo, sempre parceiro do desafio, foi lá para me dar um abraço. A Tina e a Lili foram juntas, relembrando os tempos de faculdade.

A conversa com o Reginaldo foi bem bacana. Entre vários assuntos, falamos sobre a perda recente de nossos pais. Por coincidência, seu pai também esteve internado no Icesp (Instituto do Câncer do Estado de São Paulo). O passar dos anos nos priva de quem amamos, com essas perdas. Às vezes, sonho com meu pai. Penso nele quase todos os dias, principalmente antes de dormir. Acho que escolhi na corrida um lugar muito especial, que me permite, em algumas situações, dialogar com ele. Uma das coisas que ele sempre falava, na sua espiritualidade, era de que não havia coincidências. Tudo fazia parte do plano de Deus. E não é que, logo em seguida, sem querer, cruzamos com a Mary Lo, outra colega que não estava nem sabendo do nosso encontro! Conversa vai, conversa vem, Mary Loo conta que em breve será avó! Penso comigo mesmo que meu pai me deu um recado, como se dissesse que a vida não termina, ela apenas continua.

As duas últimas voltas foram num ritmo mais lento. A dor no dedinho não atrapalhou e, nesse momento, nem sentia a sua presença. Viva o milagre da maratona, que cura qualquer dor!

Os últimos metros foram percorridos pelo Miguel, Caco, Lili, Tina, Reginaldo e eu. Patrícia teve que ir embora. Chegamos numa grande euforia à frente da EEFEUSP. Se tudo terminasse ali, já seria um grande dia, mas parecia que algo mais ainda estava reservado para nós. A faculdade estava aberta e justamente naquele momento acontecia a saída e a entrada dos alunos da pós-graduação. Aproveitamos a brecha e entramos para visitar a nossa antiga escola. As memórias viajaram em todos os espaços e nos trouxeram lembranças dos momentos mais marcantes na nossa trajetória.

Miguel, Tina, Lili, eu, Caco e Reginaldo, em frente ao portão
da nossa querida escola de Educação Física.

O imenso corredor, os vestiários, as salas de aula, as quadras, a piscina e a escadaria nos presentearam com as lembranças dos dias alegres, como se estivéssemos revivendo, hoje, fatos que ficaram longe no tempo.

Pedimos para uma moça nos fotografar e comentamos que éramos alunos da turma de 92. Ela, surpresa, disse que tinha nascido em 91. Realmente, fazia tempo que saímos de lá! Outra dose de realidade foi encontrar o filho do Caco, também professor de Educação Física, fazendo a pós na faculdade!

Nossa vontade era poder voltar no tempo, nem que fosse por alguns segundos! Mas estávamos muito felizes por estar ali, presentes e juntos! Depois de várias fotos seguimos para o terceiro tempo do desafio – o café da manhã. Fomos à casa da Tina e do Túlio, seu marido. Bem pertinho da USP, Tina nos presenteou com um delicioso e completo café da manhã. Sentamos à mesa, olhamo-nos e conversamos com muita alegria.

O papo continuava e o café terminava, quando chegaram o Mauricio Carli e o Urco, colega muito forte e carismático, especialista em Rúgbi.

Demos muitas risadas com suas histórias. Urco iria treinar o time da Politécnica ao meio-dia e passou por lá para nos dar um abraço. Reginaldo, que após os doze quilômetros fora treinar Aikido, também chegou a tempo. Tinha decidido sortear a camiseta do desafio, mas como era tamanho M, resolvi entregá-la para a Lili, a menor do nosso grupo.

Saímos de lá por volta das 13h. Acordado desde as 4h30 e tendo corrido quarenta e dois quilômetros, o que menos sentia era cansaço. Fiz questão de aproveitar cada minuto na companhia desses amigos queridos.

Trinta e seis semanas de maratonas, vinte e sete anos de formatura e, com ajuda e proteção de meu Pai, chegando aos 50 anos de idade! Que venha a trigésima sétima na comemoração dos vinte e cinco anos da Maratona de São Paulo!

37ª Maratona

O RELÓGIO E A MARATONA INTERNACIONAL DE SÃO PAULO

São Paulo
07/04/2019 – domingo
Horário: 6hs50
Duração: 4h01
Tempo em movimento: 3h47
Ritmo: 5'23"/km

Há vinte e três anos acordei numa manhã fria de junho para correr a primeira maratona da minha vida. Não tinha a menor ideia do que iria encontrar. Nunca tinha corrido mais do que vinte e cinco quilômetros. Estava ansioso, à noite dormia e acordava diversas, num sono intermitente e intranquilo. Tinha vinte e seis anos de idade e não conhecia a reação do meu corpo após três horas de corrida. Também não tinha participado de nenhuma outra prova de corrida de rua antes.

Quando terminei a maratona, meu dedão do pé esquerdo doía muito. Tinha corrido com um tênis apertado e isso me custou uma unha infeccionada e depois perdida. As câimbras e as dores foram minhas companheiras nos dias seguintes. Nesse dia, cheguei a pensar em nunca mais correr uma maratona. Mas foi só passar duas semanas para começar a sonhar com a próxima.

Depois de vinte e três anos de corridas e trinta e sete maratonas consecutivas neste desafio, melhorei bastante a minha organização. Sigo uma programação detalhada, que inclui, na véspera, a separação da roupa, dos gels de carboidratos, das garrafinhas de água, da vaselina, do protetor solar, do carregamento das baterias do relógio e do celular.

Acordei depois de uma excelente noite de sono. Abri a porta da sala e senti um delicioso cheiro de omelete. Era meu filho, Pedro, chegando de uma festa e preparando seu prato. Às vezes, encontramo-nos nesses momentos.

Ele comendo e indo dormir e eu acordando e indo correr. Fico pensando se um dia sairemos juntos bem cedo para correr, ver o dia clarear na praia, na cidade ou na montanha. Por enquanto, nossos fusos estão trocados. Coisas da adolescência...

Tomei o café da manhã, coloquei a roupa e pedi um táxi. Renato era o motorista. Logo que entrei no carro, avisei que iria ao Estádio do Pacaembu, famoso estádio municipal de futebol e local da largada da maratona. Sem querer, tinha colocado o destino errado para outro local e Renato pediu para que alterasse a rota. No caminho, começamos a conversar e ele me disse que há pouco tempo estava correndo, mas teve uma lesão no ciático que o tirou de ação. Com isso, precisou tomar uma grande quantidade de remédios, entre eles, cortisona. Nessa semana estava sem a medicação. No trajeto até o Pacaembu, ainda falamos sobre cerveja, carteira de motorista profissional, baliza de carros e caminhão. Em todos os assuntos Renato sempre colocava seu ponto de vista com bastante clareza. Era sua última corrida naquele dia e seguiria para sua casa, em Guarulhos. Despedimo-nos e pensei que nunca mais nos falaríamos, assim como tantos outros motoristas com quem já conversei. Ao sair do carro, notei imediatamente que tinha esquecido o meu relógio em casa. Senti-me como se estivesse pelado. Como pude cometer um erro tão banal? O relógio é um acessório fundamental no desafio, que marca muito mais do que o tempo. Com ele verifico o meu batimento cardíaco, a velocidade e a distância. Após a corrida, compartilho o percurso, recupero as parciais de cada quilômetro, o tempo total, o tempo em movimento, a variação da altimetria, enfim, traço um raio-x de toda aquela maratona.

Como estava garoando, procurei um lugar coberto para ficar. Sentei no chão, encostei-me em um dos pilares de entrada do estádio e olhava para o meu punho esquerdo, que guardava a marca branca, pela ausência de sol no local do relógio. Meu consolo era que a distância exata dos quarenta e dois quilômetros cento e noventa e cinco metros estava garantida pela prova oficial e ainda teria a possibilidade de registro pelo meu celular. Normalmente, uso o celular para fotos, vídeos e para compartilhar minha localização. Para não consumir a bateria teria que descartar todos esses usos, concentrando apenas no aplicativo da distância do celular, que ficaria guardado na minha cintura, fora de minha vista.

A largada foi dada pontualmente às 6h50. Era a vigésima quinta edição da Maratona Internacional de São Paulo e a prova prometia! Os primeiros quilômetros percorri pela região central da cidade. Em uma das esquinas havia uma concentração de moradores de rua, próximo a um albergue. Alguns, entusiasmados, incentivavam a multidão de corredores e, às vezes, recebiam algo em troca. Senti-me estranho, uma espécie de invasor daquele espaço, somente possível pela presença da maratona. As ruas estavam molhadas pela suave garoa que caía. Esqueci de me hidratar no primeiro posto de abastecimento. A sensação de correr sem o relógio era estranha. Sempre verifico meu ritmo, a distância, a pulsação, mas teria que me acostumar a só de vez em quando olhar para o celular. O problema é que tinha que tirá-lo da pochete e essa manobra nem sempre é tão tranquila, ainda mais com tanta gente correndo ao lado.

A maratona de São Paulo nesse ano mudou de percurso. Nunca foi um trajeto que favorecesse as melhores marcas, pois com as subidas, túneis e o clima, a tendência é um maior desgaste. E nessa edição, uma longa e constante subida da Avenida Vinte e Três de Maio cumpriu seu objetivo de dificultar os melhores tempos pessoais. Pelo menos para os outros... Como vinha sem o relógio, deixei-me levar pela velocidade dos corredores ao meu lado e pela facilidade de não ter que parar para os sinais vermelhos e os abastecimentos de água. Cheguei à marca da meia maratona com uma hora e cinquenta minutos, um tempo bem melhor do que das outras etapas. Sentia-me muito bem fisicamente e decidi manter a pegada.

Fiquei muito feliz com a retirada, nessa maratona, de dois trechos dos quais não gosto. Na ida, tiraram a Av. Politécnica, horrível, com um insuportável cheiro de sabão e nenhuma sombra; o segundo, a Av. Prof. Fonseca Rodrigues, porque o corredor que está indo vê os corredores que estão voltando, o que dá uma dimensão esquisita da prova. Os dois trechos foram substituídos pela USP, que muitos odeiam pela solidão de suas ruas. Eu até que gosto. E dessa vez tinha bastante gente no apoio. Isso foi uma surpresa para mim. Pela primeira vez corri a maratona de São Paulo com pessoas ao lado. Era comum, após o quilômetro vinte e cinco, que coincide com a entrada na USP, uma distância grande entre os corredores. Resultado da popularidade da maratona. Sem tanto distanciamento, a motivação para manter o ritmo é maior. Fui levando passada após passada, até chegar à marca tão temida em provas de quarenta e dois quilômetros. O muro dos trinta quilômetros. Nesse ponto, alguns corredores passam a diminuir a velocidade e até mesmo a caminhar. Vira e mexe alguém é visto com câimbra e se alongando. Para mim era apenas mais uma etapa e mesmo após trinta e sete semanas, sentia meu corpo fortalecido.

Os últimos metros próximo ao lago do parque Ibirapuera.

Os últimos sete quilômetros da maratona de São Paulo reservaram os túneis e algumas subidas. A partir daí muitos participantes precisaram caminhar. Eu seguia com facilidade, mas sem saber com exatidão o meu tempo. Para piorar, quando olhei o celular, ele tinha parado de funcionar. Corri para os últimos quilômetros e me conformei que não era o dia, pelo menos para a marcação de tempo. Olhei para o cronômetro oficial ao completar a distância e confesso que achei que tivesse ido melhor. O relógio marcava quatro horas e um minuto. Tudo bem. Para quem vinha de tantas maratonas seguidas e com tempos em média vinte minutos acima, o resultado estava muito bom. Foi quando eu me dei conta de que o tempo oficial se refere à largada da elite, quatorze minutos antes dos demais corredores, ou seja, tinha feito em três horas e quarenta e sete minutos, o melhor tempo das trinta e sete etapas!

Após a chegada fui ao encontro da Ana. Havia combinado de encontrá-la às 11h. Tive que andar um pouco até o nosso ponto de encontro, no Círculo Militar. Assim que entrei no carro, contei da trapalhada do relógio. Estava certo de que tinha esquecido em casa. Chegando, a primeira coisa que fiz foi procurá-lo. E não o encontrei em nenhum canto, por mais que tentasse. Nesse instante, comecei a cogitar a possibilidade de ter esquecido no táxi, com o Renato. Sem muita expectativa, acionei o aplicativo e depois de algumas horas recebi a notificação de que havia deixado um objeto no carro. Renato só viu ao limpar o carro e logo me associou. Não cabia em mim a alegria de saber que teria meu relógio de volta. Conversamos pelo telefone e, para melhorar, Renato ainda veio trazê-lo até a minha casa à noite! Em agradecimento, separei uma sacola com camisetas de futebol que eram do Pedro. É muito bom saber que existem pessoas honestas, que trabalham corretamente, com ética. O mundo anda tão estressado que a tendência é sempre desconfiar do próximo. Essa foi minha maior aprendizagem nesta etapa. Existem pessoas honestas. Obrigado, Renato!

38ª Maratona

BICICLETADA, COISA BOA, ENCONTREI MUITOS AMIGOS

São Paulo
13/04/2019 – sábado
Horário: 7h09
Duração: 4h32
Tempo em movimento: 4h04
Ritmo: 5'52"/km

Na noite de sexta-feira fui deitar, exausto, às 22h. Não era tarde para dormir, mas o dia fora intenso. Normalmente, reservo o final do dia de sexta para descansar. Chego às 16h30 em casa no pior dia de trânsito nas ruas de São Paulo, tomo um banho de banheira bem quente, fecho a janela do quarto e durmo. Dessa vez tínhamos a festa do Rodrigo e Helena, duas crianças queridas, filhos das nossas amigas Valéria e Maitê. Resultado: duas horas no trânsito entre a ida e a vinda de casa. Quando voltamos para casa, arrumei a roupa, separei os gels de carboidrato, o tênis, meia, protetor, vaselina, garrafinhas, documento, cartão, pochete e fui deitar, exausto. Ajustei o relógio para despertar às 5h e me desliguei.

O despertador tocou e coloquei no soneca a cada oito minutos, até criar coragem de levantar, às 6h20. Ana levantou em seguida. Ela tinha um curso para ministrar no sábado. Tomamos um breve café da manhã e vimos que o tempo estava nublado. Que bom pra mim, pensei. Também não tinha estado muito quente nos últimos dias, o que possibilita começar a correr um pouco mais tarde. Se para mim era bom, para a Ana, que havia planejado ir de bicicleta, o tempo fechado, ameaçando chuva, era um empecilho. Ela decidiu usar o carro.

Saí para rua e segui em direção oposta à que costumo usar. Inexplicavelmente, fui em direção à Avenida Francisco Morato. Soube, mais tarde, no final do dia, que houve um arrastão, no mesmo horário em que saí, próximo ao Parque Burle Marx, ou seja, no caminho que sem querer tinha evitado.

Seis assaltantes em três motos realizaram os assaltos e levaram celulares e uma moto. Uma das vítimas ficou levemente ferida após ser baleada. Fiquei pensando se estivesse na hora errada, no lugar errado. Poderia ter acontecido comigo. É uma loucura ser ferido ou morto em troca de um celular ou uma moto.

Cheguei ao Parque Villa Lobos com treze quilômetros percorridos. Corri no sentido contrário, em direção à concentração da bicicletada da escola, um evento anual dos alunos do sétimo ano que promove o uso consciente da bicicleta como meio de transporte e de qualidade de vida.

A primeira pessoa que encontrei foi a Marcela, estagiária que acompanha minhas turmas. Marcela foi atleta de vôlei até o juvenil. É negra e alta, com braços e pernas longas, mãos enormes, típico perfil de jogadora. Em um determinado momento ela decidiu não seguir mais carreira, tornou-se mãe e resolveu fazer faculdade de Educação Física.

Conversamos rapidamente e segui adiante. Cruzei com muitos alunos e vários me cumprimentaram. Encontrei duas crianças, Daniel e Marina, com suas mães. Seguimos juntos por uma volta inteira na ciclovia, até encontrar o Fábio, organizador do evento.

Fábio me acompanhou na sexta etapa do desafio. Trabalha na escola há mais de vinte anos. É treinador físico e dá aulas, muitas vezes, a partir das 5h, até às 23h. Os vídeos que posta nas redes sociais viraram moda entre seus seguidores. A própria escola pediu que ele divulgasse em vídeo a bicicletada e o recente Dia do Esporte.

Minha ideia era correr dentro do Parque Villa Lobos, pelo menos até atingir a marca de vinte e quatro quilômetros, distância suficiente para voltar correndo até minha casa. Parei novamente para cumprimentar outros dois queridos estagiários, Klauber e Jefferson.

Conheci o Klauber na escola, no ano passado. A sua trajetória é muito especial. Fazia Engenharia até o penúltimo ano da faculdade. Estava estressado, bem acima do peso, infeliz. Decidiu parar a Engenharia e começar a Educação Física. Desde então melhorou sensivelmente sua qualidade de vida. Jefferson é mais recente na escola, entrou neste ano. Com muita disposição e iniciativa, ele tem contribuído bastante para o trabalho com meus alunos. Giulia é outra estagiária, mas tivemos pouco contato nesses dois anos de trabalho.

Depois de tantos estagiários, encontrei a Paula, uma professora querida que tenho o prazer de dar aulas para sua turma. Estava lá como mãe de aluno e fiz questão de dar um abraço e trocar algumas palavras. Paula é professora de Educação Física, mas também se formou em Pedagogia e é uma excelente professora de sala de aula.

Após dar um abraço em todos, continuo com a maratona, um pouco desligado, até ser surpreendido por um largo sorriso e os braços abertos do Zé Armando, médico de nossa família.

Um encontro especial com o querido Dr. José Armando.

Encontrar o Zé foi um momento muito especial. Admiro demais seu lado humano e a forma como trata a medicina. Nossos olhares de alegria transpareciam em nossos semblantes. Segui pela ciclovia e mais adiante outro encontro inesperado: Paulo Mancini, pai do Pedro Mancini, amigo de infância do meu filho, também, Pedro. Mancini me reconheceu e começamos a conversar correndo. Seu filho está indo morar em Boston, para jogar tênis na universidade. Coincidentemente, eles também estarão em junho no Rio de Janeiro para correr a meia maratona. Trocamos contato e ficamos de nos encontrar lá.

Após encontrar o Paulo, já estava na marca do quilômetro vinte e um. Eram tantos encontros e conversas que não sentia a distância e o tempo passar. Minha última volta no parque foi na companhia da Andrea, mãe do Daniel, meu ex-aluno de capoeira e Educação Física.

Conversamos sobre o desafio e a importância de estabelecer metas, sejam elas quais forem. Ela me contou que Daniel está tendo uma experiência com futebol muito especial. Ele tem treinado e jogado com crianças carentes de um centro esportivo do Jaguaré. Lembrei-me do quanto isso foi fundamental para minha formação e acho que será também importante para ele. Sair da bolha nos torna mais sensíveis ao próximo, menos arrogantes.

Fiz minha última parada na bicicletada, quando atingi o quilômetro vinte e quatro. Encontrei o Mário, professor de Educação Física. Marião, como costumamos chamá-lo, está sempre de bom humor, com um sorriso fácil e aberto. Tiramos uma foto e o parabenizei pelo evento.

A última pessoa querida com quem conversei antes de seguir para casa foi a Luísa. Conhecemo-nos desde a época em que éramos alunos do ensino médio. Depois, Luísa foi morar na Espanha, casou-se e seus filhos estudam atualmente na escola. Falamos sobre as crianças, o berçário que frequentaram, alguns amigos em comum, até que surgiu a memória de nossas aulas de Educação Física que aconteciam no Parque Ibirapuera. Nosso professor, Arthur Lieberman, era diferente dos outros e teve um papel importante na minha escolha profissional. Como a nossa escola não tinha quadra, saíamos a pé para o parque. Lá, corríamos, fazíamos estações de circuito, exercícios anaeróbicos, de alongamentos. Outras vezes, quando chovia, ficávamos na escola e tínhamos aulas teóricas. Luísa se lembra até hoje dos temas abordados.

Demos um forte abraço e segui no trajeto das ruas que me levariam até em casa. Ainda tive a oportunidade de ver e cumprimentar o Rui, outro professor de Educação Física, que pedalava na ciclovia. A temperatura não estava alta, possibilitando menos desgaste no trecho final. Os últimos dez quilômetros percorri com bastante tranquilidade. Cheguei à banca, olhei para o relógio, que marcava quarenta e dois quilômetros e seiscentos metros, quatrocentos metros a mais do que a distância oficial da maratona. Ficou por conta do trecho final, que quis correr antes de chegar. Tomei duas águas de coco, um açaí e comprei três sacos de gelo para imersão na banheira. Depois de tantas etapas, aprendi que sempre haverá espaço para algo desafiador, inusitado, prazeroso. Para coroar essa etapa, à noite recebi a seguinte mensagem do Paulo:

"*Marcola, muito bacana te reencontrar hoje, ainda mais por acaso e correndo ao ar livre no exercício do seu projeto.*

Meus parabéns por seu extenso percurso e dedicação.

Me sinto privilegiado e orgulhoso de ter compartilhado alguns metros dos inúmeros quilômetros do seu projeto.

Estou certo que você irá comemorar seu aniversário dos 50 com mais esse audacioso projeto concluído. Claro, no que depender de mim, eu sou mais um a torcer e incentivar".

Coisas muito boas nessa etapa do desafio!

39ª Maratona

OS 94 ANOS DA VÓ RUTH, VOU CHEGAR LÁ CORRENDO!

Ubatuba
20/04/2019 – sábado
Horário: 5h58
Duração: 4h53
Tempo em movimento: 4h44
Ritmo: 6'46"/km

    Há dois meses, desde o inventário do meu pai, não íamos para Ubatuba, cidade do litoral norte de São Paulo. A Páscoa seria também uma oportunidade para comemorar o aniversário de noventa e quatro anos da minha avó, Ruth. Ana, Marina e eu decidimos viajar na véspera da sexta-feira feira Santa, no pior horário do trânsito. Pedro, nosso filho, preferiu ficar com os avós, para estudar para as suas provas trimestrais.

    Chegamos à casa da minha mãe, Regina, logo após a meia-noite. Estava exausto, acordado desde as 5h30. Ajeitamos rapidamente as malas e desabamos. Acordamos no dia seguinte, tomamos café da manhã e fomos à Praia de Itamambuca. O dia estava lindo, sol, um céu azul, sem nuvens e uma temperatura agradável. Entramos no mar e aproveitamos para pôr a conversa em dia com a minha mãe. Após um tempo, eu e a Marina seguimos uma pequena trilha que leva a uma deliciosa queda de água no riozinho do canto esquerdo da praia. Aquela água parecia restaurar e compensar todo o cansaço da véspera. Por volta das 13h, saímos da praia para encontrar com nossos amigos, Caio e Sonia. Eles tinham nos convidado para um churrasco. Comer carne um dia antes de uma maratona não é o alimento mais recomendável. Ainda mais antes da trigésima nona! Valia até tomar uma latinha de cerveja e curtir os amigos, a deliciosa casa na Praia do Puruba, o netinho deles, Theo, suas filhas, Andrea e Mariana, e o André, genro e pai do Theo.

Passamos uma tarde deliciosa. Ao final do dia ainda atravessamos o rio e curtimos o pôr do sol na praia. Muito bom, sentia-me revigorado, tão bem, que nem pensava na corrida do dia seguinte.

Voltamos para a casa da minha mãe à noite. Foi o tempo de separar a roupa, o tênis, a pochete, as garrafinhas de água, os gels de carboidratos, documento, dinheiro e ir deitar. Tive uma noite tranquila, acordei espontaneamente às 4h30 e esperei meia hora para levantar. Para começar a correr com a luz do dia, optei por sair às 6h. Depois de me arrumar e tomar o café da manhã, desci as escadas, cumprimentei rapidamente o porteiro e segui pelo corta caminho que leva à Rodovia Rio-Santos. Os primeiros raios de sol revelavam um dia lindo pela frente. Nos primeiros quilômetros precisei parar rapidamente algumas vezes para amarrar o tênis e ajustar a pochete, que me incomodava. Estava num ritmo bem moderado, mas aprendi, ao longo de tantas maratonas, que, aos poucos, o corpo vai se ajustando. Era a segunda vez que fazia esse percurso, portanto, já tinha o conhecimento do tempo aproximado para a distância. Nessa maratona, contando todas as subidas do percurso, são setecentos e oitenta e cinco metros de elevação. Decididamente, não é uma maratona para correr em pouco tempo. Pelo contrário, como o percurso é exuberante, vale a pena apreciar e registrar diversos visuais.

A primeira praia pela qual passei, ainda no quilômetro seis, foi a Praia Vermelha do Norte. Alguns surfistas já estavam no mar. Gosto sempre de olhar a praia e o mar. Surfar foi uma grande paixão da minha infância e adolescência. Atualmente, surfo ocasionalmente. Não tenho mais paciência para pegar as ondas que quebram imperfeitas e disputá-las com outros surfistas; enfim, surfar se tornou para mim algo secundário.

Logo que passei pela praia começou a primeira subida, que leva à Praia do Alto. A estrada estava vazia e procurava correr sempre aproveitando as sombras. Não que estivesse tão quente como no verão, mas sabia que mais à frente essa estratégia me ajudaria.

No quilômetro dez cheguei à Praia de Itamambuca. Estava bem, sem dor, e aproveitei o ar puro do litoral para encher os pulmões. Antes de começar uma longa subida que leva à entrada da próxima praia, a Praia do Félix, existe uma reta em Itamambuca.

Esse trecho da estrada traz uma recordação triste para Ana. Aos 14 anos, antes de nos conhecermos, ela sofreu um grave acidente de carro nesse local.

Vencida a subida, cheguei ao quilômetro quinze, portão de entrada da Praia do Félix, lugar que passamos as férias há mais de trinta anos. Da rodovia tem um mirante e, mais adiante, parei para registrar uma bela vista da praia.

No dia anterior tinha combinado com o Caio que passaria pela rodovia na altura da casa dele por volta das 7h30. Pelo ritmo que estava e pelo horário que havia iniciado a maratona, só chegaria uma hora depois, às 8h30. Mandei um recado pelo celular e compartilhei o localizador para que visse onde estava.

Antes de chegar à Praia do Puruba, local que marcamos, ainda passei pela Praia do Prumirim, no quilômetro dezoito, e pela Praia do Léo, quilômetro vinte. Nesse local fiz outra parada para tirar foto. Não me canso de admirar a vista nesse trecho do litoral. Sempre encontro carros parados e algumas pessoas se deslumbrando com a paisagem.

Chegando ao quilômetro vinte e quatro telefonei para o Caio. Para minha surpresa e alegria, Andrea e Sonia o acompanhavam. Vinham pela estradinha de terra que dá acesso à rodovia. Entrei nela e nos encontramos mais alguns metros adiante. Seguimos juntos por alguns metros até alcançarmos a rodovia. Nesse ponto, Andrea e Sonia voltaram e Caio continuou me acompanhando.

Acho muito melhor correr acompanhado do que sozinho. Principalmente ao lado de quem me iniciou nas corridas longas e no local em que tudo teve início.

As conversas com o Caio fizeram os quilômetros passarem ainda mais fáceis. Sem sentir, já estava na altura da Praia do Ubatumirim, na fonte de água potável, providencial para reabastecer as garrafinhas, no quilômetro trinta e dois. Apesar de a água ser bastante utilizada pelas pessoas que ali param para encher suas garrafas, fiquei com certa desconfiança e alguns metros adiante parei num mercadinho para comprar água mineral e um isotônico.

A ideia era que o Caio me acompanhasse até que a Sonia chegasse com o carro, em direção à Praia da Fazenda. E foi o que aconteceu poucos quilômetros adiante.

A partir do quilômetro trinta e quatro, seguiria sozinho. Nesses oito quilômetros restantes, duas grandes e longas subidas ainda teriam que ser superadas. Estava me sentindo bem, sem dores e com segurança para terminar. Havia combinado com a Ana para que saíssem da casa da minha mãe por volta das 10h. Com isso daria tempo para chegarmos juntos. Da primeira vez em que corri esse percurso deu certo. Desta vez, não contávamos com um trânsito intenso na estrada. De repente, recebi uma ligação da Marina, nossa filha, dizendo que atrasariam um pouco. Sem problemas, pensei. Chegaria ao final na Praia Brava, tomaria uma ducha deliciosa e ficaria esperando. Não contava com a segunda ligação. Sem entender o que Marina dizia, não consegui responder e perdi o sinal do celular a partir dos últimos dois quilômetros. Com isso, fiquei preocupado, pois não sabia se estava tudo bem com elas.

Cheguei ao final da maratona, tomei a tão esperada ducha gelada que fica no estacionamento de carros da Praia Brava do Camburi, e sentei-me para descansar e aguardá-las.

Depois de uns trinta minutos, resolvi voltar pela estrada para tentar pegar o sinal. A bateria do celular estava acabando e fiquei preocupado se elas estavam bem. Tinha apenas vinte reais e o documento. Nessa hora tinha que controlar os pensamentos negativos. Em último caso, teria que pegar um ônibus que me levasse até elas. Após caminhar por quase dois quilômetros, consegui falar com a Marina. Elas estavam bem, apenas atrasadas. Respirei aliviado e voltei para o estacionamento. Um pouco antes de chegar, elas me alcançaram. Entrei no carro e elas me perguntaram se ainda teria pique pra encarar a trilha até a Praia Brava. Mesmo cansado, não perderia a oportunidade de ir à praia mais bonita e preservada de Ubatuba. Descemos o morro e curtimos o merecido descanso nesse paraíso.

Comemorando ao lado da vovó.

À noite, fomos ao aniversário da minha avó Ruth, que completou 94 anos. Será que chegarei aos 94? Só se for correndo!

40ª Maratona

É A ÚLTIMA VERMELHA, AGORA SÓ MAIS DEZ AMARELAS!

São Paulo
27/04/2019 – sábado
Horário: 5h14
Duração: 4h10
Tempo em movimento: 3h58
Ritmo: 5'43"/km

 Estava na dúvida se correria no sábado ou no domingo. Decidi pelo sábado apenas na véspera, sexta-feira, influenciado pela pedalada de domingo com a Ana. Temos ido pedalar na ciclovia montada aos domingos e feriados. Às vezes, a Marina nos acompanha. Costumamos sair de casa cedo, pegamos um trecho de rua, depois seguimos pela ciclovia, até acessar a ciclofaixa que nos leva ao Parque Ibirapuera ou ao Parque Villa Lobos.

 Essas pedaladas são ótimas. Para mim, funcionam como um regenerativo da maratona e, para Ana, como um bom treino. Na verdade, o que mais nos atrai nessas pedaladas é estarmos juntos, curtindo uma manhã de domingo.

 Dessa forma, acordei sábado bem cedo e fui de carro, rumo à cidade universitária. Cheguei ainda escuro, 5h10. Próximo ao local em que deixei o carro, estava acontecendo uma festa na Faculdade de Filosofia Letras e Ciências Humanas (FFLCH). O som, bem alto, ecoava pelas ruas da USP. Alguns jovens, visivelmente embriagados, sentavam-se ou deitavam nas calçadas. Aos poucos, pequenos grupos cambaleavam em direção à saída do campus. Nesse clima de fim de balada, logo comecei a correr os primeiros metros. Aos poucos, o som ia se tornando mais distante e meu corpo, acostumado a tantas maratonas seguidas, ia entrando no ritmo do desafio.

 Parei rapidamente para fotografar o relógio de rua que marcava 5h23. Foi quando percebi que estava sem o meu cartão de crédito. Imediatamente, voltei no sentido contrário e comecei a procurá-lo. Olhava atentamente para o chão, na esperança de localizá-lo. Achei que tinha deixado o cartão cair na hora em que tirei o celular. Fui e voltei umas três vezes nas proximidades do relógio e nada de encontrá-lo. A USP ainda estava vazia. A chance de que alguém tivesse encontrado o cartão era quase nula, mas conforme o dia clareasse e mais pessoas passassem pelo local, certamente, alguém o encontraria, pensei. Corria para um lado e para o outro como se fosse um cão farejador. Às vezes, via algo reluzir e achava que era o cartão. Meio desolado, resolvi voltar para o ponto de partida, na chance de ter deixado cair próximo ao carro. Passei por um grupinho de jovens que se divertiam brigando no chão, como se fossem crianças lutando judô. Achei a cena inusitada, mas estava focado demais em olhar para o chão e encontrar meu cartão. Se tivesse perdido, além da dor de cabeça de cancelar e aguardar um novo, teria mais um problema. O carro estava praticamente sem combustível e não conseguiria voltar para casa sem abastecer. Por um instante deixei esses pensamentos negativos de lado e me concentrei na possibilidade de encontrá-lo sobre o banco do carro. Abri a porta, olhei para o banco do passageiro e nada de cartão, só havia os gels e a sacola de roupa limpa que usaria depois da corrida. Numa última tentativa, coloquei a mão no encosto do banco e... ufa!! Um alívio, lá estava o bendito cartão de crédito! Agora podia me concentrar na maratona e seguir o percurso planejado. Dei uma olhada no relógio e verifiquei que já tinha corrido quatro quilômetros até aquele momento. Como cada volta do percurso que faria teria seis quilômetros, precisaria alongar um pouco mais a distância nas próximas voltas, o que equivaleria a fazer mais vezes a rotatória da praça da reitoria.

Essa rotatória, mais conhecida pelos atletas como "bolinha da USP", é o lugar ou segmento mais utilizado por ciclistas num aplicativo de distância em todo o mundo! Em 2017, já havia sido utilizado 4,7 milhões de vezes, por mais de 7.500 atletas. De acordo com a empresa responsável pelo aplicativo, juntos, esses ciclistas já percorreram 2,5 milhões de quilômetros naquele trecho! Daria para ir à Lua e voltar três vezes! E olha que a "bolinha" tem apenas cerca de quinhentos metros de extensão. Como ninguém vai à Lua de bicicleta (pelo menos por enquanto), o melhor é ficar com explicação de que a "bolinha da USP" serve como uma espécie de velódromo a céu aberto, numa cidade com pouquíssimas opções ao ciclismo. Alguns atletas já percorreram mais de duzentos quilômetros no local! Correr nesse espaço, aos sábados, só se for no sentido contrário, pela ciclovia, curiosamente desprezada pelos ciclistas, que preferem a margem à esquerda.

Graças às quatro voltas em torno da "bolinha", completei doze quilômetros na primeira volta da USP, ou seja, o equivalente a duas voltas do percurso original. Daí em diante, era manter o trajeto planejado.

Aos poucos, as ruas iam sendo ocupadas por mais corredores, alguns mais rápidos do que eu, outros nem tanto. As camisetas das assessorias de corrida são chamativas, com cores fortes e designs variados. Algumas me chamaram a atenção. Numa delas lia-se "sub elite", em outra, "top runner". Como estava correndo sem companhia, observava quase tudo ao redor. Um casal de corredores me ultrapassou bem rapidamente. Outro grupo se mantinha um pouco mais à frente, a ponto de escutar o que falavam. Conversavam sobre o número de colegas lesionados na equipe, como se certa "maldição" estivesse solta no grupo. Fiquei pensando no privilégio que tenho por não ter sentido, até o exato momento do desafio, nenhuma dor ou lesão crônica. Acredito que muitas pessoas se machucam por treinarem em altíssima intensidade ou por aumentarem bruscamente a distância da corrida. O fato é que os consultórios médicos e de fisioterapia nunca estiveram tão abarrotados de atletas. Espero não fazer parte dessa estatística...

Aos poucos, a distância e o tempo iam passando sob meus pés. Ao completar a segunda volta, aos dezoito quilômetros, parei na DLB para abastecer as garrafinhas e dar um abraço na Janaína e no Daniel. Sempre atenciosa, a Janaína me perguntou como estava passando. Fiz um sinal de positivo e segui adiante. Do ponto de vista físico me sentia ótimo, mas começava a me sentir um pouco desmotivado por correr sem companhia. Foram tantas etapas na USP, encontrando e correndo com outros atletas, que pensei: será que nesta não encontraria com ninguém?

Um pouco adiante essa minha impressão se dissiparia. De dentro do carro, um colega de faculdade, que havia encontrado na etapa 36, no encontro da turma da escola de Educação Física da USP, o Urco, saudou-me com um grito: "É isso aí, Marcola! Mais uma!".

Pode ter parecido pouca coisa, mas aquele grito de incentivo do Urco serviu como uma boa dose de ânimo. Às vezes penso o que sente um jogador de futebol ao escutar a torcida gritando seu nome. Deve ser uma emoção inigualável.

O Paulinho, treinador da Trilopez Assessoria Esportiva, e o Kim, meu antigo técnico de triátlon, também me mandaram um salve ao longo do percurso. Nesse sábado, o Brum, um fotógrafo que costuma ficar perto da rotatória do Instituto de Pesquisas Tecnológicas (IPT), estava lá, em seu posto, e me saudou. Passar por lá é sempre motivo para uma foto!

Na terceira volta já estava com vinte e quatro quilômetros rodados. Quando passava pela Escola de Educação Física encontrei a Teca, amiga que trabalhou comigo e que já tinha encontrado na terceira etapa do desafio. Teca vem, há alguns anos, sentindo os benefícios da corrida para uma melhor qualidade de vida e bem-estar. Conversamos rapidamente e segui adiante. Terminando a quarta volta, pelo quilômetro trinta, parei novamente na DLB e disse à Janaína que estava me sentindo bem, apenas precisando de alguma companhia. Por sorte, quando estava mais adiante fui "escoltado" pelo Jean, aluno da DLB, que está se preparando para a meia maratona de Florianópolis. Como foi bom ter alguém àquela altura! Começamos a conversar, até que encontrei uma pessoa muito querida, que representa muito na minha trajetória de corrida: a Iara Bárbaro. Demos um forte abraço e estávamos emocionados pelo encontro! Iara começou a correr em 2004, quando participávamos de um programa de caminhada e corrida promovido na escola. Desde então, ela integrou a corrida à sua rotina. Com o fim do programa, passou a treinar numa assessoria. Acompanhando as maratonas nas redes sociais, Iara estava esperando que um dia nos encontrássemos na USP. E esse dia chegou.

Apenas alguns metros depois, mais um aluno da DLB, o Fernando, veio em nossa direção. Pronto, estava decretado que dali em diante, os últimos dez quilômetros seriam percorridos com mais velocidade e facilidade.

E foi o que aconteceu. Dando um bom ritmo para a corrida, Fernando me acompanhou até o final, fazendo dois quilômetros a mais do que havia planejado para o treino! O último quilômetro foi o mais rápido da maratona! Terminei mais uma vez com a sensação de dever cumprido e muito feliz por vestir, de agora em diante, a camiseta amarela, a última cor do desafio. Fiquei conversando com a turma da DLB, tiramos fotos, troquei de roupa e me despedi.

Entrei no carro com uma sensação de plenitude, típica de quem realizou uma maratona. Ou melhor, de quem realizou quarenta!

PARTE 6

A FASE AMARELA

VIVENDO A VIDA SOBRE AS ONDAS

Era o ano de 1980. Íamos à praia em Ubatuba todos os dias, normalmente para pescar, jogar bola e pegar siris. A praia do centro tinha o mar calmo, tranquilo, mas, às vezes, uma ressaca trazia ondas e logo pegávamos nossas pranchinhas de isopor, algumas encapadas para que não esfolassem o peito, e passávamos horas surfando. Como as pranchas eram muito leves era impossível ficar em pé. Certo dia, surgiu uma verdadeira prancha de surf, doada por um primo distante. Era enorme, pesada, cheia de amassados, mas era uma prancha de resina que possibilitava surfar de uma maneira antes impossível. O problema era o peso. Para chegar à praia precisávamos carregar a prancha em duplas. Íamos a pé até a praia vizinha, a Praia do Perequê Açu, a principal "escola" de surf para as manobras iniciais na prancha. Naquela época tínhamos que amarrar a prancha ao tornozelo com uma cordinha de varal, coberta por uma tripa de mico, usada para estilingue. Resultado: quando caíamos de uma onda forte, a prancha voltava em nossa direção como um míssil. Por conta disto, guardo até hoje uma cicatriz no supercílio.

A partir de 1982, começaram a surgir as primeiras pranchas, e o sonho de todo surfista de Ubatuba era uma prancha da Costa Norte ou da Esqualo. Nesse ano organizamos o primeiro Festival Interno de Surf do Perequê Açu (FISPA), com a participação de, aproximadamente, uns trinta garotos. Entre eles, havia um menino de cabelo loiro de tanto sol, pele bronzeada, magro e extremamente habilidoso. Era tão ágil na prancha que lhe demos o apelido de Aranha. Esse menino era o Ricardo Toledo, o Ricardinho, filho do João Maria e de Maria Helena, antigos moradores de Ubatuba. Ricardinho tinha um dom especial para as ondas e um pai incentivador como poucas vezes vi outro igual. João Maria era um senhor forte, halterofilista, com um bigode de impor respeito. Trabalhava como gerente no camping dos meus pais. Eu, meu irmão e Ricardinho nos tornamos amigos. Jogávamos bola até que de igual para igual, mas o surf dele era realmente incomparável.

Para mim, o surf era um momento de diversão, contemplação e encontro com os amigos. Era capaz de passar mais de quatro horas dentro do mar, sair da água apenas quando já estava escuro. Aos poucos fomos desbravando outras praias. A Praia Grande foi um marco. Suas ondas eram bem mais fortes do que as do Perequê Açu. Passar a arrebentação exigia um esforço maior e, muitas vezes, ficávamos tentando por diversos minutos.

Em 1983, ganhei a minha terceira prancha. Uma quadriquilha de uma marca de surf chamada Star Model. O logotipo da marca era semelhante ao símbolo do Super Homem. E ter aquela prancha me fazia sentir com super poderes. A prancha era linda para os padrões da época. As bordas eram quadriculadas, a parte de baixo era branca, amarela e vermelha. A parte de cima era branca e rosa. Com essa prancha enfrentei as temidas praias Vermelha do Norte e Itamambuca, morrendo de medo das histórias que contavam. Certo dia, estávamos na escola e fugimos da aula para irmos surfar. Era só olhar pela janela da sala de aula e ver o mar agitado que já ficávamos eufóricos. Combinamos de pular o muro após o recreio e seguimos para a Praia Vermelha. As ondas estavam enormes, mas o que nos assustou naquele dia foi dar de cara com uma arraia jamanta. Devia ter mais de cinco metros de tamanho. Assim que a onda se levantou a nossa frente, a arraia passou deslizando por dentro dela. Começamos a gritar e saímos o mais rápido que conseguimos do mar. Passei meses com medo de surfar e dar de cara novamente com aquele animal.

Em 1985, com a mudança da minha família para São Paulo, o surf foi aos poucos se afastando de mim. Lógico que ainda surfei por alguns anos. Conheci e surfei no Guarujá, em Maresias, em Camburi. Mas aquela paixão que sentia pelas ondas aos poucos foi diminuindo. Depois que comecei a correr, o surf era meu relaxamento após os longos pela estrada de Ubatuba. Com o passar dos anos houve um aumento expressivo na quantidade de surfistas no mar, acirrando as disputas pelas ondas e o localismo. As ondas também pareciam ter ficado piores, a temida Itamambuca já não era mais a mesma, e a Praia Vermelha, com ondas fechadas e muitos surfistas.

Ubatuba se tornou a capital do surf. Devo ao surf uma tonicidade, uma resistência e uma flexibilidade que certamente contribuíram para a construção do meu físico. Mais do que isso, devo ao surf a oportunidade de momentos incríveis, de contato pleno com o mar, com a natureza e com os amigos. Ricardinho se tornou campeão brasileiro e, anos depois, um de seus filhos, Filipe Toledo, é um dos melhores surfistas do mundo. João Maria estava certo.

41ª Maratona

HONRA – CORREU COMIGO O ULTRAMARATONISTA NATO

São Paulo
4/05/2019 – sábado
Horário: 5h14
Duração: 4h52
Tempo em movimento: 4h17
Ritmo: 6'12"/km

Estava animado para essa etapa. O meu amigo Nato Amaral, brasileiro recordista em participação na Comrades Marathon, iria me acompanharia durante toda a maratona. Até agora, somente o meu amigo Léo tinha realizado uma etapa completa comigo. Nato tinha que correr 50 quilômetros e combinamos de nos encontrarmos bem cedo na USP. Certamente, se não fosse pela sua presença não correria lá nessa etapa. Estar ao lado dele seria um dos melhores momentos do desafio. Nato começou a correr maratona em 1997, mas já tinha um histórico esportivo na natação e polo aquático. Desde cedo já demonstrava uma dedicação ao esporte acima da média. Passava horas na piscina, mesmo fora dos treinos, em busca de aperfeiçoamento. Sair da água para a terra não foi uma tarefa das mais fáceis. Dotado de um porte físico pouco favorável aos corredores, sua primeira maratona foi realizada, predominantemente, pela parte mental. Ano seguinte, ao visitar a Ana na maternidade, por ocasião do nascimento da nossa filha, Marina, a Ana pediu que ele me esperasse (tinha ido buscar algumas roupas em casa). Ao chegar, contei que estava treinando com o Branca, um dos primeiros treinadores da época, e gostaria que o conhecesse e, se possível, acompanhasse-me na maratona de Nova Iorque daquele ano. Semana seguinte, Nato conheceria aquele que se tornaria seu maior mentor e incentivador da ultramaratona, da qual é embaixador e recordista de participação (quinze edições).

A Comrades Marathon é uma ultramaratona de aproximadamente noventa quilômetros, realizada na África do Sul, entre as cidades de Durban e Pietermaritzburg, que atrai, a cada ano, um maior número de estrangeiros, ávidos em percorrer suas descidas e subidas, ao longo das cinco montanhas do percurso. A Comrades Marathon foi fundada em 1921, por Vic Clapham, um ex-combatente da Primeira Guerra Mundial, que fez a prova em homenagem aos soldados mortos nos conflitos. O primeiro desafio recebeu apenas trinta e quatro participantes em sua estreia, dos quais, dezesseis conseguiram finalizar o percurso.

Desde então, o evento não parou de crescer. Exceto entre 1941 e 1945, período da Segunda Guerra Mundial, a Comrades aconteceu ano após ano. No próximo nove de junho de 2019, a ultra terá sua 94ª edição. Após tantas provas, Nato foi nomeado embaixador da prova no Brasil, uma espécie de trabalho voluntário que é prestado para promover o "jeito Comrades de ser" pelo mundo. Sua meta, atualmente, é atingir a marca de vinte edições. A sinergia entre Nato e a Comrades é tão forte que algo me diz que irá ultrapassar essa marca.

Cheguei à USP um pouco antes e fiquei me alongando. Nosso ponto de encontro foi no Instituto Oceanográfico, local de base da sua assessoria. O Nato escolheria o percurso, certamente com algumas subidas e descidas, típicas para um treino longo de Comrades.

Preparei-me mentalmente para uma etapa mais demorada, prevendo umas quatro horas e meia. Não me preocupava com o tempo. O que eu mais queria estava acontecendo. Teria muito que conversar e desfrutar

Ao lado do amigo Nato Amaral, ultramaratonista e embaixador da Comrades no Brasil.

Correr com o Nato era uma experiência diferente. Os atletas em treinamento o identificam e o cumprimentam. Ele tem o dom natural de estar sempre em evidência. Alguns atletas me identificavam também e acenavam para nós. No quilômetro dezoito encontramos o Tatu, amigo do Nato, que passou a nos acompanhar. Tatu é um corredor das antigas. Começou a treinar na década de noventa, com o Wanderlei Oliveira, técnico de corrida e ex-velocista, que teve papel fundamental na fundação da Corpore, uma importante associação de corredores de São Paulo, e do Pão de Açúcar Club. Em todas as paradas que fazíamos, Nato fazia questão de me apresentar e contar sobre o desafio. E para Tatu, apresentou-me como o responsável por introduzi-lo às corridas de longa distância. Que honra!

Na Páscoa, Nato participou de outra ultra na África, conhecida por Two Oceans. Por coincidência, comentei que um amigo, o Duca, também tinha participado. E não é que um pouco mais adiante encontramos com ele? Agora éramos quatro corredores, curiosamente cada um de uma assessoria esportiva diferente. Eu, da DLB; Nato, da Branca Esporte; Tatu, da MPR; e Duca, da Trilopez.

Seguimos até o quilômetro trinta e seis conversando e curtindo o caminho. Fiquei com vontade de retribuir ao Nato a companhia e correr com ele até o quilômetro cinquenta, mas isso interferiria no meu desempenho. Não havia me preparado para essa distância.

Ao completar a maratona, paramos no carro. Não poderia deixar de retribuir sua presença de outra forma que não fosse presenteando-o com a camiseta de número quarenta e um. Demo-nos um forte abraço e Nato seguiu para os últimos oito quilômetros, realizados com a determinação de um vencedor. De acordo com Tatu, nas palavras aprendidas com o treinador Wanderlei: difícil não é fazer o que ninguém faz, mas fazer o que muitos podem, mas não fazem.

42ª Maratona

DOR NAS COSTAS – SEMPRE CULPA DO DESAFIO

São Paulo
12/05/2019 – domingo
Horário: 5h57
Duração: 4h46
Tempo em movimento: 4h29
Ritmo: 6'28"/km

Após terminar a quadragésima primeira etapa no sábado, fui pedalar no dia seguinte com a Ana. Tudo normal, não fosse ter vindo de uma semana desgastante, com muita atividade física e de um percurso com muitas subidas, escolhido pelo Nato, na USP. Quando resolvemos voltar pela ciclovia da marginal, carreguei a bicicleta elétrica pela calha dos degraus que dá acesso à pista. Ao frear apenas com a roda da frente, a parte traseira da bicicleta se ergueu e precisei segurar seus vinte e cinco quilos com as costas. Na hora não senti nenhuma dor. Mas ao me levantar da cama na segunda-feira, estava com uma forte dor na lombar, parecida com a que tive em 2018. Fui trabalhar e logo percebi que não teria condições de dar aula. Marquei para as duas da tarde uma massagem na clínica do Elizeo, que tem me dado apoio, e depois fui descansar. Ao me levantar, a dor tinha piorado. Decidi ir ao pronto socorro. Tinha a clareza de que era uma lombalgia, sem comprometimento de vértebra, pois não sentia formigamento, nem dor na perna. Fui atendido por um médico que me perguntou o que tinha acontecido. Contei como segurei a bicicleta com as costas, mas, obviamente, ocultei que estava realizando o desafio das 50 maratonas. Suspeitava que ele associasse minha dor com o esforço para correr o desafio. Tomei a medicação para dor e o relaxante na veia, passei na farmácia para comprar os remédios receitados e fui para casa dormir. No dia seguinte, terça-feira, acordei me sentindo melhor e fui trabalhar. Meu trabalho – aulas de educação física e capoeira – demanda um significativo esforço e pedi ajuda para um estagiário, pelo menos nas aulas de capoeira.

Sentia-me incomodado, mas com a ajuda da medicação estava dando para suportar. Ao acordar na quarta-feira, achava que estaria melhor, mas, desagradavelmente, tinha piorado em relação ao dia anterior. Começava uma luta interna e aflitiva sobre se seria possível melhorar para a próxima etapa, domingo. Cheguei ao trabalho e fui caminhar um pouquinho para sentir as costas. Dei as aulas da melhor maneira possível e resolvi ligar para o Elizeo, pedindo mais um atendimento. Consegui marcar para o dia seguinte, quinta-feira, às seis da tarde.

Na quinta-feira já acordei melhor e consegui trotar uns quatro quilômetros, sem dor, durante a manhã. O atendimento do Elizeo foi fantástico. Após avaliar minhas costas, posturas, desequilíbrios, ele foi ao ponto certo. Saí de lá me sentindo melhor e decidido a parar com a medicação.

Sexta-feira foi um dia bem melhor. Corri uns oito quilômetros e pedalei até a escola. A única queixa de dor foi consequência de um chute forte de um garotinho, meu aluno, na canela, ao tentar contê-lo. Precisei tomar um analgésico na hora de dormir. No sábado consegui correr uns dez quilômetros e decidi fazer a maratona no dia seguinte. Para evitar trechos com subidas, escolhi sair de carro e começar a corrida após a ponte Laguna. Eram 6h e ainda estava escuro. Comecei mesmo assim, certo de que em poucos minutos o dia estaria claro. A temperatura estava acima do esperado para o horário nessa época do ano. Corria e ficava torcendo para que logo os primeiros raios do dia irrompessem no céu.

Nesse horário de domingo as ruas são bem vazias, um risco para quem estiver nelas, principalmente no escuro. Como tinha começado a maratona a três quilômetros do ponto em que costumava iniciar, teria que compensar essa distância no trajeto da corrida, por isso decidi ir ao Parque Ibirapuera. Convidei o Elizeo para me acompanhar no trajeto do parque, mas não tinha certeza de que ele conseguiria. Há exatos quatro meses, ele sofreu uma fratura na fíbula, osso lateral da perna. Precisou fazer uma cirurgia, colocar pinos e enfrentar um difícil e doloroso processo de reabilitação.

Quando estava próximo ao Ibirapuera, eis que surge um carro branco e, de dentro, ouço o Elizeo me chamando. Para me localizar, ele me seguiu pelo aplicativo que utilizo para compartilhar meu trajeto durante a maratona.

Seguimos até o Ibirapuera e minha ideia era fazermos juntos a volta do lago, com três quilômetros de extensão. De repente, ouvimos um som alto, típico de provas de corridas. Estava acontecendo a corrida do GRACC, uma prova para arrecadar fundos para o tratamento de crianças com câncer.

Entramos entre os corredores e seguimos. Tinha muita gente, caminhando e correndo. Chamou-me atenção também a quantidade de mulheres. Acho que elas são mais representativas no apoio aos pacientes, nos hospitais. Fiquei emocionado de ver aquele mar de pessoas correndo em prol de uma causa tão grande e importante. Gostaria de ter me inscrito.

Conforme avançávamos, Elizeo e eu conversávamos sobre família, trabalho, alunos. Íamos um pouco mais devagar do que costume, mas isso era o menos importante. O mais legal era estarmos ali, naquele momento, com aquelas pessoas. Alguns metros se passaram e Elizeo avistou uma paciente, Tati, com sua família, e rapidamente conversamos. Uma breve pausa para registrar o momento e seguimos.

A volta era de cinco quilômetros e um pouco antes de completar ouço alguém me chamar. Era a Tina, minha amiga da Escola de Educação Física e Esporte, coordenadora em uma das escolas em que trabalho, que recentemente organizou um café da manhã em sua casa, com a nossa turma da Faculdade, após uma das etapas. Nem imaginava a possibilidade desse encontro no meio de tanta gente! Fiquei muito feliz, ainda mais por saber que eu era um dos responsáveis por ela estar ali, em pleno domingo de Dia das Mães! Apresentei o Elizeo, falei que já estava bem das costas, graças a ele, e nos despedimos.

Ao sairmos da corrida, entramos novamente no Parque Ibirapuera. Elizeo já estava próximo aos dez quilômetros. Paramos para uma água de coco. Elizeo estava encharcado de suor, fervendo, mas com aquele sorriso de missão cumprida! Tinha levantado às 5h30 para se preparar. Estava ansioso, mas confiante em voltar a correr. E tudo funcionou da melhor maneira possível. O esporte traz sensações incríveis, desafia-nos constantemente, motiva-nos, é maravilhoso.

A volta do Elizeo em grande estilo, após a cirurgia no tornozelo.

Após nos despedirmos, estava ainda no quilômetro dezessete. Uma longa jornada ainda me esperava. Seguiria agora sozinho. A ideia era ir em direção ao Parque Villa Lobos e de lá fazer o sentido inverso até o carro. Aos poucos conseguia encaixar um ritmo mais forte, nada exagerado, apenas mais constante. Mesmo sem sentir nada nas costas, como tive uma semana mais parada, comecei a sentir um cansaço maior do que o habitual. E nessa hora entra a parte mental, que me mantém focado em não desistir, não parar. Às vezes, dava um grito de motivação, falava comigo mesmo, murmurava.

E assim fui levando até atingir a meia maratona, depois os vinte e cinco, trinta, trinta e cinco, quarenta. Não tinha muito que fazer, a não ser focar e agradecer pela ausência de dores nas costas, após uma semana bem difícil. Nesse trecho final cheguei a pensar em omitir aqui tudo que passei nos dias que antecederam essa maratona. Talvez chamasse essa etapa de a maratona quarenta e dois ou a maratona do Dia das Mães e deixasse a tal dor nas costas pra lá.

Mas resolvi contar toda a história da dor e da sensação que senti durante a semana. Principalmente, porque algumas pessoas insistem em culpar o desafio por qualquer mal-estar que eu sinta e não perdem a oportunidade de combater as maratonas. Não me importo com nada disso, até porque, no ano passado, antes do desafio, senti uma dor semelhante. E desta vez a recuperação foi excelente. Da minha parte continuarei com um olhar cuidadoso para minha lombar e na contagem regressiva para vencer o desafio a que me impus!

43ª Maratona

CHUVA – LOUCOS, MOLHADOS E FELIZES

São Paulo
18/05/2019 – sábado
Horário: 5h15
Duração: 4h17
Tempo em movimento: 3h59
Ritmo: 5'45"/km

O barulho da chuva batendo na janela do meu quarto, de madrugada, era um convite para ficar na cama. Minha tentação era deixar a corrida para o dia seguinte – domingo. Tinha uma desculpa convincente, a dor lombar me assombrava outra vez, bem menos do que na semana anterior. Mas era uma boa desculpa. Na sexta-feira, a dor voltou para dizer que estava com saudade. Lutei contra ela com um golpe certeiro, uma sessão de shiatsu.

Levantei da cama e me animei e não senti nenhuma dor. Ótimo! Preparei o café, arrumei minha roupa e tirei o carro da garagem. Em segundos o para-brisa completamente molhado me antecipava o que me esperava na USP. Água, muita água. Não sei por que não desisti e não voltei para a cama. É difícil explicar o que me move nesse desafio. Talvez, se voltasse para casa não conseguiria dormir, ficaria pensando e rolando de um lado para outro. Mas confesso que, dessa vez, tinha um pouco de dúvida se daria certo. Havia o frio, a chuva e, talvez, a lombar.

Cheguei à USP às 5h10. Ninguém, absolutamente ninguém – nenhum louco –, estava correndo ou pedalando. Deixei as garrafinhas, documentos, celular e gel dentro do carro, para não molhar. Nem me alonguei. Saí correndo de um embalo só. E tão rápido como parti, a chuva molhou todo meu corpo. Tinha que pensar positivamente e foi o que fiz para suportar o desconforto do corpo molhando. Pelo menos as costas estavam bem. Porém sentia a sensação de uma queimadura no lugar onde passei pomada contra a dor. Era o efeito da água, misturando-se com o medicamento.

Nas duas primeiras voltas de seis quilômetros, a chuva e a escuridão foram minhas únicas companhias. Apenas dois corredores, doidos, ultrapassaram-me e nos cumprimentamos rapidamente, embalados pelo som da chuva caindo e das passadas nas poças d'água.

Ao iniciar a terceira volta, com a luz do dia, veio em minha direção o Léo. Eita cara de palavra! Disse que iria e foi. Outro qualquer teria inventado uma desculpa. Definitivamente, o Léo não é qualquer pessoa, principalmente quando se trata de correr. E essa era uma corrida muito especial para ele. Há dois meses teve toxoplasmose e essa seria a primeira corrida longa após se recuperar da doença.

Correr com o Léo tem sido uma das melhores coisas desse desafio. Através da corrida criamos um laço estreito, pelo qual conversamos sobre diversos assuntos. Dessa vez mergulhamos, ou melhor, escalamos, na aventura dele na Bolívia. Léo tem um grupo de amigos trilheiros e escaladores, que resolveu fazer alguns cumes de até cinco mil metros na Bolívia, como comemoração à proximidade dos quarenta anos. Estava tudo combinado até que surgiu a tal da toxoplasmose. Na última conversa que tivemos, Leo tinha desistido da viagem. A recuperação da toxoplasmose requer repouso e um dos efeitos colaterais é a fadiga muscular. De repente, pergunto para ele se tinha notícias dos amigos que viajaram e, para minha surpresa, ele me informou que também tinha ido. O médico o liberara e essa seria uma experiência incrível. A Bolívia faz fronteira com o Brasil, Paraguai, Argentina, Chile e Peru. É em seu território que a Cordilheira dos Andes atinge a largura máxima (650 quilômetros). É também onde se localiza o árido altiplano andino e as principais cidades, como La Paz, a capital mais alta do mundo, com 3.636 metros. O lado ruim fica por conta da pobreza. A Bolívia é uma das nações economicamente mais pobres da América do Sul, com alta taxa de analfabetismo e o terceiro menor Índice de Desenvolvimento Humano (IDH) entre os países sul-americanos.

Não vou descrever tudo que Leo me contou. Basta dizer que seu relato me trouxe ainda mais admiração por ele. Se conseguiu ou não chegar ao cume é o que menos importa. Estar ali foi um enorme aprendizado. Receber o apoio da sua esposa, Mariana, que secretamente colocou um bilhete em sua luva, foi maravilhoso. Apoiar os amigos e vibrar pela vitória deles é para poucos... E é isso que Leo demonstra também no desafio.

Foram três voltas em sua companhia. Em cada uma, parávamos rapidamente na DLB para hidratar e tomar um gel. Ao final da terceira volta registramos nossa despedida com uma foto e um forte abraço. Encharcados, mas felizes!

Teria, ainda, que fazer mais duas voltas sozinho. A chuva voltou com força total nesses últimos doze quilômetros. A solução era encaixar um ritmo bom e seguir adiante. E parece que deu certo. Quando dei por conta estava rodando a cinco minutos por quilômetro. A maratona da chuva estava terminando, as dores tinham desaparecido por completo e era questão de minutos para finalizar a quadragésima terceira maratona em finais de semana consecutivos. Nas próximas e últimas sete etapas: três em provas oficias. Agora é torcer para que essa dor nas costas suma de vez e mais nenhuma outra dor apareça.

44ª Maratona

BEACON – UM FAROL PARA ILUMINAR METAS

São Paulo
25/05/2019 – sábado
Horário: 5h08
Duração: 4h25
Tempo em movimento: 4h08
Ritmo: 5'58"/km

  Beacon, em Inglês, quer dizer luz, farol, boia ou sinal luminoso, fogueira de aviso. The beacon of generation, o guru, ídolo de uma geração. Beacon School, a escola modelo. Foi lá que conheci a Monica, a Adriana e a Priscila, professoras das crianças das minhas turmas de capoeira. A Priscila e a Monica também são mães de alunos. Uma vez por semana nos encontramos na escola. Quase sempre vou correndo ou de bicicleta. Quando estou de carro, costumo chegar mais cedo para correr no Parque Villa Lobos, próximo à escola. Nas nossas conversas, o assunto, muitas vezes, gira em torno da corrida. Quando contei sobre o desafio, ficamos de marcar uma corrida juntos. E não é que esse dia chegou? E chegou junto ao frio! A previsão era de temperatura próxima aos dez graus logo cedo!

  Segunda pele, gorro, protetor de orelha, corta vento, meia comprida e lá estava, novamente, na USP, às 5h10 de sábado, dando meus primeiros passos. Já me acostumei tanto com esse percurso e com o início da corrida sem a luz do dia que fiquei pensando: como será depois do desafio, quando não tiver mais que começar tão cedo? Acho que sentirei falta...

  Fiquei com a sensação de que os primeiros doze quilômetros passaram num piscar de olhos. Nesse período só cruzei com o sempre animado Paulinho, da Trilopez, e o pessoal da equipe da Bk Sports.

  O dia, apesar de frio, não prometia chuva, como na semana passada, quando Léo e eu nos encharcamos de água e alegria. Aos poucos, surgiram os primeiros sinais de um céu azul e de uma linda manhã de sol.

O primeiro a me encontrar foi o Léo. Logo em seguida apareceram a Janaína e a Luciana. Elas tinham um treino de vinte e oito quilômetros pela frente. Nessa altura, eu estava com quatorze quilômetros e seria uma boa irmos juntos. Luciana começou a correr na DLB há cinco anos. Estava sedentária e ao ficar ofegante por subir um lance de escada, tomou uma decisão: não continuaria fora de forma. Resolveu treinar na DLB, inicialmente, alternando caminhada e corrida. Hoje, está se preparando para a sua terceira maratona...

Janaína é professora de Educação Física e trabalha na DLB. Sempre fez atividade física, gostava desde cedo de brincar com os garotos e se mantinha em forma. Fiz algumas aulas de ginástica funcional com Janaína, todas ótimas! Ela descobriu alguns pontos fracos em mim, como a falta de exercício abdominal. Agora, Janaína também se prepara para a maratona de Florianópolis, em junho.

Léo e eu corremos com elas pelo itinerário que haviam traçado. Demos uma parada perto do bosque da USP, para cumprimentar o Nato e mais dois colegas. Estavam treinando num ritmo mais forte, uma distância menor, rumo à Comrades – a supermaratona da África. Eu e Leo decidimos acompanhá-los e avisamos Luciana e Janaína, que vinham logo atrás.

Havia combinado de encontrar as professoras da Beacon, às 8h, em frente à Escola de Educação Física. Estar ao lado do Nato também era uma forma de chegar mais rápido até ao local.

Nas minhas maratonas dou prioridade às companhias, não me importando com a velocidade. Já sabia que ao encontrar a Monica, a Adriana e a Priscila, teria que diminuir o ritmo. E isso era o que menos importava. O mais legal era saber que, graças ao desafio, estaríamos juntos. Logo que nos vimos, parei e o Léo seguiu com Nato e seus amigos. Cumprimentei rapidamente as meninas e começamos os meus últimos dez quilômetros.

A equipe Beacon. Eu, Adriana, Mônica e Priscila.

A história de corrida da Adriana e da Monica é recente e curiosa. Diferente de muitos corredores, elas começaram pelas provas de montanha. Imediatamente, encantaram-se com a vibração das trilhas e passaram a treinar juntas e a participar de provas curtas. São colegas de trabalho e de corridas, reforçando essa amizade pelo esporte. Adriana é mais nova, sempre gostou e praticou esporte. Tem um biótipo favorável para corrida. Monica é mãe, precisa conciliar o triatlo "família-trabalho-corrida" e, de acordo com ela, está em sua melhor forma. Priscila tem corrido há dois anos e meio. Seu marido também corre e treina aos sábados, na USP. Nesse sábado eles trocaram para que ela pudesse vir, e ele ficou com a filha. Conhecemo-nos melhor no ano passado, quando fui professor de sua filha. No meu aniversário, ela e outras mães da turma me deram de presente um dos tênis que usei no início do desafio.

Após alguns minutos, o Léo se juntou a nós e seguiu até a próxima parada, na DLB. Despedimo-nos com um forte abraço e, para mim, ainda faltavam sete quilômetros. Sinceramente, foram tantos encontros e conversas legais durante essa etapa que nem senti a distância e o tempo. Depois de completarmos uma volta de seis quilômetros e passarmos novamente em frente à Educação Física, achei que as meninas parariam ali. Para minha surpresa, elas foram mais quatro quilômetros adiante! Despedimo-nos um pouco antes do ponto que tinham deixado o carro para que eu completasse a distância da maratona próximo à DLB. Precisei apenas caminhar um pouco depois de completar os quarenta e dois quilômetros cento e noventa e cinco metros. Minutos depois da minha chegada, Luciana e Janaína completaram bravamente seus vinte e oito quilômetros. Terminei essa quadragésima quarta etapa com a sensação de que a corrida, literalmente, pode nos guiar como um farol (Beacon), rumo às nossas metas e desafios!

E agora faltam seis maratonas, três delas em provas oficiais! Que venha Porto Alegre no próximo domingo!

45ª Maratona

PORTO ALEGRE - ALTO ASTRAL

Porto Alegre
2/06/2019 – domingo
Horário: 7h08
Duração: 3h41
Tempo em movimento: 3h38
Ritmo: 5'12"/km

  Há onze anos participei da maratona de Porto Alegre (POA) e obtive o mesmo tempo da maratona de Florianópolis, com exatas duas horas, cinquenta e oito minutos e trinta e quatro segundos. Essa conquista fez com que conhecesse e respeitasse meu limite. Dali em diante qualquer tentativa de baixar esse tempo exigiria um esforço e um risco que não estava disposto a aceitar. Na época isso me levou ao triathlon e depois às ultramaratonas. E não é que o destino me colocou frente a frente novamente com POA? Só que agora seria na quadragésima quinta maratona consecutiva do desafio!

  A semana começou com uma excelente notícia. O desafio saiu na globo.com, na sessão Eu Atleta, do Globo Esporte. Aos poucos, vai ganhando destaque e divulgação, no momento em que gostaria que acontecesse. Isso animou meus dias e aumentou minha expectativa para a próxima etapa. Na quinta-feira fiquei um pouco resfriado e um pouco preocupado de ter uma gripe. Estamos atravessando um período de muitas viroses, com várias crianças e pessoas doentes. Na sexta-feira já me sentia melhor e sábado de manhã embarquei sozinho para Porto Alegre.

  Viajar sozinho não é legal, mas é importante. Ir almoçar e jantar, andar, dormir e ficar no quarto sozinho oferece momentos de introspecção necessários. E nesse momento do desafio serviu para ficar ainda mais concentrado.

  Cheguei de um voo tranquilo e fui direto buscar o kit da prova. Como só entraria no hotel a partir das 13h, resolvi passar primeiro na feira da maratona. O local era modesto, mas bem organizado. Logo peguei minha sacola com a camiseta, número e alguns brindes e dei uma volta para ver o que a feira esportiva oferecia. Comprei alguns gels e uma pochete nova para a corrida. Como não havia muito que fazer por ali, decidi ir ao shopping mais próximo. Minha mochila estava bem pesada e fiquei preocupado se o esforço poderia prejudicar minhas costas. Prendi a mochila de forma bem segura e caminhei com ela uma distância pequena até chegar ao shopping. Assim que entrei, avistei um confortável sofá e decidi ficar por ali mesmo, trabalhando no computador. Quando foi meio-dia estava com uma fome enorme. Pudera, acordei às 4h, tomei um breve café e fui para o aeroporto muito mais cedo do que o necessário. Liguei para o Paulo, amigo de corrida, que conheci recentemente e encontrei na terceira etapa do desafio, mas ele ainda estava retirando os kits. Resolvi almoçar sozinho, o que foi ótimo, pois algum tempo depois o shopping ficou abarrotado de gente, a maior parte corredores. Encontrei um lugar "menos ruim", como diria a Ana. Pedi uma porção de brusqueta na entrada. Era para ser somente de queijo, presunto cru e tomate fresco (sacrilégio), mas trouxeram meia porção de shitake. Depois chegou o prato principal. Um espaguete ao sugo e um bife de filé mignon. Tomei um copo de suco de uva e outro de limonada suíça. Estava satisfeito e, após pedir a conta, só queria chegar ao hotel e descansar. Saí do Shopping, pedi um táxi e fiquei mais de meia hora até conseguir um carro. Nesse momento, a Ana me telefonou para saber como estava. Sem ser grosseiro, disse que estava quase sem bateria e sem conseguir pegar um motorista. Três carros já haviam cancelado. Foi quando percebi que pedir um carro dentro do estacionamento do shopping era melhor. Acho que os motoristas ficam apreensivos de pegar alguém na avenida e preferem quem está dentro do shopping. Realmente, não pensei. Achei que iria facilitar para o motorista e acabei me prejudicando. Estando no shopping, assim que chamei apareceu um carro. O celular estava quase sem bateria. É impressionante como somos dependentes desses aparelhinhos...

 Fiz rapidamente o check-in, fui para o quarto, tomei um banho e literalmente desmaiei. Dormi de forma tão profunda que até esqueci onde estava. De repente, acordei com o barulho de alguém tentando entrar no quarto por engano. Não me assustei, até porque tinha deixado a porta com o trinco fechado. Levantei e voltei a trabalhar um pouco mais no computador. Quando eram umas 19h, desci parar e procurar algum lugar próximo ao hotel para jantar. Deparei-me com outro shopping e uma praça sofrível de alimentação. É curioso como todo shopping tem a característica de um "não lugar", ou seja, de ser tão homogêneo na sua arquitetura que se torna impossível saber em que cidade, estado ou país estamos. Alguns até tentam se diferenciar, mas estão condenados a uma arquitetura insípida dentro do mesmo padrão.

Terminei o jantar de massa com galeto e suco e resolvi pegar um filme. Por acaso, escolhi um filme indiano, "Sir", bem interessante. Voltei ao hotel e achei que demoraria a dormir. Ledo engano. Antes das 23h já estava embalado nos braços de Morfeu. Deixei toda a roupa preparada e a mochila pronta, para assim que voltasse da maratona não perdesse tempo para fazer o check-out antes das 13h. A maratona começaria às 7h. Minha expectativa era terminar até às 11h, pegar um táxi até o hotel, tomar banho e sair.

Acordei às 4h15. O hotel serviria um café reduzido para os maratonistas. Estava um pouco apreensivo para pegar um carro e não correr o risco de perder a hora. Resolvi sair bem cedo e às 4h45 estava no táxi. Comecei a conversar com o motorista, o Jair, e o assunto, não poderia ser outro: era sobre a maratona e o desafio. Jair ficou tão empolgado com minha história que fez questão de me deixar o mais perto possível da largada, ainda que passasse por locais que já estavam isolados. Despedimo-nos e desci do carro. Fazia muito frio, mas eu estava bem agasalhado. Fui para a área coberta, mais aquecida e fiquei por lá. As pessoas iam chegando aos poucos. Ainda estava escuro. Dei uma saída para dar uma volta e deixar minha roupa no guarda-volumes. Por volta das 6h15 recebi uma ligação do Paulo. Ficamos de nos encontrar na baía dos corredores. Tinha me inscrito num lugar mais afastado do que ele. Ainda assim, deu certo. Alguns minutos antes da largada estávamos juntos. Paulo estava com um colega, Henrique.

Começamos a correr assim que passamos pela saída, somente cinco minutos após a largada. Nos primeiros quilômetros passamos por muitos corredores. Era difícil nos manter lado a lado. Todo cuidado era pouco para não derrubar ou ser derrubado por outro corredor. Estávamos num ritmo bom, bem acima das pessoas que nos rodeavam. Íamos conversando e depois de alguns quilômetros estávamos com mais espaço.

A maratona de Porto Alegre é conhecida pelo percurso plano e frio. Dessa vez, a temperatura estava bem agradável, em torno de uns dezesseis graus, ótima para uma corrida longa. Passamos no quilômetro dez rodando próximo aos cinco minutos por quilômetro. Henrique, que vinha mais moderado, ficou para trás. Sentia-me muito bem disposto. Falei para o Paulo que, após tantas semanas seguidas fazendo maratonas, sinto que o meu corpo se adaptou de inúmeras formas. Uma delas tem a ver com a parte perceptiva. As três primeiras horas tenho a sensação de que foram minutos. É uma percepção psicológica, mas também corporal. Tenho a sensação de que estou nos primeiros quilômetros, quando, na realidade, já se passaram trinta. E nessa maratona essa percepção veio com força absoluta. Ao atingirmos o quilômetro vinte e cinco, percebi que o Paulo começou a diminuir a velocidade. Segui adiante e cada vez mais era invadido por uma sensação de leveza e tranquilidade. A partir do quilômetro trinta, quando a maior parte dos corredores diminui a velocidade, eu crescia mais e mais. Passava por muitos participantes e vibrava com o público, os incentivos, o apoio e os postos de hidratação eram motivadores – perfeitos. Mais adiante, encontro um corredor levando seu filho com paralisia cerebral num carrinho adaptado. Sempre me emociono. Cumprimentei ambos e àquela altura já sabia que terminaria a maratona num ótimo tempo. Curiosamente, um dos motivos para fazer abaixo de quatro horas era chegar ao hotel em tempo de fazer o check-out! Aos poucos, a distância até a chegada ia diminuindo e meu ânimo aumentando. Passei os dois últimos quilômetros na maior velocidade de toda a prova. Cheguei vibrando e muito feliz por verificar que tinha obtido o melhor resultado de todas as maratonas do desafio: três horas e quarenta minutos!

Focado em Porto Alegre.

Isso comprova que estou muito bem fisicamente, mesmo após tantas maratonas seguidas. Isso me dá tranquilidade para essa reta final. Agora terei uma pausa de maratonas no próximo final de semana. Depois, retorno para as últimas cinco etapas! Mesmo sem ter que correr para fazer o check-out em algum hotel, estou pronto. Aguardem!

Eu também sonhei em ser um jogador de futebol

Bola na trave não altera o placar
Bola na área sem ninguém pra cabecear
Bola na rede pra fazer o gol
Quem não sonhou em ser um jogador de futebol?...

A música, composta por Nando Reis e Samuel Rosa, da banda Skank, traduz de forma brilhante o sentimento dos amantes do esporte mais popular do Brasil e do mundo.

Minha primeira lembrança com o futebol me remete ao Clube de Regatas do Flamengo, no bairro da Gávea, Rio de Janeiro. Éramos sócios, apesar de torcedores do Fluminense. Naquela época a rivalidade entre os times não era com a violência de hoje. Podíamos entrar no clube com as camisetas do tricolor. Lógico que ouvíamos alguns comentários, mas tudo dentro de uma saudável brincadeira.

Dentro do clube jogava futebol com meu irmão e amigos. Curiosamente, treinava apenas natação e deixava o futebol para os momentos livres de lazer. Algumas tardes de domingo, após o descanso do almoço, meu pai, com um cigarro na boca, era o goleiro. Eu e meu irmão disputávamos em cada metro do gramado a bola que ele lançava. Era fácil fazer gol no meu pai. Era só chutar a bola rasteira, pois ele dificilmente abaixava.

Outra lembrança que guardo do clube eram as partidas de futebol nos dias de aniversário. Tínhamos um amigo, Boa Ventura, apelidado carinhosamente de Boinha, flamenguista roxo. Boinha sempre estava nas festas e, obviamente, jogava e vencia as partidas no time do Flamengo. Não foram poucas as vezes em que pensei em "virar casaca". Se o Fluminense vencesse, meu irmão ficaria feliz. Se o Flamengo ganhasse, eu sairia por cima. Não funcionava. Na hora de distribuir as camisetas, a escolha era sempre pelo Flu.

Tivemos também um timinho do bairro. Éramos uns dez moleques e decidimos apelidar o time de tricolor, apesar de usarmos um uniforme com calção preto e camiseta vinho. Até hoje não entendi como acharam aquelas camisetas, mas decidimos usá-las, pois tinham sido doadas e possuíam números, coisa rara. Johnny, um dos meninos do grupo, trouxe um grito de guerra, saudação de seu colégio militar, que adotamos como nosso hino. Jogávamos em dois lugares. Na pracinha, que tinha um chão de pedras portuguesas, e num terreno baldio, com piso de terra. Na pracinha, nossos jogos chamavam atenção das pessoas. Ver a criançada se atirando e lutando pela bola como se fosse pela vida, fazia com que tivéssemos muitas vezes até torcida. No terreno baldio ninguém assistia aos jogos, mas jogar na terra nos poupava de muitos ralados. Além disso, tínhamos uma caçamba de lixo que ficava vazia e usávamos como vestiário. Foi nesta época que resolvi mudar de posição e fui para o gol. Apesar de baixinho, tinha muita impulsão, agilidade e nenhum temor de me atirar nas bolas.

Em alguns domingos também íamos ao Colégio Santo Inácio, um colégio tradicional do Rio de Janeiro, no qual meu irmão estudava, para jogar bola. Adorava encher meu irmão com o refrão "Colégio Santo Inácio, entra burro e sai palhaço". Na realidade, morria de inveja dele. A minha escola não tinha nem uma quadra esportiva e tinha um nome ridículo de Canarinhos & Camaiore. Como não era do Colégio, não podia participar dos campeonatos. O campo de futebol era enorme, de tamanho e traves oficiais. Entre um jogo e outro, invadia o campo para chutar a bola no gol. Não entendia por que o gol precisava ser tão grande, nem como os jogadores de futebol podiam errar aquele gol enorme.

Enorme também era o Maracanã. Às vezes, íamos assistir aos jogos do Flu. Não gostava muito. Ficava com medo de o time perder e preferia ficar na pracinha, jogando bola. Em uma ocasião o Fluminense tinha um jogo importante. Era semifinal do campeonato brasileiro. O time adversário era de São Paulo e tinha um nome esquisito: Corinthians. Na hora do jogo caiu uma chuva torrencial e, mesmo assim, continuamos jogando bola. A partida terminou empatada e a decisão foi para os pênaltis. Fui correndo para casa para ver as cobranças. Meu pai queria ter ido ao jogo, mas não conseguiu ingresso. Parece que todos os lugares tinham sido esgotados por ter tido uma grande venda para os torcedores do Corinthians.

Assim que abro a porta da sala vejo meu pai ajoelhado, torcendo. Achei estranho. Meu pai nunca torcia daquela forma para o Fluminense. Naquela tarde descobri um pai corintiano. Fiquei com muita raiva, sentindo-me traído. Eu, que não trocava a camiseta do Fluminense por nada e aguentava perder nas festas de aniversário, descobria que o clube de futebol do seu coração era esse tal Corinthians.

Dois anos após esse dia fatídico, mudávamo-nos do Rio de Janeiro. Mas antes de ir para Ubatuba, o futebol me reservaria uma última experiência. Estávamos jogando bola na pracinha quando um garoto pegou a camiseta do Flamengo de um amigo e a jogou em cima de uma árvore. Era dia 03 de dezembro, dia de decisão do campeonato carioca de 1978, entre Flamengo e Vasco. Provavelmente, o garoto era vascaíno. O fato é que subi na árvore para pegar a camiseta e, quando pulei para descer, não prestei atenção no cano de ferro que existia no chão da pracinha. Resultado: bati violentamente com o queixo no cano e precisei ser operado para tomar vinte cinco pontos internos e externos no queixo. A cicatriz, guardarei por toda vida.

Quando nos mudamos para Ubatuba passei a jogar bola em todos os lugares: na escola, na rua, na praia, na terra, na garagem, na grama. Essa versatilidade foi decisiva para minha habilidade no jogo. Revezava ora na linha, ora no gol. Uma passagem marcante nesse período foi o Ubatuba Tênis Clube, um lugar à margem da rodovia que nunca chegou a ser efetivamente um clube. Havia apenas uma pequena sede e um campinho de terra. Os pais se reuniram e convidaram alguns comerciantes para serem os patrocinadores dos uniformes dos times. Os que guardo na memória: além da empresa de engenharia do meu pai, a Emessem, que jogava com as cores preto e azul, do Uruguai, tinha o restaurante Senzala, com as cores preto e laranja, e a loja de materiais de construção, Casa Jehu, com verde e branco, do México. O nosso mascote era o Scooby, o vira-lata mais inteligente que conheci. Com uma roupa improvisada, Scooby entrava em campo e abria alas para o time. Ficava do lado de fora e nos acompanhava no intervalo até a torneira. Quando ganhávamos era uma festa e Scooby parecia entender o que acontecia de tal forma que quando perdíamos o seu comportamento era nitidamente diferente, parecendo querer nos consolar.

Ganhar e perder no futebol são coisas normais, mas difíceis quando somos crianças. Lembro-me de que quando estávamos perdendo, chorava no intervalo e não queria voltar ao jogo. Mas quando ganhava, a sensação era deslumbrante.

Algo de que nunca me esquecerei foi quando conquistamos o campeonato em cima do nosso maior rival, o Senzala, do pai do meu melhor amigo, o Alfredinho. Por coincidência, Alfredinho também era flamenguista. O Flamengo ganhava tudo que disputava nessa época. Tinha Zico, Adílio,

Nunes, Júnior. Só craques. Pela segunda vez tinha a experiência de estar do lado mais fraco. Do meu time do coração, o Flu, e do recente time criado para substituir o Emessem, o Ubatur Camping, novo comércio da minha família. O Ubatur usava um uniforme muito parecido com o do Grêmio, tradicional time tricolor gaúcho. O Senzala vinha de um bicampeonato e jogava, assim como o Flamengo, de Zico, de forma soberana. Até o dia em que nos cruzamos na final...

Enfiamos quatro gols na decisão. Eles, apenas um. O jogo acabou e eu não conseguia acreditar que tínhamos vencido o campeonato. O troféu era a coisa mais importante que já tinha conquistado na minha vida. Fomos ao restaurante Senzala para comer pizza e tomar guaraná na própria taça, que tinha formato de copo. Foi uma noite inesquecível. Pena que o Ubatuba Tênis Clube fechou e perdemos esse espaço. Em compensação, comecei uma nova fase. A do futebol de campo. Aos sábados, íamos ao estádio de futebol para disputar o campeonato municipal. Não treinávamos, apenas vestíamos os uniformes, fazíamos de conta que estávamos entendendo as instruções dos técnicos e íamos para o jogo. Continuava achando o campo e a trave muito grandes, as posições de cada jogador esquisitas, mas tinha que seguir o que professor mandava. Até que, um dia, entrei num time que não tinha ninguém que jogasse na lateral esquerda. Disse ao técnico que, apesar de não ser canhoto, poderia jogar do lado esquerdo, pois sabia chutar com as duas pernas, uma coisa que aprendi nas peladas de areia, terra, grama, paralelepípedo e cimento. Vesti a camisa número 06 para assumir definitivamente a posição. Destaquei-me de tal forma que fui convocado para a seleção da cidade. Aí, sim, comecei a treinar.

Logo no primeiro dia marquei, talvez, o gol mais lindo que fiz na vida. Acertei um chute de fora da grande área no ângulo, sem chance de defesa para o goleiro. Esse gol me garantiu no time titular e com treze anos viemos para a cidade de São Paulo, para disputar o campeonato intitulado Taça São Paulo. Meus amigos dormiram no Pacaembu e eu no apartamento da minha avó, com meus pais. Não gostava dessa separação. Queria estar com meus amigos, mas não tinha coragem de dizer isso aos meus pais, portanto, conformava-me. Cheguei ao local do jogo quase ao mesmo tempo do que o ônibus do time. Nosso adversário era o Santos. Lembro-me de que, na hora, pensei que fosse um time qualquer que usasse a camiseta do Santos, assim como usávamos as camisetas do Grêmio, Fluminense etc. Quando perguntei para um colega qual era o nome do time com o qual jogaríamos e ele me disse, ainda incrédulo, Santos Futebol Clube, comecei a ficar preocupado.

Ao começar o jogo, bastaram dez minutos para que o jogo já estivesse 3 x 0. Ali, comecei a perceber que talvez não seria um jogador profissional de futebol. Os moleques do Santos se movimentavam de um jeito diferente, sabiam onde ficar, como se posicionar, falavam outra língua, usavam termos que desconhecia. Resultado final do jogo: 8 x 0. Um massacre. Silêncio no vestiário e uma ducha de água fria. Alguns meninos do Santos daquele ano provavelmente iriam, mais tarde, ter uma pequena chance de ser profissional. Pelo menos corriam, jogavam e treinavam diariamente para isso.

Quando me mudei, em 1985, para São Paulo, comecei a jogar e a treinar futebol de salão pela escola. Jogava bem, mas tinha muita dificuldade em entender a famosa prancheta do professor. Aquelas setas, jogadas e trocas de posições me pareciam inadequadas. Queria jogar como fazia com minha turma de Ubatuba. Não adiantava. No treino até que rolava, mas no jogo, quando o técnico queria mostrar serviço, era desastroso. Lembro-me de um dia em que estava no banco e ele me chamou para dar orientações antes de entrar. Não fiz nada do que ele pediu e fui substituído na hora. No segundo e, principalmente, no terceiro ano de treino, já dominava o básico e me firmei como titular. Adorava quando o técnico não aparecia nos jogos e nós mesmos tínhamos que nos organizar.

Ganhamos alguns torneios, perdemos outros, mas o grupo da escola era muito unido. Às vezes, jogávamos com os nossos professores e, outras, íamos jogar bola no Sítio do Clio, um querido amigo, que vejo até hoje. Nunca me esquecerei do dia 16 de dezembro de 1990. Estávamos no sítio e era dia de final do campeonato brasileiro, entre Corinthians e São Paulo. Mais uma vez estava do lado do time mais fraco. Aguentava as gozações e provocações dos amigos, que diziam que a final seria um massacre. Paramos o rachão para assistir ao jogo. Nessa altura, meu coração já batia forte pelo Corinthians. Sem um time à altura do São Paulo, o Corinthians sagrou-se campeão brasileiro pela primeira vez, com um gol de Tupãzinho. Quando o juiz apitou o fim de jogo, parecia que revivia a minha final de Ubatuba contra o Senzala.

Quando entrei na Escola de Educação Física da USP disputei alguns jogos e campeonatos universitários. Voltei à antiga posição de lateral esquerdo. Na época, praticava capoeira e já corria pelo Campus, então, jogar duas ou até três partidas no mesmo dia não me cansava.

Foi após a faculdade, com a minha crescente prática pela corrida, que comecei a abandonar o futebol e me tornar mais um louco no bando de torcedores corintianos. Gostava de jogar com os moradores do prédio. Certo dia, sozinho, dei mau jeito no joelho. Fiz uma ressonância e o resultado apontou uma fissura parcial no menisco do joelho direito. Nada sério demais, mas o médico me perguntou quais esportes eu praticava. Ele foi bem direto ao ponto. Se eu quisesse me dedicar mais à corrida deveria parar com o futebol, pois cedo ou tarde teria outra lesão que, certamente, seria cirúrgica. Como estava cada vez mais gostando de correr, segui o conselho e passei a jogar pouquíssimas vezes no ano. Meu filho, Pedro, quase não tem lembrança de me ver jogar, a não ser nas nossas partidas de gol a gol, nas quais, até os doze anos, tinha sempre que acabar 10 x 09 para ele.

O futebol foi um esporte fundamental para a minha estrutura muscular, articular e para minha coordenação e resistência. Durante anos só corria atrás da bola, por ela e com ela. Demorei em ver sentido em correr sem ela. Eu também sonhei em ser um jogador de futebol.

46ª Maratona

JAMIL GANHOU A CAMISETA 46, NA ÚLTIMA ETAPA DA USP

São Paulo
15/06/2019 – sábado
Horário: 5h20
Duração: 4h13
Tempo em movimento: 3h56
Ritmo: 5'42"/km

Após a maratona de Porto Alegre, tive o primeiro final de semana sem maratona. Foi uma sensação estranha. Meu corpo estava tão adaptado aos quarenta e dois quilômetros semanais que senti falta das minhas quatro horas contínuas. Por outro lado, vinha de quarenta e cinco maratonas em finais de semana consecutivos e, na última, havia conseguido uma marca significativa de tempo. A semana que antecedeu essa maratona foi normal: corri o trajeto de casa para escola, pedalei, dei as aulas de capoeira e educação física que precisava, li alguns trabalhos escritos do Prêmio Educador Nota Dez e, quando dei por mim, era sexta-feira, véspera da última maratona na USP. Ao longo do desafio foi o local que mais corri. Nove etapas no total!

O que me levou a correr tantas vezes na USP? Aos sábados é o melhor lugar para correr em São Paulo. É seguro, bem iluminado para quem começa no escuro, tem vários corredores que nos ajudam a dar ritmo e mais ânimo e, principalmente, tem a moçada da DLB Assessoria Esportiva. Sem a presença dessa galera, certamente, o desafio seria bem mais difícil. Invariavelmente, tem alguém para me acompanhar, principalmente a partir da segunda parte da maratona. E dessa vez não seria diferente.

Como sempre, cheguei à USP com o dia escuro, parei o carro no estacionamento da Praça dos Bancos, desci e, em poucos segundos, estava correndo. O Paulinho, da Trilopez, que sempre chega cedo, antes de todos os treinadores, passou por mim e me incentivou: "Bora, Marcola, já está na quarenta e seis. Faltam apenas quatro!". Dessa vez, parei para dar um abraço e tirar uma foto com ele...

O percurso que costumo fazer para as maratonas na USP é plano. São sete voltas de seis quilômetros, passando sempre pela DLB, onde me reabasteço, troco de roupa e converso rapidamente com alguém. Às vezes, consigo alguma companhia. Dessa vez, o Jamil, um cara muito gente boa, seguiu comigo.

Ao lado do Jamil, um dos maiores admiradores do desafio.

Eu tinha dado três voltas quando nos encontramos. Ele teria um treino de dezesseis quilômetros, o que praticamente coincidia com o restante da minha maratona. Resolvemos ir juntos. Jamil usava uma bermuda comprida, pouco comum aos corredores. Gosto de gente assim, autêntica e pouco influenciável aos modismos. Começamos num ritmo de moderado para forte, talvez pelo fato de ser seus primeiros quilômetros. Uma das coisas que mais gosto quando estou acompanhado na corrida é conversar. Acho uma excelente oportunidade para conhecer melhor o outro, ouvir suas opiniões, discutir assuntos. Às vezes, pode dar errado, como quando estava com dois conhecidos com opiniões políticas completamente divergentes. Mas na maior parte das vezes dá certo.

E com Jamil deu mais do que certo. Temos filhos em idades próximas e começamos a conversar sobre escolas, vestibulares, intercâmbios. O assunto fluiu tanto que nem percebemos quando já estávamos na segunda volta – eu concluía trinta e dois quilômetros e ele quatorze. Além desse assunto, outra coisa nos aproximava: a experiência de uma doença terminal de nossos pais...

Jamil trabalha com tecnologia da informação (TI), na indústria farmacêutica. Ele me explicava sobre os avanços tecnológicos no segmento de doenças raras e o quanto as descobertas da genética aplicada à tecnologia podem contribuir para amenizar o sofrimento de pessoas. Realmente, é impressionante e importante esse segmento. Por outro lado, sabemos o quanto essa indústria é poderosa e mantém as pessoas "presas" a ela. Comentamos sobre a quantidade de farmácias abertas atualmente, da relação entre prevenção através da atividade física e da remediação através da química. Essa outra conversa nos impulsionou em mais uma volta. Faltava agora minha última. O combustível para ela surgiu no assunto intercâmbio. Jamil comentou que sua filha é uma excelente nadadora, mas está pensando em parar por conta dos estudos. Isso é muito ruim. Como pode uma jovem não poder conciliar sua vida esportiva com a acadêmica? Coisas do nosso país...

Sugeri que procurasse alguma agência de intercâmbio. Quem sabe ela consegue fazer as duas coisas e ter um ótimo curso universitário? Passei o contato de um amigo. Tomara que dê certo.

Olhei para o relógio. A marca dos quarenta e dois quilômetros, cento e noventa e cinco metros se aproximava. Jamil ainda teria mais dois quilômetros.

Parei na DLB e esperei pelo Jamil. Quando ele terminou seu percurso, presenteei-o com a camiseta amarela de número quarenta e seis. Valeu, Jamil!

47ª Maratona

ABRI OS BRAÇOS AO REDENTOR COM O MELHOR TEMPO DO DESAFIO!

Rio de Janeiro
23/06/2019 - domingo
Horário: 5hs45
Duração: 3h33
Tempo em movimento: 3h30
Ritmo: 5'01"/km

    O Rio de Janeiro mexe comigo. Mesmo com toda a insegurança e criminalidade, o Rio me traz lembranças da minha infância, dos dias de praia, do Clube Costa Brava, do Maracanã, da lagoa Rodrigo de Freitas, do Leblon, de Ipanema, de Copacabana, do Arpoador e do Clube de Regatas do Flamengo. Sim, é verdade. Tive uma vida privilegiada de criança da Zona Sul: colégio particular, apartamento no Leblon. Mas não era tolhido por isso. Era década de 1970. As crianças circulavam pelas ruas sem medo de sequestro nem assalto. Íamos à praia recolher as garrafas de vidro de refrigerante para trocar nas padarias por pão francês. Íamos a pé até a Lagoa Rodrigo de Freitas e mergulhávamos nas águas ainda não tão poluídas. Com seis anos de idade encarava qualquer mar, menos nos dias de ressaca, nos quais as ondas invadiam a orla da praia. Lembro-me de chegar à praia e ir sozinho pela areia até o arpoador para mergulhar de máscara. Guardo na mente a visão subaquática de peixes amarelos, azuis, laranjas, vermelhos, como nunca mais vi iguais.

    No Rio, os dias eram tão quentes que só fui saber que existia cobertor quando vim a São Paulo. Que horror aquela cidade! Fria, poluída, barulhenta! A única coisa legal para mim eram os fliperamas. Mas o Rio era o Rio. Tinha tudo o que eu precisava: meus amigos, meu time de futebol da pracinha, minha escola e até uma namorada, a Suzana, por quem era completamente apaixonado. Tanto que fizemos até uma cerimônia de casamento, com direito a lua de mel.

A maratona do Rio de Janeiro é a mais antiga do Brasil. A primeira edição aconteceu em 1979, coincidentemente, o ano que saí da "Cidade Maravilhosa". Mas somente a partir de 2005 começou a crescer no cenário nacional. Já participei de quatro edições, sendo uma delas criada no ano passado, chamada de Desafio Cidade Maravilhosa, na qual os atletas correm a meia maratona (21km) no sábado e a maratona (42km) no domingo. E foi nessa ocasião que a Ana teve a ideia de fazer as 50 camisetas alusivas ao desafio. Segundo me contou, enquanto eu corria a maratona no domingo, ela pensou em como seria legal se tivesse uma camiseta específica para a maratona. E se tivessem 50, numeradas de acordo com cada etapa? Evidentemente, o custo seria maior. Para cobrir a despesa, Ana procurou apoio. E conseguiu quatro apoiadores. Dois de escolas em que trabalho (Beacon School e Espaço Ekoa) e dois que se prontificaram em ajudar (Fazenda Marfim, propriedade de um dos sócios diretores da Bahema Educação, e Infinity Corpus, clínica especializada em fisioterapia, pilates e osteopatia).

Desde que idealizei o desafio, o Rio de Janeiro estava nos meus planos. Lembro-me de quando terminei a maratona, em 2018, e comentei com um corredor qualquer que faria 50 maratonas em um ano. Ele desacreditou e disse que me arrebentaria. Naquele dia, confesso que também não tinha ideia de como estaria em 2019. Mas às vésperas da maratona do Rio, tendo completado quarenta e seis etapas, sendo quarenta e cinco consecutivas, e a penúltima em três horas e quarenta minutos na maratona de Porto Alegre, podia afirmar que estava me sentindo muito bem.

E foi com essa sensação que embarquei para o Rio na quinta-feira, feriado de Corpus Christi, com a Ana, o Pedro, a Marina e o Kim, seu namorado. Estávamos muito animados, pois além de irmos juntos, teríamos a companhia de duas amigas muito queridas, que fariam a meia maratona: a Maitê e a Valéria, com seus filhos, Rodrigo e Helena. E, ainda, tínhamos conseguido combinar com a minha mãe, que ficaria hospedada na casa da Nilce, minha madrinha. A Marina e o Kim ficaram no apartamento da avó dele, em Copacabana.

Combinamos de nos hospedar no mesmo hotel em Copacabana. A minha primeira ideia era fazer um tour bem de turista, que incluiria o Cristo, Bondinho, Lapa e Jardim Botânico. Depois, decidimos ficar num ritmo mais tranquilo. Iríamos à praia de manhã, depois almoçávamos e ficávamos por Copacabana.

As queridas amigas e corredoras, Valéria e Maitê, na feira da Maratona Internacional do Rio.

Tivemos que ir buscar os kits na sexta-feira e aproveitamos para visitar a região do Porto Maravilha. As meninas foram para o aquário com as crianças e o Pedro, enquanto eu e a Ana fomos ao Museu de Arte do Rio (MAR), ver uma exposição sobre os navegantes.

No sábado acordei bem cedo para acompanhar a Maitê e a Valéria passarem na frente do hotel, na meia maratona. Para as crianças não ficarem sozinhas, a Ana foi para o quarto delas, ainda de madrugada.

Posicionei-me ao lado de um palanque de som. Assim que os primeiros corredores passaram, comecei a aplaudir. Sempre me emociono quando estou na torcida. Sentia os olhos marejarem e tinha que me concentrar na passagem dos corredores para conseguir avistar minhas amigas. No início até que estava fácil. Depois, acumulou muita gente e ficou impossível localizá-las. Se não fosse a Maitê dar um grito, teria perdido a passagem das duas.

Segui ao lado delas até o final da praia de Copacabana, no Leme. Foi emocionante acompanhá-las. Assim que viraram rumo ao túnel de Botafogo, despedimo-nos. Voltei para o hotel e tomei café da manhã com a Ana e as crianças. Brincamos que elas como se fossem nossos filhos e lembrei de que quando morava no Rio de Janeiro, e saía com a minha tia Cecília e fazíamos o mesmo.

Após o café, subimos para o quarto e nos preparamos para ir à praia. Fui primeiro com as crianças e começamos a brincar de caçar tirisco.

Caçar tirisco é uma brincadeira que a Ana fazia, quando criança, no sítio de pai dela. O sítio era um lugar encantado para ela. Aos finais de semana era uma alegria: churrasco e cantoria. As crianças – umas dez – se juntavam e corriam de um lado para o outro. O pai da Ana se lembrou de uma brincadeira de uma cidadezinha do interior de São Paulo – Sta. Rita do Virterbo –, onde os visitantes novatos são convidados a caçar tirisco, um bicho que nunca existiu. Para ocupar as crianças e animá-las, seu pai ensinou as crianças a caçar tirisco. Era um momento de paz, quando os adultos podiam descansar. Obviamente, nunca ninguém caçou nada, mas a curiosidade da turminha era aguçada para novas aventuras no meio da mata...

Foi essa brincadeira que propus à Helena e ao Rodrigo. Queria que eles achassem alguma coisa para chamar de tirisco. Não sei o que seria, só sei que partimos para a areia da praia de Copacabana e começamos a procurar. Achamos um batom usado, que a Helena usou para manchar minha perna, um besouro morto e uma joaninha, que rapidamente desapareceu. Essa última me fez lembrar novamente da minha infância. Na época, a praia era abarrotada desse inseto. Até que seria um bom candidato a tirisco.

Após um tempo cavoucando a areia, chegaram a Valéria e a Maitê. Felizes, com rosto vermelho e realizadas por completarem os vinte e um quilômetros. No dia seguinte seria a minha vez!

Saímos à noite para jantar num boteco ótimo. Enquanto tomavam um chope delicioso, eu experimentava uma limonada suíça. Despedi-me e fui caminhando para o hotel. A maratona começaria mais cedo dessa vez. Houve um deslizamento em uma das vias principais do percurso e por medida de segurança, a prefeitura não havia autorizado a passagem dos corredores pelo local. Isso fez com que a largada fosse no próprio aterro do Flamengo, ponto tradicional da chegada. Para não tumultuar ainda mais o trânsito, a organização antecipou a largada para as 5h30. O que foi ótimo para todos nós, corredores.

Na semana que antecedeu a maratona senti um leve desconforto no joelho direito. Nada sério, mas por precaução coloquei um emplastro analgésico. Minha mãe, quando viu, ficou preocupadíssima. Achou que eu estava com lesão e não queria contar. Coisas de mãe…

Acordei às 3h45. Tomei um copo de leite com achocolatado maltado e uma fatia de pão, dentro do próprio quarto do hotel. Às 4h30 estava saindo de táxi para a largada. Cheguei tranquilamente e fui caminhando até a concentração da largada. Às 5h30 deram a largada para a primeira onda. A minha seria a próxima, às 5h45. A temperatura estava ótima. Quando se trata do Rio de Janeiro, 18 graus é muito bom. A sensação térmica de 15 graus e mais o fato de ainda estar escuro deu um ar diferente para a prova.

Saí num ritmo bom, procurando avaliar o joelho e qualquer outro sinal. Tudo estava bem, o que me fez, aos poucos, encaixar um ritmo próximo aos cinco minutos por quilômetro. A pior parte do início da prova foi um túnel íngreme e longo, com pouca entrada de ar.

As ruas do centro foram ótimas. Em alguns pontos o percurso, um pouco sinuoso, fez-me lembrar de alguns sonhos que às vezes tenho, nos quais me perco e não acho mais a direção.

Ao chegar ao quilômetro dez, no aterro do Flamengo, o dia já clareava e uma brisa leve soprava a meu favor. Comecei a sentir que seria um dia favorável para um bom tempo de corrida.

Na marcação de meia maratona, alguns quilômetros antes do hotel, liguei para Ana para avisar de que em alguns instantes passaria por Copacabana. Logo a avistei de bicicleta. Ana tentava me acompanhar, mas era difícil pela movimentação de tanta gente. Combinamos de ela seguir à frente e me esperar em Ipanema, junto à minha mãe e meus padrinhos – Nilce e Boa Ventura.

Assim que passei no hotel, era a vez da Maitê e da Valéria, com o Rodrigo e a Helena, darem o apoio. Queria ter parado para abraçá-los, mas estava num ritmo tão encaixado que decidi somente acenar.

Chegando ao posto dez de Ipanema encontro novamente a Ana, minha madrinha e meu padrinho. Dessa vez não aguentei. Parei para uma fotografia e minha madrinha logo me mandou de volta à prova.

Agora, era preciso ir até o final da praia do Leblon e voltar. De repente, recordo-me do dia que, ainda criança, um amigo do meu pai, por pura sacanagem, fez-me acompanhá-lo justamente nesse trajeto de ida e volta de Ipanema ao Leblon. Resisti bravamente, mas precisei de um longo banho de mar para me recuperar.

Acho que essa lembrança potencializou minha motivação. Mesmo na altura do quilômetro trinta e dois, sobrava energia para rodar na casa dos cinco minutos por quilômetro.

Passei a visualizar a possibilidade de fazer meu melhor tempo de maratona do desafio. Há duas semanas tinha feito três horas e quarenta minutos, em Porto Alegre. Seria possível baixar esse tempo?

Mantive o ritmo das passadas e quando já estava no quilômetro trinta e oito, final da Praia de Copacabana comecei a conversar com outro corredor.

Falamos brevemente sobre o desafio. Ele seguiu mais adiante e me concentrei para os últimos quilômetros.

Cheguei mais uma vez ao aterro do Flamengo, mas agora era para terminar a maratona. Percebi que estava para atingir meu melhor tempo do desafio: três horas e trinta e três minutos! Abri os braços, para agradecer e homenagear o Cristo Redentor, o símbolo de uma cidade maravilhosa. Com seus defeitos e problemas, mas, assim mesmo, maravilhosa.

48ª Maratona

MINHA MÃE, AS CASAS, O ESCRITÓRIO, O CAMPING E O FÓRUM

Ubatuba
7/07/2019 – domingo
Horário: 6h57
Duração: 4h35
Tempo em movimento: 4h23
Ritmo: 6'21"

Fazia dois dias que uma chuva torrencial e muito frio não davam trégua, em Ubatuba. A casa em que ficamos é rodeada por uma densa mata verde, perto de um riacho. Quando chove bastante, o riacho se transforma e o barulho constante das suas águas se confunde com o da chuva. Levantei para conferir como estava o tempo. Para minha alegria, o dia amanheceu com um belo sol e céu completamente azul.

Troquei-me rapidamente. Por conta do frio, tinha dormido com a roupa de corrida. Bastava calçar o tênis. Estava usando uma bermuda e, por cima, uma calça de compressão preta; uma camiseta comprida de segunda pele cinza e, por cima dela, a camiseta amarela de número quarenta e oito do desafio; um moletom azul e, cobrindo a cabeça, um gorro preto que minha filha me trouxe de presente do Canadá.

Tomei um copo de leite achocolatado, duas fatias de pão integral, uma com recheio doce e, outra, com recheio salgado, e um gole do suco de uva. Para não levar a chave da casa, coloquei uma cadeira ao lado da janela, saltei e a tranquei pelo lado de fora. Subi caminhando até a rodovia, apreciando o som dos passarinhos, dos grilos, que pareciam alegres aos primeiros raios de sol, e aproveitei para respirar profundamente o ar puro do litoral.

Na semana que antecedeu essa etapa passei por momentos de angústia. Quando deitava para dormir, sentia o coração bater com muita força. Era incômodo, fazia com que demorasse para pegar no sono e, bem cedo, logo que acordava, não conseguia dormir mais. Na quinta-feira, dia 04 de julho, fez sete meses da morte do meu pai. Na quarta-feira passei boa parte do dia preparando os slides da minha palestra sobre o desafio. Um dos tópicos da apresentação era sobre as dores do desafio. Obviamente, a morte do meu pai veio à tona. Na quinta-feira à noite tive uma crise de choro. Tudo isso potencializou ainda mais a minha inquietação com as palpitações, e os pensamentos ruins em relação a algum problema de saúde começaram novamente a me incomodar. Conversei com a Ana, que sempre me tranquiliza, e assim que chegamos a Ubatuba comecei a me sentir melhor. Estava precisando ficar em frente ao mar, ouvir a natureza, relaxar ao som do riacho. E tudo isso foi de um efeito tão imediato que logo na primeira noite relaxei profundamente e dispersei as preocupações.

Disparei o relógio às 7h, assim que cheguei à rodovia. Essa etapa seria muito especial, pois desde que planejei o desafio, tinha escolhido esse dia, 07 de julho, aniversário da minha mãe, para homenageá-la. Escrever sobre a mãe é muito complicado. Existe algo maior que o amor de uma mãe? Definitivamente, não. Nós, homens, jamais teremos a experiência de gestar outra pessoa, sentir o seu nascimento, amamentar. A ligação entre mãe e filhos é mais que carnal, é espiritual.

Mas a mãe não é apenas aquela que dá a vida, é também aquela que ajuda a construir um filho como pessoa, sempre presente, cuidando, educando, mimando ou repreendendo. É aquela que indica os melhores caminhos e, quando um filho não pode ir sozinho, leva-o até eles. Mãe é aquela que faz tudo isso e muito mais por amor a um filho, sem esperar reconhecimento.

O percurso que escolhi para a maratona, assim como as dedicadas a mim, a meu pai e a Ana, teria que passar por locais significativos da história da minha mãe em Ubatuba. Isso exigia estimar as distâncias necessárias para ir até a cidade de Ubatuba, visitar cada local e voltar.

O primeiro ponto de parada aconteceu na casa da praia do Perequê Açu. Em dezembro de 1983, quatro anos após nossa chegada em Ubatuba, mudamos para essa casa, construída pelo meu pai. A casa era enorme. Dois andares, três quartos, suíte, varanda e um jardim com gramado.

A única coisa que incomodava era seu formato de caixa de sapato. Meu pai, engenheiro civil, sem nenhuma vocação para arquitetura, construiu-a da forma mais cartesiana possível. Ele mesmo se orgulhava em dizer. Moramos pouco tempo juntos nesse endereço. Em fevereiro de 1985, influenciado pelo meu irmão Marcelo, que precisava completar os estudos e prestar um vestibular, mudamos para São Paulo. Minha mãe, advogada, antes acostumada à vida tranquila de Ubatuba, passou a ir ao centro de São Paulo, Fórum, Tribunal de Justiça, Justiça Federal, muitas vezes sacolejando dentro de um ônibus.

O segundo ponto que escolhi para visitar nesta maratona – bem próximo à casa do Perequê –, foi o Ubatur Camping. O famoso e mais completo camping do litoral paulista, como dizia o anúncio escrito no muro. E realmente era. Uma área de quarenta e dois mil metros quadrados, com frente para o mar, calçamento interno, quatro quadras, banheiros, lava pratos, lava louças, cantina, salão de jogos, sala de TV, restaurante, iluminação e vagas demarcadas. Minha mãe cuidava da parte da recepção e da organização da portaria.

Enquanto todos se divertiam e, muitas vezes, causavam confusões no camping, minha mãe abdicava de seus feriados e férias. Poucas vezes sobrava um tempinho para uma batucada e cantoria na barraca de uns campistas. Na maioria dos dias, a sua rotina era de casa para o camping e do camping para casa.

O próximo endereço de parada foi o antigo Fórum de Ubatuba, que ficava próximo ao escritório da família, localizado no Centro. Pela facilidade de acesso, qualquer coisa era só caminhar poucos passos até o Fórum. Lá dentro, minha mãe era a doutora Regina. Despachava com o juiz, consultava processos, realizava audiências...

O Fórum era muito mais charmoso que o atual. Sua fachada era bastante estilosa, típica das construções de antigamente. Mas ficou pequeno e precisou ser transferido. Agora, longe do escritório...

Dei uma última olhada antes de seguir a corrida e, de repente, percebi algo curioso. As cores bege e azul da casa do Perequê e do Fórum eram idênticas!

No escritório de advocacia não tinha muito que observar. A grade da frente tapava a visão até dos letreiros, com os nomes de Edgar Magalhães dos Santos, Regina Helena dos Santos Mourão e Marcelo Santos Mourão. A única lembrança que tenho do escritório são as estantes de livros de Direito e algumas salas.

A parada seguinte era na Rua Coronel Domiciano, na primeira casa em que moramos. Diferente da casa do Perequê, era uma casa modesta, térrea, com uma edícula e uma pequena varanda na frente.

A rua era bem tranquila, quase não passava carro. Minha mãe foi muito feliz nesse período. Apesar da dificuldade financeira, estávamos muito unidos e próximos. Era época dos festivais de música popular brasileira (MPB). Sentávamos na frente da televisão preta e branca e assistíamos e torcíamos por nossos cantores preferidos. Esse período também marcou as idas e vinda de minha mãe à faculdade de Direito. Todo final de tarde, ela partia para Taubaté, cidade a noventa quilômetros de Ubatuba. Quando voltava era recebida com euforia pelo nosso cachorro, Scooby. Ela sempre nos deixava uma sopa para o jantar. Não tenho nenhuma saudade daquela sopa...

Saindo da Coronel Domiciano, virei à esquerda e logo estava na antiga casa de meus avós. Lá, minha mãe passava as férias quando moça. Depois, como mãe, levava-nos para as nossas férias. Mais tarde, como avó, acompanhava seus netos para brincarem nos mesmos locais de seus filhos, agora com mais permissividade de um coração mais afetuoso do bisavô Edgard, seu pai.

A casa de meus avós acolheu muita gente, durante anos. Mas ficou grande demais para os dois, idosos. Teve que ser vendida. Infelizmente, o comprador a modificou completamente, ficando irreconhecível e impenetrável. Dói ter que passar ao lado e ver no que se transformou...

Faltava, então, passar no último endereço: o Fórum novo. Calculei um trajeto que passaria pela orla da praia e depois iria em direção à rodovia, local de acesso. Um pouco antes de chegar atingi a marca de vinte um quilômetros, meia maratona.

Fiquei na dúvida se daria meia-volta e repetiria o mesmo percurso da ida, ou se seguiria até o Fórum e de lá, a caminho da estrada. Optei pelo Fórum. O acesso é um pouco escondido. Alguns pequenos comércios próximos, com cores azuis, vermelhas, bege e estilos duvidosos. Mas como era domingo, nenhuma movimentação, a não ser a de um cachorrinho, que latia e insistia em me seguir.

O Fórum tem um aspecto que não o identifica como um Fórum. Visto de fora pode ser facilmente confundido com uma escola, uma unidade de saúde. Uma cor marrom ferrugem na parte superior e, no restante, o famigerado bege. Esse é um problema das construções "modernas". Elas não criam nenhuma identidade diferenciada para o prédio e sua função.

Saindo do Fórum bastava seguir a rodovia até a Praia do Félix e torcer para que a distância de quarenta e dois quilômetros, cento e noventa e cinco metros fosse atingida. O sol já brilhava intensamente, mas a temperatura ainda estava baixa, principalmente, quando a estrada sombreava.

Fiz uma parada num posto de gasolina e reabasteci as garrafinhas com água. Segui num ritmo moderado. Não tinha porque me preocupar com o tempo. Deixei a camiseta cinza escondida na estrada, ao chegar à Praia Vermelha do Norte. A primeira peça, o moletom azul, havia deixado na ida, próximo a Itamambuca.

Apreciava o dia, aproveitando cada passo para sentir o privilégio de passar tanto tempo correndo sem dor, sem cansaço. A parte final era uma longa subida de aproximadamente uns dois quilômetros e meio.

Chegando ao final, logo alcancei a portaria do condomínio que dá acesso à praia. Decidi descer pelo caminho mais longo. Olhei para o relógio e a distância estava quase completa. As poucas centenas de metros que faltaram me serviram para chegar, literalmente, à beira-mar.

Sentei num tronco, respirei fundo e me dei por satisfeito. A maratona dedicada a minha mãe estava realizada. Ela bem que merecia uma homenagem.

49ª Maratona

MARINA ME ACOMPANHOU DE BICICLETA NA ALEGRIA DE INVADIR PARATY

Ubatuba
12/07/2019 – sexta-feira
Horário: 7h16
Duração: 4h39
Tempo em movimento: 4h19
Ritmo: 6'15"/km

Correr nas férias é muito mais fácil! Se for em Ubatuba, então, é um enorme prazer! O ar é puro, as paisagens são deslumbrantes, a brisa do mar refresca o corpo. A única coisa que não favoreceria essa etapa do desafio seria o intervalo de apenas cinco dias desde a última maratona. A princípio, não deveria correr nesse final de semana. Tinha organizado o calendário para que essa etapa acontecesse apenas no dia 21 de julho, em São Paulo. Mas a possibilidade de correr de Ubatuba até Paraty me seduziu. Além disso, teria um descanso maior para a última etapa em São Paulo.

Decidi correr e escolher como tema a maratona Ubatuba-Paraty. A distância entre as duas cidades é de setenta e um quilômetros, portanto, para correr os quarenta e dois quilômetros, teria que começar na altura da Praia do Ubatumirim. Essa praia fica a uns dezesseis quilômetros do Félix, onde ficamos. Comecei a pensar na logística, na necessidade de usar o carro e outras pequenas providências. Por esse motivo, tive a ideia de dormir na casa do Caio, mais próximo ao ponto de largada. Se ele topasse me levar de carro e correr um trecho da maratona seria perfeito. Queria muito terminar em Paraty. Estava acontecendo a Festa Literária FLIP e a ideia de terminar essa etapa dentro da cidade me fascinava.

As ruas do centro histórico de Paraty são de pedra bruta, as casas coloniais, com portas e janelas coloridas de azul, amarelo, verde e vermelho, remetem-nos ao século XVIII. As ruas de Paraty são sinuosas e estreitas, muito parecidas; as casas são encostadas umas nas as outras, é fácil a gente se perder por ali. Há uma energia inexplicável que faz com que as pessoas do mundo todo se encantem com o lugar. Já tive a experiência de chegar até lá correndo e depois almoçar e passear. É uma sensação incrível.

Quando estava quase tudo definido para a maratona, percebi algo que não poderia jamais esquecer. A Marina, minha filha, não tinha ainda participado diretamente de nenhuma das maratonas. E essa seria a última oportunidade, porque a etapa final – a quinquagésima – seria na SP City Marathon. Imediatamente, comecei a planejar uma forma de tê-la ao meu lado, e a solução seria pegar emprestada uma bicicleta do Caio. Como a estrada entre Ubatuba e Paraty tem muitas subidas, seria melhor que a Marina me acompanhasse em apenas um trecho da maratona. A logística seria levar a bicicleta no carro até a largada, na estrada, pedalar o trecho necessário e, depois, o carro pegar a bicicleta. Para isso era preciso que a Ana também participasse. Às 6h acordamos para os preparativos. Às 7h16 começamos a maratona da Marina. Estava frio, mas a sensação de estar com a minha filha ao lado cobria qualquer desconforto. Corria enquanto ela me perguntava coisas interessantíssimas sobre a corrida. Conversamos sobre o que eu sentia, no que pensava enquanto corria, o que a corrida representava para mim. Mesmo com a estrada tranquila, meu instinto paterno de proteção me alertava quando ouvia o som de algum veículo se aproximando. Com o esforço da pedalada, Marina foi se aquecendo: primeiro tirou a capa corta vento e a colocou na cintura. Depois, ela tirou uma blusa mais pesada, que escondemos no mato, para resgatá-la na volta. De tempo em tempo, Marina se adiantava para bater algumas fotos. O dia estava lindo. A estrada estava sombreada, mas o horizonte exibia um céu azul e um sol brilhante. A vegetação da Mata Atlântica margeia a rodovia, com seus tons de verde, amarelo e vermelho. Alguns passarinhos sobrevoavam e cantavam alegremente, irradiando o nosso caminho. Enquanto íamos em direção ao norte do litoral paulista, Ana voltava com o carro para encontrar o Caio e a Sônia e esperar um pouco na casa deles, no Puruba.

Marina de bicicleta, momentos antes da penúltima etapa do desafio.

Depois de uma hora e meia de corrida, quando já estávamos próximos à Praia Brava do Camburi, a Ana e o Caio nos alcançaram de carro. Ali temos o costume de deixar os carros para pegar uma trilha que leva a uma das praias mais bonitas em que já estive, a Praia Brava do Camburi, totalmente deserta e acessível apenas pela mata ou de barco. Praticamente livre da ação humana, a Praia Brava se encontra da mesma forma há séculos. A trilha não é longa, mas bastante íngreme, dificultando o caminho para a maioria dos turistas. Para os surfistas e para aqueles que gostam de desafios é ponto obrigatório.

Desde a primeira vez em que fiz uma corrida de Ubatuba a Paraty uso a ducha de água natural que fica no estacionamento. A água, normalmente fria, serve para refrescar e dar ânimo para o restante do trajeto. Durante o desafio corri duas maratonas que começaram na cidade e terminaram exatamente nesse local. Encontrar com a Ana e o Caio nesse ponto, sem que planejássemos, foi muito significativo. Logo que estacionaram, abraçamo-nos e falamos da incrível coincidência. Colocamos a bicicleta no carro e dei um abraço apertado na Marina. Dali em diante, seguiria acompanhado em parte do percurso pelo Caio. O trecho que segue da Praia Brava até a divisa entre São Paulo e Rio de Janeiro é só de subida. Não uma subida íngreme e curta. Uma subida constante, que se estende por uns três quilômetros e meio. Logo após a divisa, o que era subida vira descida. Adoro essa oscilação, principalmente depois de estar correndo bastante tempo. Para o Caio, que começou nesse trecho, parecia mais difícil.

Como sempre acontece quando corremos juntos, seguimos conversando e superando com prazer cada quilômetro. Quando já tínhamos corrido uns dezesseis quilômetros juntos, a Sônia nos alcançou de carro para resgatar o Caio. Daquele ponto eu seguiria mais uns quinze quilômetros até chegar a Paraty. Nesse trecho a estrada é coberta pelas folhagens das árvores dos dois lados da rodovia, formando uma espécie de túnel natural belíssimo. A expectativa de chegar à entrada da cidade sempre torna os últimos quilômetros mais longos. A vista que se tem ao se aproximar pela rodovia dá a impressão de que se está perto. É verdade quando usamos o carro. Porém usando as pernas essa sensação é bem diferente.

Passei pelo trevo que dá acesso a uma longa reta, que termina no centro histórico. O celular que usava estava quase sem bateria e tive tempo apenas de avisar a Ana, a Marina e o Pedro que estava chegando, e marcar um ponto de encontro. Entrei nas ruas de pedra para completar os últimos metros que faltavam, tomando cuidado para não tropeçar no piso irregular. Como previa, Paraty respirava a festa literária, com muitos turistas, palestras, saraus, músicas e diversas atrações. Ouvi tocar o telefone. Era a Ana, querendo saber exatamente onde eu estava. Seguimos em direção um ao outro e logo nos encontramos. Abraçamo-nos e dei um beijo na Marina e no Pedro. Fomos até o carro para eu trocar a roupa por outra seca, colocar um chinelo no pé e escolher um lugar especial para almoçarmos.

Não foram poucas as vezes em que corri até Paraty, mas sentia que essa era uma ocasião muito especial. Tinha conseguido inserir no desafio esse trecho tão marcante na minha trajetória de corrida, ao mesmo tempo com a participação especial da Marina, da Ana, do Pedro e do Caio.

A alegria do momento se somou ao começo da contagem regressiva para a etapa final...

50ª Maratona

ERA UM SONHO! AGORA, É UMA VITÓRIA PESSOAL!

São Paulo
28/07/2019 – domingo
Horário: 6h16
Duração: 3h43
Tempo em movimento: 3h41
Ritmo: 5'11"/km

Hoje é o dia da SP City Marathon e da quinquagésima Maratona, do desafio que me impus, a mais esperada de todas. Em 29 de julho de 2018, antes de correr a primeira maratona dessa série de 50 maratonas, sonhei com esse dia. Portanto, há um ano comecei a vivê-lo na minha imaginação e no meu desejo. Dizem que o melhor da festa é esperar por ela, mas, para mim, o que interessava mesmo era a festa e tudo que aconteceria após cruzar aquela linha de chegada dentro do Jóquei Club de São Paulo, depois de correr as 50 maratonas em um ano.

O percurso não seria novidade. Fiz esse trajeto na primeira etapa do desafio e nos últimos três anos. O que seria diferente era o significado desse último dia. Estava bem descansado. Mentalizava todos os dias, várias vezes, o que estava por vir, mas, ainda assim, não poderia imaginar o que de fato aconteceu. A começar pela mensagem que recebi na terça-feira, dizendo: "Olá, Marcos. Sou a Camila, do programa 'Esporte Espetacular', da Rede Globo. Pensamos em produzir uma reportagem para o Esporte Espetacular, contando sobre o seu projeto".

Imaginem a minha felicidade. O desafio era apenas um sonho pessoal, que estava se concretizando e, agora, poderia ser compartilhado com mais de seis milhões de espectadores da Rede Globo, através do Esporte Espetacular, em uma manhã de domingo. Nunca sonhei tão alto, nem nos devaneios mais fantasiosos pensei que isso poderia acontecer!

Mas as surpresas e as emoções estavam apenas começando! Tinha programado duas palestras durante a semana. A primeira, na quinta-feira, três dias antes da corrida, no Espaço Ekoa, berçário da Ana. Minha mãe e meu sobrinho Daniel vieram de Ubatuba para assistir, além de amigos muito próximos e queridos. Preparamos um lanche com pães e frios variados, acompanhados de sucos e chá mate. Arrumamos a oficina com cadeiras brancas, montamos os equipamentos de audiovisual e acendemos as luzes vermelhas, amarelas, azuis e verdes da pracinha, parte externa do Espaço. A noite estava linda e, aos poucos, as pessoas chegavam e se confraternizavam. Quando todos se acomodaram, comecei:

– Gente, estou muito feliz por estarem hoje aqui. Cada um de vocês é uma parte integrante desse desafio. Esta palestra foi preparada apenas para esta noite, pensando neste momento tão especial, com pessoas tão queridas!

E, realmente, foi dessa forma, pois os detalhes da apresentação só faziam sentido e significado para aquelas pessoas. A começar pela minha mãe, nos detalhes do meu nascimento, da minha primeira infância, das mudanças de cidade. Da Ana, que achando que eu não falaria de um dos tópicos expostos, interrompeu-me gerando risadas na plateia. Das dores e dificuldades enfrentadas com o falecimento do meu pai. O clima descontraído também possibilitou que interagisse de forma mais próxima com amigos, como o Nato e o Clio, com os meus filhos, enfim, gostei muito do resultado e o retorno ao final foi emocionante.

A outra palestra aconteceu no sábado, véspera da maratona, na Expo Transamérica, durante a feira da SP City Marathon. Dessa vez, o desafio seria apresentado para o público que estaria na feira para a receber os kits, sem o mesmo grau de interesse dos amigos. E o resultado não poderia ter sido melhor. Cheguei antecipadamente com a Ana, a Marina, o meu sobrinho, Daniel, e minha mãe. No caminho, a Marina disse estar tão ansiosa que parecia que estava indo para um vestibular. Eu estava tranquilo, pois já tinha preparado outra forma de apresentação, mais focada no público de corrida. A minha questão era outra. Sou uma pessoa pontual, odeio me atrasar e esperar os atrasados. Ainda mais quando existe uma programação oficial. O palestrante anterior fazia uma apresentação que já passava uma hora de duração, sempre focada no mantra "Eu sou o máximo". A apresentadora também não dava sinais de que estava interessada em interrompê-lo. Pedi para que a Marina perguntasse se já estava terminando, mas a moça respondeu com um sorriso, dizendo: "Daqui a pouco a gente abre para as perguntas".

Perguntas? Ele já tinha extrapolado o tempo reservado de uma hora, que não é pouca coisa, e ainda fariam perguntas? Aí comecei a ficar nervoso. Após mais quinze minutos de respostas intermináveis, chegou a minha vez. Entre o final e o início de outra palestra sempre acontece um entra e sai de pessoas, principalmente em uma feira de esportes. Por um instante achei que o ambiente ficaria vazio. Até que a galera da DLB Assessoria Esportiva chegou e, aos poucos, o local estava ocupado por outros curiosos em conhecer o desafio. A apresentação transcorreu conforme o previsto, com a colaboração do Diego, que abordou de forma brilhante a parte fisiológica da maratona. A parte inusitada e divertida ficou por conta do Antônio, um garotinho de três anos, filho do Diego. Antônio é meu aluno no Espaço. Levou um tempo para que eu o conquistasse, coisa rara em relação às crianças. Desde o início da palestra, Antônio queria subir no palco. De repente, ao abrir para as perguntas, eis que ele surge e fica ao meu lado, usando a camiseta de número 50, da etapa final do desafio. Não precisava dizer mais nada.

Na palestra da Expo Cith SP Marathon 2019.

Acabada a palestra recebi um excelente tênis da patrocinadora da prova. Se tivesse alguns dias para correr com ele, usá-lo-ia na maratona. Saímos da feira e reunimos a turma da DLB e minha família para uma foto. Foi aí que me dei conta de que começava a contagem regressiva para a largada. Cada pessoa tem seu jeito de lidar com a noite que antecede uma grande ocasião. No meu caso, costumo dormir e acordar algumas vezes antes do horário programado. Passei o ano acostumando meu corpo a acordar para correr de madrugada pelo menos uma vez por semana. De certa forma, isso me ajudou a lidar com a última noite do desafio. Procurava relaxar e mentalizar tudo que me aguardava.

Algumas ideias e fatos que desejei que acontecessem nessa etapa, tinha escrito sobre eles, como parte de um exercício para este livro. Respirei fundo diversas vezes, esvaziei a mente de pensamentos negativos e em poucos minutos estava num sono profundo. Sonhei com meu pai. Ele estava bem e muito orgulhoso de mim. Nas primeiras semanas após sua morte, quando sonhava com ele, sentia-me incomodado. Olhava para ele e dizia: "Pai, chega, você morreu, não está mais aqui. Será que você não entendeu ainda que você morreu?". Acordava e ficava triste de ter sonhado com esse sentimento. Depois de alguns meses, sonhava que ele aparecia como se nada tivesse acontecido. Acordava com uma sensação melhor do que antes. Mais recentemente, começamos a conversar e o sentimento de incômodo ou estranhamento foi desaparecendo. O sonho que tive na véspera da maratona foi o melhor de todos. Acordei às 4h, um pouco antes da hora programada. Poderia até tentar dormir mais um pouquinho, mas o sonho com meu pai me incentivando tinha sido tão bom que queria levantar logo para o grande dia. Na verdade, nesse horário ainda era uma grande noite. Nada a que não estivesse acostumado após tantas corridas sem a luz do sol.

Preparei o café da manhã com um copo de achocolatado maltado com leite, uma fatia de pão integral, uma banana prata amassada com aveia e um suco de laranja espremido na hora. Vesti a camiseta branca número 50, feita especialmente para a última maratona, shorts preto, meia e tênis preto. Como estava frio, coloquei um casaco vermelho por cima. Chamei o táxi e em poucos minutos já estava no carro, rumo ao Estádio do Pacaembu, local de largada da prova. Cheguei às 5h15 e logo encontrei o Diego, no ponto de encontro marcado, ao lado de uma banca de jornal. Diego já tinha montado a tenda na arena do Jóquei, local da chegada. Ficamos conversando durante um tempo. Ano passado, nessa mesma prova, ainda não nos conhecíamos.

Diego tinha ido de moto e estava com todas as carteiras e celulares dos competidores da DLB na mochila. Ao chegar ao local em que a sua moto estava estacionada foi rendido por dois assaltantes. Um pegou seu capacete e a chave da moto e, o outro, a mochila. Enquanto se preparavam para sair com o material do roubo, Diego começou a trocar uma ideia com o rapaz que estava com a mochila, tentando persuadi-lo:

– Cara, você já está levando a minha moto. Na mochila só tem documento, nenhuma coisa de valor. Me devolve a mochila.

O outro ladrão, que já estava na moto, falou para o comparsa.

– Libera aí a mochila pro cara!

– Não, quero ficar com ela! – retrucou o outro

– Libera! – voltou a dizer o que estava na moto

– Não! – tornou a dizer o que estava com a mochila

Nesse instante, os dois começaram a se exaltar, até que o que estava com a mochila a arrancou das costas e a jogou no chão. Na sequência, saíram em disparada com a moto, que nunca mais foi recuperada. Em função desse incidente, dessa vez, Diego foi de carro. Quando ele me contou essa história fiquei pensando em como o imprevisível acontece para que os caminhos se cruzem, seja de uma forma infeliz, como nesse episódio, ou de uma forma feliz, como quando nos conhecemos. E, agora, quem diria, faltavam poucos minutos para a largada da última etapa do desafio e lá estava o Diego, apoiando-me.

A quinze minutos da largada recebo uma ligação do Léo. Tínhamos combinado de nos encontrar para correr a prova. Seria a segunda maratona completa do desafio que Léo faria comigo. Assim que nos encontramos, veio em minha direção a Camila, produtora do Esporte Espetacular, avisando que a sua equipe de reportagem e filmagem estava do outro lado da Praça Charles Miller. Justamente nessa hora, a organização da corrida fechou o acesso ao local onde estava a equipe da Globo. Por isso, tivemos que dar uma volta enorme, no meio da multidão de corredores. Olhava para o relógio preocupado com a largada. A primeira onda de corredores já tinha saído. A minha seria dez minutos após. Quando já estava quase na hora, finalmente, encontramos a equipe de reportagem. Nem me lembro o que perguntaram e o que respondi. Só pensava na largada. Terminei rapidamente e segui com o Léo para o final do meu pelotão de largada. Isso, obviamente teve um preço. Só passamos pelo pórtico de largada quinze minutos após o início da prova. E como tinha gente! Somando os participantes da prova de meia maratona eram mais de quatorze mil corredores! Meu ritmo de corrida era muito mais rápido do que o das pessoas que estavam ao meu lado, o que dificultava minhas passadas. Outra coisa também contribuía para minha lentidão. Como já tinha feito meu melhor resultado na maratona do Rio de Janeiro, praticamente há um mês, avisei o Léo que faria um ritmo moderado, na casa dos seis minutos por quilômetro. Ledo engano. A atmosfera da última maratona me impulsionava de tal forma que a minha vontade era voar por cima daquelas pessoas.

Passamos pela Avenida Pacaembu e logo o Léo percebeu que estávamos bem mais rápidos do que o planejado. A partir daí comecei a ouvir a frase que iria me acompanhar por muitos quilômetros. "Segura, Marcola! Está rápido demais!".

Um pouco antes de chegarmos ao quilômetro dez encontramos o meu amigo Nato, o ultramaratonista recordista da Comrades, que completou uma das maratonas inteiras do desafio comigo. Com tanta gente na prova, estava agora acompanhado por dois amigos, com que corri uma maratona inteira! Cumprimentamo-nos rapidamente e seguimos adiante.

Na Avenida 23 de maio começa uma longa subida, uma das poucas da prova. É uma subida chata, se é que existe alguma que não seja, numa maratona. Mas essa é uma subida com um pouco mais de dois quilômetros, que dá aquela sensação de acelerar um carro popular e não obter resposta do motor. Um pouco antes de terminá-la, encontramos o Pedro Zolli, amigo corredor que estava na sua primeira maratona. Assim que nos viu, Pedro falou: "Ô, seus safados! Vocês não disseram que iam devagar? Estão voando!".

Pois é, Pedro ainda não sabia do meu estado emocional. E emoção é uma coisa que transborda quando se faz a primeira maratona na vida. A sensação de realização é tão forte que parece que, daí em diante, seremos capazes de enfrentar qualquer desafio ou obstáculo. Posso afirmar com propriedade que completar uma maratona ajuda muito na nossa autoestima e autoconfiança. Outro motivo que tornava essa corrida muito especial para o Pedro era que seu pai, experiente maratonista, também estava correndo. Quando o encontramos fiquei emocionado, pensando se um dia terei a oportunidade de correr uma maratona com meus filhos.

Mais alguns metros e o Léo me chama a atenção para quem estava a nossa frente. Era o Dr. Dráuzio Varela, médico cancerologista, um dos pioneiros no tratamento da Aids no Brasil. Em 1989, iniciou um trabalho de pesquisa, como médico voluntário, sobre a prevalência do vírus HIV na população carcerária da Casa de Detenção do Carandiru. Na televisão ficou conhecido pela participação nas séries sobre o corpo humano, primeiros socorros, gravidez, combate ao tabagismo, planejamento familiar, transplantes e diversas outras. Além disso tudo, Dráuzio ainda é escritor, autor de vários livros e maratonista! Sou seu fã e encontrá-lo na minha última maratona foi um presente tão especial que não resisti e falei: "Dráuzio, tudo bem? Sempre te acompanho. Admiro seu trabalho! Hoje estou correndo a última maratona do meu desafio de 50 maratonas em um ano!". Ele respondeu: "Nossa, 50? Parabéns!".

Como estava mais rápido que ele, não quis encompridar a conversa. Sei que ele é muito sério e disciplinado quando está correndo e não tem nada mais chato do que ter uma pessoa ao lado falando o tempo todo quando não queremos conversa. Ainda bem que o Léo filmou nossa breve conversa. O sorriso do Dráuzio foi um bálsamo que injetou um novo ânimo à minha maratona. Guardarei esse encontro como um dos mais preciosos do desafio.

Começamos a descer pela Avenida 23 de maio em direção ao Ibirapuera. Mais uma vez, o Léo me avisava para segurar o ritmo. Cheguei a pensar que o relógio estava errado, de tão rápido e fácil que estava a corrida.

No quilômetro quinze, assim que passamos pelo obelisco do parque do Ibirapuera, surge uma moto com um cinegrafista na garupa. Era a equipe de filmagem do Esporte Espetacular que, a partir daquela altura, acompanhar-me-ia até o final da prova. Demorei alguns instantes para reconhecê-los. Achei que fossem da organização da corrida, pois estavam usando um colete verde com as inscrições da Iguana, organizadora do evento. Quando vi que estavam apenas me filmando, falei: "Vocês são da Globo, certo?".

"Sim, nos encontramos agora há pouco antes da largada, lembra?", disse o rapaz da câmera. Sinceramente, naquela correria da largada nem consegui prestar atenção aos rostos. O importante é que nos encontramos e, a partir de então, experimentava uma sensação que até então desconhecia: a de ser "escoltado" por uma moto durante a corrida. Nessa hora, falei para o Léo: "Cara, agora estou me sentindo um queniano. Você vem junto?".

Acontece que o Léo não estava num momento de forçar e decidiu que tentaria me acompanhar pelo menos até o quilômetro vinte e oito.

Pedro Zolli, Léo e eu na passagem da meia maratona, em frente ao Jóquei Clube.

Em poucos instantes chegamos à metade da maratona. A moto, com o cinegrafista da Globo, continuava me acompanhando, e de vez em quando um corredor entrava na minha frente para ser filmado, achando que os rapazes da moto eram da prova. O número de corredores diminuiu sensivelmente, quando muitos completaram a meia maratona. As ruas ficaram mais livres, possibilitando que conversasse mais tranquilamente com o Erci, câmera, e o Francisco, piloto da moto. Nesse instante, Léo, que já vinha sentindo os efeitos do ritmo forte, ficou mais para trás.

Na altura do quilômetro trinta entrei na USP, onde corri muitas etapas do desafio. Logo nos primeiros metros avisto a Patrícia e o Dárcio, amigos queridos, que também foram parte integrante das maratonas. O Dárcio estava há um ano, nesse mesmo local, também de bicicleta. Dessa vez, a Patrícia nos acompanharia. Éramos três: Dárcio, Patrícia e eu. Minha disposição só crescia. Pensei: como sou privilegiado de correr ao lado de verdadeiros amigos!

Patrícia, eu e Dárcio. Voando juntos na avenida Politécnica!

O que já estava bom acabou ficando ainda melhor. Eis que surgiu o Caio, parceiro da primeira maratona da minha vida, em 1996, o amigo que me iniciou nas corridas longas. Caio estava usando a mesma camiseta da maratona de São Paulo, em 1996. Uma relíquia que resolveu vestir em minha homenagem! Assim que nos encontramos, ele disse: "Poxa, você está rápido, hein?". De verdade, não sentia. Só fui perceber o quanto estava voando baixo quando encontramos o Elizeo, já na saída da Avenida Politécnica. Não deu tempo nem de ele me acompanhar poucos metros. A minha emoção transbordava em velocidade. Parecia que flutuava a cada passada. No trecho de saída da USP até a proximidade do Jóquei passei tanta gente que perdi a conta. Chegando à marca dos quarenta quilômetros, pensei no meu pai. As lágrimas escorreram e, por um instante, perdi o ritmo da respiração. Acalmei-me. Não podia pôr tudo a perder agora. Passei como um foguete pela Sonia, esposa do Caio, e Andrea, filha deles. Não era para ser assim. Tinha planejado correr com todos que me esperassem no último quilômetro. Essa era a ideia. Mas, realmente, não sei o que aconteceu para que disparasse, como se estivesse disputando os primeiros lugares. Um pouco mais à frente encontro o Diego. Assim que me viu, Diego gritou: "Vai, Marcola! Vai que é sua!".

Pronto. Dei um arranque nos últimos quinhentos metros. Passei pelo meu amigo Beto e a turma da DLB muito rápido. Eles nem conseguiram acompanhar!

Disparando para o final.

Entrei na arena do Jóquei para percorrer os metros finais. Ergui o braço direito num gesto de vitória. Ouvi alguns gritos de incentivo. Olhei para os lados procurando um rosto familiar. Olhei para frente. Lá estava a tão esperada linha de chegada da última das 50 maratonas. Visualizo as 50

maratonas passarem como um raio pela minha mente. Sinto um turbilhão de euforia e felicidade. O meu desafio pessoal estava realizado.

O dia 28 de julho de 2019 jamais será esquecido. Cruzo a linha de chegada e sou recebido por uma chuva de pétalas de rosa, das cores branca, amarela e vermelha, jogadas ao ar pela minha família. Ana me abraça, chora e grita de emoção. Quando damos nosso primeiro beijo, uma das pétalas fica entre as nossas bocas. Olho para o céu. Sinto a presença dos meus dois pais, o Celestial, e do meu pai terreno, Rogério, que está no céu desde o dia 04 de dezembro de 2018. Ambos devem estar contentes com a minha perseverança, dedicação e entrega à saúde e à vida. Que esta vitória pessoal ajude a inspirar outras vidas. É o que mais desejo...

A chegada.

A VITÓRIA PESSOAL EM 50 MARATONAS EM UM ANO